1971

+ 6220.
A. 4.

A conserver.

CHOIX

DES POÉSIES ORIGINALES

DES

TROUBADOURS.

TOME QUATRIÈME.

CHOIX

DES POÉSIES ORIGINALES

DES

TROUBADOURS.

Par M. RAYNOUARD,

MEMBRE DE L'INSTITUT ROYAL DE FRANCE (ACAD. FRANÇAISE, ET ACAD. DES INSCRIPTIONS ET BELLES-LETTRES), SECRÉTAIRE PERPÉTUEL DE L'ACADÉMIE FRANÇAISE, OFFICIER DE LA LÉGION D'HONNEUR, CHEVALIER DE L'ORDRE ROYAL DE SAINT-MICHEL.

TOME QUATRIÈME,

CONTENANT

Des Tensons, des Complaintes historiques, des pièces sur les Croisades, des Sirventes historiques, des Sirventes divers, et des pièces Morales et Religieuses.

A PARIS,

DE L'IMPRIMERIE DE FIRMIN DIDOT,
IMPRIMEUR DU ROI ET DE L'INSTITUT, RUE JACOB, N° 24.

1819.

CHOIX
DES POÉSIES ORIGINALES
DES
TROUBADOURS.

TENSONS.

I.

Senher Raymbautz, per vezer
De vos lo conort e 'l solatz
Suy sai vengutz tost e viatz,
Mais qu' ieu no suy per vostr' aver;
E vuelh saber, quan m' en irai,
Cum es de vos ni cossi us vai,
Qu' enqueron m' en lai entre nos.

Tant ai de sen e de saber,
E suy tan savis e membratz,
Quant aurai vostres faitz guardatz,
Qu' al partir en sabrai lo ver :

S' es tals lo guaps cum hom retrai,
O si n' es tant, o meinhs o mai,
Cum aug dir ni comtar de vos.

Gardatz vos que us sapchatz tener
En aisso qu' eras comensatz;
Quar hom, on plus aut es puiatz,
Plus bas chai, si s laissa chazer :
Pueys dizon tug que mal l' estai,
Per que fes, pus era non fai,
Qu' eras non te condug ni dos.

Qu' ab pro manjar et ab jazer
Pot hom estar suau malvatz;
Mas de grans afans es carguatz
Selh que bon pretz vol mantener;
Cove que s percas sai e lai
E tolha e do, si cum s' eschai,
Quan ve que es luecx ni sazos.

D' aisso vuelh que digatz lo ver
S' auretz nom drutz o molheratz,
O per qual seretz apelatz,
O 'ls volretz amdos retener :
Veiaire m' es, al sen qu' ieu ai,
Per so us o dic, quar ben o sai,
Qu' a dreg los auretz ambedos.

Si voletz el segle parer,
Siatz en luec folhs ab los fatz;

Et aqui meteys vos sapchatz
Ab los savis gen captener;
Qu' aissi s cove qu' om los assai,
Ab ira 'ls us, l' autres ab jai,
Ab mal los mals, ab ben los bos.

No us fassatz de sen trop temer,
Per qu' om diga : trop es senatz;
Qu' en tal luec vos valra foldatz
On sens no us poiria valer.
Tan quant auretz pel saur ni bai,
E 'l cor aissi coindet e gai,
Grans sens no us er honors ni pros.

Senher Rambautz, ieu m' en irai,
Mas vostre respost auzirai,
Si us platz, ans que m parta de vos.
Pierre Rogiers.

II.

Peire Rogiers, a trassaillir
M' er per vos los ditz e 'ls covens
Qu' ieu ai a mi dons, totz dolens
De chantar, que m cugei sofrir;
E pus sai etz a mi vengutz,
Chantarai, si m n' ai estat mutz,
Que non vuelh remaner cofes.

Mout vos dei lauzar e grazir,
Quar anc vos venc cor ni talens
De saber mos captenemens :
E vuelh que m sapchatz alques dir ;
E ja l' avers no m sia escutz,
S' ieu suy avols ni recrezutz,
Que pel ver non passetz ades.

Quar qui per aver vol mentir,
Aquelh lauzars es blasmamens,
E torn en mals ensenhamens,
E s fai als autres escarnir;
Qu' en digz non es bos pretz saubutz,
Mas als fagz es reconogutz,
E pels fagz ven lo dir apres.

Per me voletz mon nom auzir,
Quals suy o drutz ; er clau las dens,
Qu' ades pueia mos pessamens
On plus de prion m' o cossir.
E dic vos ben qu' ieu no sui drutz,
Tot per so quar no sui volgutz;
Mas ben am, sol mi dons m' ames !

Peire Rogiers, cum puesc sufrir
Qu' ades am aissi solamens?
Meravil me si viu de vens;
Tort ai, si m fai mi dons murir.
S' ieu muer per lieys, farai vertutz;

Per qu'ieu cre que, si fos perdutz,
Dreg agra que plus m'azires.

Ara'l ven en cor que m'azir,
Mas ja fo, qu' er autres sos sens,
Qu'aitals es sos captenemens;
Per qu'ieu lo y dei tos temps grazir,
Sol pel ben que m n' es escazutz.
Ja no m'en vengues mais salutz,
Li dei tos temps estar als pes.

Si m volgues sol tan consentir
Qu'ieu tos temps fos sos entendens,
Ab bels digz n' estera jauzens,
E fera m senes fag jauzir;
E deuria n' esser cregutz,
Qu'ieu non quier tan que m fos crezutz
Mas d'un bon respieg don visques.

Bon Respieg, d'aut bas son cazutz;
E si no m recep sa vertutz,
Per cosselh li do que m pendes.

RAMBAUD D'ORANGE.

III.

Amicx Bernartz del Ventadorn,
Com vos podetz del chan sofrir,
Quant aissi auzetz esbaudir

Lo rossignolet nuoit e jorn?
Auiatz lo joi que demena,
Tota nuoit chanta sotz la flor;
Miels s'enten que vos en amor.

Peire, lo dormir e 'l sojorn
Am mais qu' el rossignol auzir;
Ni ja tan no m sabriatz dir
Que mais en la follia torn.
Dieu lau, fors sui de cadena,
E vos e tuich l' autr' amador
Etz remazut en la follor.

Qui ab amor no s sap tener,
Bernartz, greu er pros ni cortes;
Ni ja tan no us fara doler
Que mais no us vailla qu' autre bes;
Quar, si fai mal, pois abena.
Greu a hom gran ben ses dolor,
Mas ades vens lo jois lo plor.

Peire, si fos al mieu plazer
Lo segles fatz dos ans o tres,
Non foron, vos dic en lo ver,
Dompnas per nos pregadas ges;
Ans sostengran tan gran pena,
Qu' elas nos feiran tan d' onor
Qu' ans nos preguaran que nos lor.

Bernartz, so es desavinen
Que dompnas preion, ans cove
Qu' om las prec e lor clam merce;
Et es plus fols, mon escien,
　Que sel que semena arena
Qui las blasma ni lor valor,
E mov del mal enseignador.

Peire, mout ai lo cor dolen,
Quan d' una falsa me sove,
Que m' a mort, e no sai per que,
Quar ieu l' amava finamen.
　Fait ai longa carantena,
E sai, si la fezes loignor,
Ades la trobaria peior.

　Bernartz, foudatz vos amena,
Quar aissi vos partetz d'amor
Per cui a hom pretz e valor.

　Peire, qui ama desena,
Quar las trichairitz entre lor
An tout joi e pretz e valor.
　　　　Pierre d'Auvergne et Bernard de Ventadour.

IV.

Bernart del Ventadorn, del chan
Vos sui sai vengutz assaillir;

Car vos vei estar en cossir,
Non puesc mudar qu'ieu no us deman
Quo us va d'amor : avetz en ges?
Ben par que no us en venga res.

Lemosin, non puesc en chantan
Respondre, n'i sai avenir;
Mos cors mi vol de dol partir.
Bels amics, a dieu vos coman,
Que mort m'a una mala res,
Qu'anc non mi valc dieus ni merces.

Bernart, s'anc vos fes bel semblan,
Enquera us pot esdevenir;
No s taing q'om ab amor s'azir,
Quan la troba de son talan;
Pauc gazagna drutz d'ira ples,
Car per un dol n'a dos o tres.

Lemosin, mout fe grant engan
La belha qui m pogr'enrequir,
Que quan mi poc de si aissir
Et ella m tornet en soan;
No i ai conort qui fort no m pes,
Car o il es, com se il non pres.

Bernart, totz hom deu aver dan,
S'a la cocha non sap suffrir,
Q'amors si vol soven servir;

E si so tenetz ad afan,
Tot es perdut, s' anc re us promes,
Si eron plevidas mil fes.
  Lemozin et Bernard de Ventadour.

V.

Ara m digatz, Rambautz, si vos agrada,
Si us es aissi, cum ieu aurai apres,
Que malamen s' es contra vos guidada
Vostra domna de sai en Tortones,
Don avetz fag manta chanson en bada;
Mas ill a fag de vos tal sirventes
Don etz aunitz, et ilh es vergonhada,
Que vostr' amors non l' es honors ni bes;
Per qu' ella s' es aissi de vos lunhada.

Albert Marques, vers es qu' ieu ai amada
L' enganayritz don m' avetz escomes,
Que s' es de mi e de bon pretz ostada;
Mas non puesc mais, que ren non l' ai mespres,
Ans l' ai lonc temps servida et onrada;
Mas vos e lieis persegua vostra fes
C' avetz cent vetz per aver perjurada;
Per que s clamon de vos li Genoes,
Que, mal lur grat, lur empenhes l'estrada.

Per dieu, Rambautz, de so us port guerentia
Que mantas vetz, per talen de donar,

Ai aver tol, e non per manentia
Ni per thesaur qu' ieu volgues amassar;
Mas vos ai vist cent vetz per Lombardia
Anar a pe, a ley de croy joglar,
Paubre d' aver e malastrucx d' amia;
E fera us pro qu' ie us dones a manjar :
E membre vos co us trobes a Pavia.

Albert Marques, enuei e vilania
Sabetz ben dir, e miels la sabetz far,
E tot engan e tota fellonia
E malvestat pot hom en vos trobar,
E pauc de pretz e de cavallaria;
Per que us tol hom ses deman Valdetar;
Peiracorna perdetz vos per follia;
E Nicolos e Lafrancos d' amar
Vos podon ben apellar de bauzia.

Per dieu, Rambautz, segon la mia esmansa,
Fezetz que fols, quan laissetz lo mestier
Don aviatz honor e benanansa;
E sel que us fetz de joglar cavallier
Vos det enuei, trebalh e malanansa
E pensamen et ir' et encombrier,
E tolc vos joi e pretz et alegransa;
Que, pueys montetz de rossin en destrier,
Non fezetz colp d'espaza ni de lansa.

Albert Marques, tota vostr' esperansa
Es en trair et en faire panier

Enves totz sels qu'.ab vos an acordansa,
E que us servon de grat e voluntier;
Vos non tenetz sagramen ni fiansa :
E s'ieu no val per armas Olivier,
Vos no valetz Rotlan, a ma semblansa;
Que Plasensa no us laissa Castanhier,
E tol vos terra e non prendetz venjansa.

Sol dieus mi gart, Rambautz, mon escudier
En cuy ai mes mon cor e m' esperansa,
A mon dan giet vos e tot lur enpier
Sel de Milan ab lur farsida pansa.

Albert Marques, tug li vostre guerrier
An tan paor de vos e tal doptansa,
Qu' il vos clamon lo marques putanier,
Dezeretat, deslial, ses fiansa.
  ALBERT MARQUIS ET RAMBAUD DE VAQUEIRAS.

VI.

GAUCELM Faiditz, ieu vos deman
Qual vos par que sion maior
O li ben o li mal d'amor,
Diguatz m' en tot vostre semblan;
Qu' el bes es tan dous e tan bos,
E 'l mals tan durs et angoissos,
Qu' en chascun podetz pro chauzir
Razons, s' o voletz a dreit dir.

Albertz, li maltrag son tan gran,
E ill ben de tan fina sabor,
Greu trobaretz mais amador
Non anes el chauzir doptan;
Mas ieu dic qu' el bes amoros
Es maier qu' el mals per un dos
Ad amic que sap gen servir,
Amar e celar e sufrir.

Gaucelm Faiditz, no us en creiran
Li conoissen entendedor,
Que vos e l' autre trobador
Vei que us anatz d' amor claman;
E pois ieu aug dire a vos
Et als autres, en lurs chansos,
Qu' anc d' amor no us poguetz jauzir,
On son aquist be que us aug dir?

Albertz, mant fin leial aman
N' an fait per descuiar clamor,
Qu' enaissi creisson lor dolor
E lor joi tenon en baissan;
E pois es en amor razos
Qu' el mals deu esser bes e pros,
E tot quant s'en pot avenir
Deu drutz en be penr' e grazir.

Gaucelm, sill c' amon ab enguan
Non senton los maltraitz d' amor;

Ni hom non pot fort gran valor
Aver ses pena e ses afan;
Ni nuls hom non pot esser pros
Ses maltrag ni far messios;
Et amors fes N Andreu morir,
Qu' anc bes que fos no 'l poc garir.

Albertz, tug li maltrag e ill dan
Perdon lur forsa e lur vigor,
E tornon en doussa sabor
Lai on nuils bes se trai enan;
Que ja amicx, pos er joyos,
Non er membratz qu' anc iratz fos;
Aissi fa 'l bes lo mal fugir :
Doncs es el maier ses faillir.

Gaucelm Faiditz, nostra tensos
An' a la comtessa, qu' es pros,
D' Engolesme, qu' en sabra dir
Lo ben e 'l mal, e 'l miels chausir.

Albertz, be m plai que la razos
An' a lieis qu' es valens e pros,
Mas nostra terra fai delir,
Car non vol de Fransa venir.

ALBERT MARQUIS ET GAUCELM FAIDIT.

VII.

Perdigons, vostre sen digatz;
Que us par de dos maritz gelos?
L'us a moiller qu'es bella e pros,
  Franca, cortesa e chausida,
  E l'autres laida e marrida,
Villana e d'avol respos;
Chascuns es gardaire d'amdos :
E pos tant fols mestiers lor platz,
Ni aital es lor voluntatz,
Quals en deu esser meins blasmatz?

Gaucelm Faidit, ben voill sapchatz
Que de domna ab bellas faissos
Don tot lo mons es enveios,
  Qui l'a pres de si aizida,
  Non fai ges tan gran faillida,
Si 'l la garda e n' es cobeitos,
Com l'autres desaventuros
Qu'es tant de totz mals aips cargatz,
Qu'en gardar no 'l forsa beutatz
Ni res mas laidesa e cors fatz.

Perdigons, en fol razonatz;
E com ausetz anc dire vos
Q' om tenga so qu'es bel rescos,
  Ni q'om gart domna eissernida,
  Bella, de valor complida?

Doncs no la garda sos sens bos?
Mas la laida ab ditz enoios
Deu gardar lo maritz senatz,
Per q' om no veia sas foudatz
Ni com el es mal moilleratz.

Gaucelm, entr' els nescis agratz
Gent cubert blasme vergoignos;
Pero mal conseillatz l' espos,
 Quan disetz qu' aia tal vida
 Que gart sa mala escarida,
Ni fassa d' un malastre dos;
Miels a de gardar ochaizos
Bella domna on es grans beutatz,
Don par q' om sia enamoratz,
E deu n' esser meins encolpatz.

Perdigons, on plus en parlatz
Plus desmentetz vostras chansos,
Que gelosia es fols ressos,
 Don totz lo mons brai' e crida
 Q' om gart domna issernida,
Et es laitz blasmes entre nos;
Mas l' autre gardars es razos,
Ses gelosia e ses peccatz,
Q' om resconda so qu' es malvatz,
E mostre so dont es honratz.

Gaucelm, s' avol aver gardatz,
D' avol thezaur etz poderos;

E no m par ges sens cabalos,
 Qui pretz perd ni joi oblida
 Per malvaisa causa aunida;
Mas qui per bel aver joios
Faill ni 'l trembla sens a sazos,
D'amor par qu'en sia forsatz;
E si d'aisso us meraveillatz,
Be m meravil si vos amatz.

Totz temps duraria ill tensos,
Perdigons, per qu'ieu voill e m platz
Qu'el Dalfin sia 'l plaitz pauzatz,
Qu'el jutje e la cort en patz.

Gaucelm, tant es vera ill razos
Qu'ieu defen, et el tan senatz,
Que, s'en lui es lo plaitz pauzatz,
Voill que per lui sia jutjatz.

GAUCELM FAIDIT ET PERDIGON.

VIII.

N Uc de la Bachallaria,
Cosselhatz m'al vostre sen:
Una domn' am finamen
Que m ditz que no m'amaria;
Qu'amic a don no s partria
Sinon per aital coven

Que lui ames a presen,
E que y agues senhoria,
En mi tot celadamen;
E s'ieu aisso li sofria,
De s'amor jauzir poiria.

Gaucelm Faidit, ses fadia
Vos don cosselh d'avinen
Que prendatz so que us cossen
E 'l plus, si us o cossentia;
Qu'ab sofrir vens hom tot dia,
E 'n son mant paubre manen;
E no s fadia qui pren;
Qu'ieu la tenc tota per mia,
Quan d'amor me fai parven;
E s'ieu ren als y vezia,
Fols sui, si no 'l consentia.

N Ugo, senes drudaria
E ses penre jauzimen,
Vuelh mais estar per un cen
Que sufrir aital folia
Qu'autre drut tenga en bailia
Mi dons qu'ieu am finamen.
Del marit nonca m'es gen;
Gardatz, si d'autr' o sabia,
Si n'auria 'l cor dolen!
Qu'ieu morria de gilosia;
E non crei pieier mortz sia.

Gaucelm, qui de domn' avia
Bella, cuenda e plazen
A celat tot son talen,
Be vol murir qui 'n muria;
Qu' ieu dic que mil tans valria
Que si no i agues nien;
En aisso non a conten:
Ni pero s' esser podia
Qu' a celat la vis soven,
Tans de plazers li faria
Qu' el sobreplus conqueria.

N Ugo, ges ieu non creiria
Que il plazer fosson plazen,
Ans auria espaven
Sitot al drut la tolia,
O s' en aissi remania,
Quals que fos ab cor sufren,
Qu' atretal galiamen
Fezes per sa leujairia;
Per qu' ieu mezeis li m defen.
Sol m' aura; e s' autr' en tria,
Lieis lais e sa senhoria.

Gaucelm Faidit, pauc embria
Drutz qu' aissi leugieyramen
Se part de si dons breumen,
E no m sembla cortezia.
Sabetz que us cosselharia?

Que l' amassetz eissamen
Com ilh vos jogan, rizen,
E qu' aguessetz autr' amia
Don cantassetz leialmen;
E lieis tencsetz tota via,
Aissi com ilh vos tenria.

N Ugo, a pauc non cossen,
Que dretz e razos seria;
E fassa 'n lo jutjamen
A Ventadorn na Maria
On es pretz e cortezia.

Gaucelm, lieis tenc per valen,
E vuelh que 'l fassa, ab que y sia,
E que y apel eyssamen
Lo Dalfin que sap la via
E l' obra de drudaria.

  Gaucelm Faidit et Hugues de la Bachélerie.

IX.

Gausselm, no m puesc estener
Qu' ab vos iratz no m contenda,
Que talan ay que defenda
Las domnas, a mon poder,
Que vos aug descaptener;
Qu' una m rent cortez' esmenda
Que m' avia fag doler,

Per qu'ieu en lor captener
Tanh que mos bels ditz despenda.

Bernart, ben sapchatz de ver
Que non vezem que ben prenda
A nulh qu' en domna s' entenda :
Per qu' ie us o fas ans saber
Que fol vo' 'n fassatz tener,
Ni qu' ela s' amor vos venda ;
E no y metatz vostr' aver,
Que ben poiratz dechazer,
S' aviatz mil marcx de renda.

Gausselm, no us detz plus paor
De mi qu' ieu eys ni temensa;
Qu' en tal domn' ay m' entendensa,
Cui ser e prec et azor,
Que sap valer part valor :
Mas vos y faitz gran falhensa,
Quar descaptenes amor;
Qu' amor melhura 'l melhor
E l' aut auss' e 'l gensor gensa.

Bernart, per so n' ay temor
Quar conosc la mens valensa;
Qu' elas ab bela parvensa
Fan lo for' del brezador,
E tornon hom en folor;
E quan l' an en lor tenensa,

Segon que dizon l'auctor,
Meton l'en tan gran error
Don ja non aura guirensa.

Gausselm, e com auzatz dir
Qu' enjans sia en amor fina,
Vas cui tot lo mons aclina?
Qu' ela fai gent esbaudir
L' irat, e 'l paubr' enrequir
Ab una cuenda metzina;
Que ja pueis, al mieu albir,
Hom non pot dolor sentir,
Mas ela 'l sia vezina.

Bernart, garda us de trahir
D' esta vostr' amor frairina,
En cui malvestatz s' aizina:
Mas s' ill voletz ben servir
Ni sos talans ademplir,
Corba ill be soven l' esquina;
E gardatz vos al partir
Que no us puesca escarnir,
Qu' ela sap trop de rapina.

Gausselm, en vos no s tayna
Vilas motz ni lagz a dir;
Per qu' ieu vuelh aissi fenir
Ma razo qu' es bon' e fina.

Bernart, anc d'amor canina
No vim nulh home jauzir;
E si no us voletz gequir,
Tira us lo cat per l'esquina.
BERNARD ET GAUCELM.

X.

N Elias, conseill vos deman
De lieis c' am mais c' autrui ni me,
Que m ditz que m colgara ab se
Una nuoich, ab que il jur e il man
Que non la fortz part son talan,
Mas qu' eu estei baisan tenen :
Del far digatz m' al vostre sen,
S' es mieils c' aissi-sofra et endur,
O part son voler me perjur.

N Aimeric, ie us vauc conseillan
Que, s' ab si us colga, faitz l' o be;
Car qui sa dompna en son bratz te,
Fols es s' aillor la vai cercan;
Car s' ieu era ab mi donz jazen
E n' avia fait sagramen,
Faria l' o, so us assegur,
Qui que m' en tengues per perjur.

N Elias a lei de truan
Me conseillatz er et ancse,

Mal a qui del conseill vos cre,
E sai ben que il fals vos creiran,
Cill que non amon tan ni quan;
Car dieu e sa dompna eissamen
Pert qui aisso que il jura men;
Per q' al tenen baisan m' atur
Ab cor que del far non perjur.

N Aimeric, vilania gran
Disetz e razonatz desse,
Car s' ab lieis jatz qu' am mais que me,
Ja als non l' irai demandan,
Mas bellamen rizen, jogan,
L' o farai, puois plorarai m' en
Tro que m perdon lo faillimen;
Puois irai, pelegrins, part Sur,
Quer' en dieu perdon del perjur.

AIMERI DE PÉGUILAIN ET ELIAS D'UISEL.

XI.

PEIRE Vidal, pois far m' aven tenson,
No us sia greu, si us deman per cabal
Per cal razon avetz sen tan venal
En mains afars que no us tornon a pron,
Et en trobar avetz saber e sen;
E qui ja viels en aital loc aten,
Et en joven n' es atressi passatz,
Meins a de ben que si ja no fos natz.

Blacatz, non tenc ges votre chan per bon,
Car anc partis plaich tan descominal;
Qu' ieu ai bon sen e fin e natural
En totz afars, per que m par ben qui m son;
Et ai m' amor messa e mon joven
En la melhor et en la plus valen;
Non vuoill perdre los guizardos ni 'ls gratz,
E qui s recre es vilans e malvatz.

Peire Vidal, ja la vostra razon
Non vuoill aver ab mi dons que tan val;
Qu' ieu ill vuoill servir a totz jorns per engal,
E d' ela m platz que m fassa guizardon;
Et a vos lais lo lonc atendemen
Senes jauzir, qu' ieu vuoill lo jauzimen;
Car loncs atens senes joi, so sapchatz,
Es jois perdutz, qu' anc uns non fon cobratz.

Blacatz, ges ieu no sui d' aital faisson
Cum vos autres, a cui d' amor non cal;
Gran jornada vuoill far per bon ostal,
E lonc servir per recebre gent don;
Non es fis drutz cel que s camja soven
Ni bona domna cella qui l' o cossen;
Non es amors, ans es engans proatz,
S' uoi enqueretz, e deman o laissatz.

BLACAS ET PIERRE VIDAL.

XII.

En Raymbautz, ses saben
Vos fara pros domn' amor
Complida, o per vostr' honor
Fara cuidar a la gen,
Ses plus, qu' ill es vostra druda;
E si no sabes chauzir
Lo mielz, segon qu' auzetz dir,
Vostra razos er vencuda.

Blacatz, d' aquest partimen
Sai leu triar lo meillor;
A lei de fin amador
Mais vueill aver jauzimen,
Tot suavet e ses bruda,
De ma domna cui dezir,
Que fol creire ses jauzir;
Que longua amors es refuda.

En Rambautz, li conoissen
Vos o tenran a follor,
Et a sen li sordeior;
Quar, per jauzir solamen,
Laissatz honor mantenguda:
D' aitan no us podetz esdir
Que pretz no s fassa grazir
Sobr' autres faitz a saubuda.

Blacatz, tan m' es avinen
Quant, ab mi dons cui azor,
Puosc jazer sotz cobertor;
Ren als no m' es tan plazen
Com quan la puosc tener nuda.
Doncs com par qu' ab fol mentir
Poscatz ma razon delir?
Mils tans val sabers que cuda.

En Raymbautz, qui soven
Deroca son joguador,
Que ill val, si non a lauzor,
Ni non pot aver guiren?
Non pretz honor esconduda,
Ni carboucle ses luzir,
Ni colp, qui no 'l pot auzir,
Ni oill cec, ni lengua muda.

Blacatz, be us dic veramen
Qu' ieu am trop mais frug que flor,
E mais ric don de senhor
Que si m paguava del ven.
Ja, ab promessa perduda,
Lonc temps no m pot retenir
Cil per cui planh e sospir,
S' ab gaug entier no m' ajuda.

Blacas et Rambaud.

XIII.

Senher Blacatz, de domna pro,
  Bella e plazen, ses cor vaire,
  D' aut paratge e de bon aire
Auretz totz bels plazers d' amor
Ses far; o de tan gran ricor
Vos retendra per drut baizan
Sa donzella; e de mais re
No vens l' un' a l' autra : e vueill be
Que prendatz a vostre talan.

Guillems, qui m part tota sazo
  Sai chauzir, al mieu veiaire,
  Lo miels, mas no sabetz gaire,
Quar partetz plait de tal error
A nul fin leial amador;
Per qu' ieu la donzella us soan.
Pos ma bella domna m mante
Ab bels plazers, ges no s cove
Qu' ieu an' ad autra part preian.

Senher Blacatz, molt mi sap bo,
  Quar d' aisso m' es contrastaire;
  Qu' ieu vueill mais d' un vergier traire
Mais doutz fruit que fueilla ni flor,
E mais d' ivern de fuec calor
Que sol vis l' autre que resplan,

E mais d'amor aver jase
Fin joi complit, de plazer ple,
Que ses trobar anar cercan.

Guillems, de la vostra razo
No vueill esser razonaire,
Que maint fruit pot penre laire
Que non a tan doussa sabor
Qui'l pren bas com aut, ni doussor.
Tanh doncx c'om sa dona desman,
Non ges qu'ieu l'am per bona fe;
E s'ill en baizan mi rete
No vueill vostre fruit, ni'l deman.

Senher Blacatz, la tensos an
A 'n Reforsat que, si s vol be,
Jurara 'l ver com no ill cel re,
Ni cuebre al jutgar son talan.

Guillems, EN Jaufre no soan,
Mas la Bella Capa cove
Que jutg' el ver, si cum per se,
Si domnas ni donzellas fan.

GUILLAUME ET BLACAS.

XIV.

GUI d'Uiselh, be m peza de vos,
Quar vos etz laissatz de chantar,
E quar vos i volgra tornar :

Per que sabetz d'aitals razos,
Voill que m digatz si deu far engualmen
Domna per drut, quan lo quier francamen,
Com el per lieys tot quan tanh ad amor,
Segon lo dreg que tenon l'amador.

Domna, NA Maria, tensos
E tot chant cuiava laissar;
Mas aoras non aus mudar
Qu' ieu no chant al vostre somos:
E respon vos de la domna breumen,
Que per son drut deu far comunalmen,
Com el per lieys, ses garda de ricor;
Qu' en dos amics non deu aver maior.

Gui, tot so don es cobeitos
Deu drutz ab merce demandar;
E domna deu l' o autreiar,
Mas ben deu esguardar sazos;
E 'l drutz deu far precx e comandamen,
Com per amigua e per domn' eissamen;
E domna deu a son drut far honor,
Com ad amic e no com a senhor.

Domna, sai dizen entre nos
Que, lai on domna vol amar,
Engualmen deu son drut honrar,
Quant engualmen son amoros:
E s'esdeve qu' ill l' am plus finamen,

Li dig e ill fag o devon far parven;
E s'a ves lieys fals cor ni trichador,
Ab bel semblan deu cobrir sa dolor.

Gui d'Uiselh, ges d'aitals razos
No son li drut al comensar;
Ans ditz cascus, quan vol preiar,
Mas junthas e de genolhos:
Domna, vulhatz que us serva humilmen
Com lo vostr' om; e s'ella enaissi 'l pren,
Ieu lo jutge per dreg a traydor,
Si s fai pariers e s det per servidor.

Domna, ben es plaitz vergonhos
Ad ops de domna razonar,
Que no tenha celui per par
Cui aura fag un cor de dos.
O vos diretz, e no us estara gen,
Qu' el drutz la deu amar plus leialmen;
O vos diretz qu'ill son par entre lor,
Que re no ill deu lo drutz mas per amor.

Gui d'Uisel et Marie de Ventadour.

XV.

Digatz, Bertrans de San Felitz,
Laqual tenriatz per meillor
D'una domna de gran valor
Franca, cortesa, ab bel semblan,

Qu'anc non amet per nom de drudaria,
Ni ren non sap d'engan ni de bauzia?
Era chauzetz que vos l'anetz preian
O qu'ela us prec, e que us am atretan.

   N Ugo, gen fazetz jocs partitz,
    Si trobassetz bon chauzidor;
    Mas ieu non farai tan d'onor,
    Car vei que partetz ses engan.
Vos que avetz de preiar maestria,
Voill que preietz, car foudatz semblaria
Qu'ieu soanes tan ric don ni tan gran,
Si be m conosc qu'el grazirs a afan.

   Bertrans, ges aissi non chauzitz
    A guiza de fin amador;
    Que, segon jutjamen d'amor,
    Val mais quan la prec merceian.
Precs de domna no dura mas un dia,
E si dura, non par que de ver sia;
E precs d'amic esforsa e vai enan,
E 'l sieus reman, per que non val ges tan.

   N Ugo, ges ieu non esconditz
    Qu'el preiars non aia sabor,
    Mas mais prez om bon donador
    Quan, ses querre, trai don avan;
E no us cuidetz que fassa leujaria
Domna, s'enquier amic ses tricharia,

Ni 'n vol aver un fin a son coman,
Que maint pregon que son fals e truan.

 Bertrans, jois quant es conquezitz
 Ab gran maltrag et ab dolor
 Val mais, mas vos avetz paor
 Que il prec no us tenguesson mas dan;
Cent tans prez mais, s'ieu ad honor vencia,
Que si preses so que vencutz seria;
E pois non es a domna benestan,
S'il fai aisso que las meillors non fan.

 N Ugo, lo mieus jois es complitz
 Ses temer de lausenjador,
 E vos remanetz en error,
 Qu'ieu teing e vos anatz musan;
So qu'ieu voill ai, et ill so que volia;
Doncs sui ben fols, s'al segle plus queria,
Qu'anc non anet miels a nuill fin aman,
Qu'ieu posc rire quan l'autre van ploran.

Bertrans, totz temps conosc que duraria
Nostra tensos, per qu'ieu voill qu'el plaitz sia
En ma domna NA Ticborc on estan
Pretz e valors, quan l'autre van baissan.

 N Ugo, ges ieu d'aisso no us dediria,
 Que ma domna NA Ticborcs tals non sia;

Mas la comtessa ab tot faich benestan
Voill que i sia, que miels s' acordaran.

HUGUES DE LA BACHÉLERIE ET BERTRAND DE SAINT-FÉLIX.

XVI.

Us amicx et un' amia,
Sordel, an si un voler
C' a lur semblan non poiria
L' us ses l' autre joi aver;
E si l' amigua moris
Aisi que l' amicx o vis,
Que no la pot oblidar,
Qual seria meils a far
Apres lieis, viur' o morir?
Diguatz d' aiso vostr' albir.

Guilem, tant am ses bauzia
Lieis que m ten en son poder,
Que senes lieis no volria
Viure per negun aver;
Per que de l' amic m' es vis
Que, si mortz de lui partis
Lieis on ha tot son cuiar,
Que meils li seri' anar
Lai ab lieis que sai languir
Tos temps, e dolor sufrir.

Sordel, ja pro no i auria
L' amigua, so sai en ver,
Si l' amicx per lieis moria;
E faria s fol tener,
Per qu' el viures l' es plus fis;
E 'n Andreus, sitot s' ausis,
No i guazanhet re, so m par;
E vos sabetz mal triar,
C' om non deu aisso seguir
Don pot mals ses ben venir.

Guilem de la Tor, folia
Mantenetz, al mieu parer :
Com podetz dir que deuria
Vida meils que mortz valer
A selui que no s jauzis
De joi, e tos temps languis?
Quan qu' el o degues durar,
El mezeis, ses tot duptar,
Se deuri' enans ausir,
S' esters non pogues fenir.

En Sordel, ieu trobaria
A ma razo mantener
Plus que vos de companhia;
C' aiso deves ben saber
Qu' en mort non a juec ni ris,
E vida atrai et aizis
Mains bens, qui 'ls sap percassar;

Per que deu laissar estar
So don plus no s pot jauzir
L' amicx, e deu s' esbaudir.

Ja tan no s' esbaudiria,
Guilem, que chant de plazer;
C' aver sol li membraria
Qu' el se pogues ja tener
Que dols e plors no 'l marris;
E s' enaissi doncx fenis,
Poirion l' adreg lauzar
L' amador de ben amar,
E serion li consir
Fenit e ill plor e ill sospir.

Sordel, quar verais pretz fis
Es en n' Alazais aclis,
Ses velania mi par
Que dei' aquest plag jutgar;
E so qu' ill en volra dir
Deu ben a totz abelir.

Car totz hom pros s' abelis
De na Conja e s grazis,
Guilem, son valen pretz car,
C' ab n' Alazais deia far
Lo jutguamen e complir,
E tuit lo devem grazir.

GUILLAUME DE LA TOUR ET SORDEL.

XVII.

Amicx n Albertz, tensos soven
Fan assatz tug li trobador,
E parton se razon d' amor
E d' als, quan lor play eyssamen;
Mas ieu fas so c' om mais non fes,
Tenson de so que res non es;
C' a razon pro m respondriatz,
Mas al nien vuelh respondatz;
Et er la tensos de non re.

N Aymerics, pus del dreg nien
Me voletz far respondedor,
No y vuelh autre razonador
Mas sol mon sen tan solamen;
Be m par qu' a razon respos es,
S' aiso us respon que non es res,
C' us niens es d' autre compratz;
E pos al nien m' apelatz,
Respondray com calarai me.

N Albertz, ges calan non enten
Qu' el respondres aya valor,
Quar mutz non respon a senhor,
Ni mutz non ditz vertat ni men;
Doncs, si calatz, com respondretz?
Ja us parl' ieu que us ay escomes;
Nien a nom, doncs si 'l nomnatz,

Parlaretz, malgrat qu'en ayatz,
E non respondretz mal ni be.

N Aymerics, nulh eyssernimen
No us aug dir, ans sembla d'error;
Folia deu hom a folor
Respondre, e saber a sen;
Pro us respon a no sai que s'es,
Com sel qu'en sisterna s'es mes,
Que s mira sos huelhs e sa fatz,
E s'el sona, sera sonatz
De si meteys, c'autre no y ve.

N Albertz, ieu soy sel veramen
Que mir mos huelhs e ma color,
E vos la votz del sonador,
Pus ieu vos son premieiramen;
E 'l retint es nien, so m pes:
Doncs e vos, no vos enueg ges?
Niens fatz, si m respondiatz,
E si per tal vos razonatz,
Ben es fols qui de ren vos cre.

N Aymerics, l'entresimamen
Sabetz, per c'om non fa lauzor,
E no us entendon li plusor,
Neys vos meteys, mon escien;
Et es vos en tal razon mes
Don ieu issirai, mal que us pes,

E vos remanretz issaratz;
E sitot mi matrasseyatz,
Ieu vos respon, mas no us dic que.

N Albertz, so qu' ieu vos dic vers es,
Doncs dic ieu que y cove non res;
Quar s' un flum d' un aut pont guardatz,
L' uelh vos diran qu' ades anatz
E l' aygua que cor se rete.

N Aymerics, non es mals ni bes
Aiso de que us es entremes;
Qu' atretan petit ensegatz,
Col molinz qu' a roda de latz
Que s mov tot jorn e no vai re.
AIMERI ET ALBERT.

XVIII.

MONGES, digatz, segon vostra sciensa,
Qual valon mais Catalan o Franses,
E met de sai Guascuenha e Proensa
E Limozin, Alvernh' e Vianes,
E de lai met la terra dels dos reis;
E quar sabetz d' els totz lur captenensa,
Vueill que m digatz en quals plus fis pretz es.

Aiso us sai dir, N Albert, senes faillensa,
Qual valon mais ni don ven maier bes;

Sill cui donars e bels manjars agensa,
Qu' amples vestirs porton e bels arnes,
E son ardit e feront demanes,
Sill valon mais, segon ma conoisensa,
Que ill raubador estreg, nesci cortes.

Monges, d' aiso vos aug dir gran erransa,
Que ill nostre son franc e de bel solatz;
Gent acuillens e de gaia semblansa
Los trobaretz e dejus e disnatz;
E per els fo premiers servirs trobatz;
E podetz ben en Peitau o en Fransa
Morir de fam, s' en convit vos fiatz.

Per dieu, Albert, mout a gran de triansa
Entr' els Franses e 'ls Peitavis honratz,
Car ill son larc e d' onrada acoindansa,
Et es tost ricx paubr' om, s' es lur privatz;
E ill vostre nut chantaran, si chantatz,
Mas ja per els non empliretz la pansa,
Si estradas o romieus non raubatz.

Monges, manjars ses gabar e ses rire,
Non pot esser fort cortes ni plazens;
E ill nostre sabon tan be far e dire
Per qu' an mais pretz de totas autras gens
Et anc Franses dejus non fo jauzens:
Leu pot esser chascus d' els bos garnire,
Qu' a lurs enfans laisson lur garnimens.

Pauc pot laissar, Albert, al mieu albire,
Apres sa mort nuils hom a sos parens,
Que, quant es vius, de sai non a que frire;
Ans, quan li faill raubars, es totz dolens:
Qu'ieu en conosc de cavaliers cinc cens
Qu'anc un non vi sobre caval assire,
Ans los pren om emblan ab los sirvens.
ALBERT DE SISTERON ET LE MOINE.

XIX.

L'autr'ier fuy en paradis,
Per qu'ieu suy guays e joyos,
Quar tan mi fo amoros
Dieus, a cui tot obezis,
Terra, mars, vals e montanha;
E m dis : Morgue, quan venguis,
Ni cum estay Montaudos,
Lai on as maior companha?

Senher, estat ai aclis
En claustra un an o dos,
Per qu'ai perdut los baros;
Sol quar vos am e us servis,
Me fan lor amor estranha.
En Randos, cuy es Paris,
No fo anc fals ni ginhos;
E crey que mos cors elh planha.

Monge, ges ieu no t grazis,
S' estas en claustr' a rescos,
Ni vols guerras ni tensos
Ni pelei' ab tos vezis,
Per que 'l bailia t remanha;
Ans am ieu lo chant e 'l ris;
E 'l segles en es plus pros,
E Montaudos y guazanha.

Senher, ieu tem que falhis,
Si fas coblas ni cansos;
Qu' om pert vostr' amor e vos
Qui, son escien, mentis;
Per que m part de la barguanha :
Pel segle, que no m n' ahis,
M' en torney a las leysos,
E 'n laissey l' anar d' Espanha.

Monge, be mal o fezis,
Quar tost non aniest coitos
Al rey cuy es Salaros,
Que tant era tos amis;
Per que lau que t' o afranha.
Ha! quans bos marcx d' esterlis
Aura perdutz els tieus dos,
Qu' el te levet de la fanha.

Senher, ieu l' agra ben vis,
Si per mal de vos no fos,

Quar anc sofris sas preizos;
Mas la naus dels Sarrazis
No us membra ges cossi s banha;
Quar, si dins Acre s culhis,
Pro i agr' enquer Turcx fellos;
Folhs es qui us sec en mesclanha.
Le Moine de Montaudon.

XX.

Autra vetz fuy a parlamen
El cel, per bon' aventura;
E 'l vout fazion rancura
De las domnas que s van penhen;
Qu' ieu los n' auzi a dieu clamar
D' elhas qu' an fag lo tench carzir,
Ab que s fan la cara luzir
Del tench, com lo degran laissar.

Pero m ditz dieus mot francamen :
Monges, ben aug qu' a tortura
Perdon li vout lur dreitura,
E vai lay per m' amor corren,
E fai m' en las domnas laissar,
Que ieu non vuelh ges clam auzir;
E si no s' en volon giquir,
Ieu las anarai esfassar.

Senher dieus, fi m'ieu, chauzimen
  Devetz aver e mezura
  De las domnas, que natura
Es que lur cara tenguon gen,
Et a vos non deu enueiar,
Ni 'ls vout no us o degran ja dir,
Quar jamais no 'ls volran suffrir
Las domnas denan lor, so m par.

Monges, dis dieus, gran falhimen
  Razonatz e gran falsura,
  Que la mia creatura
Se gensa ses mon mandamen;
E doncs serian ab mi par,
Qu' ieu las fas totz jorns enveillir,
Si per penher ni per forbir
Podion pus joves tornar.

Senher, trop parlatz ricamen,
  Quar vos sentetz en altura,
  E ja per sola penchura
Non remanra, ses un coven,
Que fassatz las beutatz durar
En las domnas tro al morir;
O que fassatz lo tench perir
Qu' om non puesc' el mon ges trobar.

Monges, ges non es covinen
  Que dompna s gens' ab penchura;

E tu fas gran desmezura,
Quar lur fas tal razonamen;
Si tu o denhesses lauzar,
Elhas non o degron suffrir
Aital beutat qu' el cuer lur tir
Que perdon per un sol pissar.

Senher dieus, qui ben penh ben ven,
Per qu' elhas se donon cura
E fan l' obra espessa e dura
Que per pissar no s pert leumen;
Pus vos no las voletz gensar,
S' elhas se genson, no vos tir;
Abans lur o devetz grazir,
Si s podon ses vos belhas far.

Monges, penhers ab afachar
Lor fai manhs colps d' aval sofrir;
E no us pessetz ges que lur tir
Quant hom las fai corbas estar.

Senher, fuecs las puesca cremar,
Qu' ieu non lur puesc lur traucs omplir,
Ans, quan cug a riba venir,
Adoncs me cove a nadar.

Monges, tot las n' er a laissar,
Pus pissars pot lo tench delir;

Qu' ieu lur farai tal mal venir
Qu' una non fara mais pissar.

Senher, cuy que fassatz pissar,
A na Elys devetz grazir
De Montfort, qu' anc no s volc forbir,
Ni n ac clam de vout ni d' autar.
    Le Moine de Montaudon.

COMPLAINTES HISTORIQUES.

I.

Quascus plor e planh son dampnatge,
Sa malanansa e sa dolor,
Mas ieu las! n' ai en mon coratge
Tan gran ira e tan gran tristor
Que ja, mos jorns, planh ni plorat
Non aurai lo valen prezat,
Lo pros Vescomte, que mortz es,
De Bezers, l' ardit e 'l cortes,
Lo gai e 'l mielh adreg e 'l bon,
E 'l melhor cavallier del mon.

Mort l' an, et anc tan gran otratge
No vi hom, ni tan gran error
Mais far, ni tan gran estranhatge
De dieu et a nostre senhor,
Cum an fag li can renegat
Del fals linhatge de Pilat
Que 'l an mort; e pus dieus mort pres
Per nos a salvar, semblans es
De lui, qu' es passatz al sieu pon
Per los sieus estorser laon.

Mil cavallier de gran linhatge
E mil dompnas de gran valor
Iran per la sua mort a ratge,
Mil borzes e mil servidor
Que totz foran gent heretat,
Si 'lh visques, e ric et honrat :
Ar es mortz, ai dieus! quals dans es!
Guardatz quals etz ni quo us es pres,
Ni selhs qui l' an mort qui ni don,
Qu' eras no ns acuelh ni ns respon.

A senhor tan fort deu salvatge
Esser, al gran et al menor,
Quan del sieu honrat senhoratge
Nos membrara e de l' honor
Que ns fetz et de la fezautat
Vas selhs qu' eron a mort jutjat :
Ar es mortz, ai dieus! quals dans es!
Caitieu, cum em tug a mal mes!
Vas qual part tenrem, ni ves on
Penrem port, tot lo cor m' en fon!

Ric cavallier, ric de linatge,
Ric per erguelh, ric per valor,
Ric per sen, ric per vassallatge,
Ric per dar e bon servidor,
Ric d' erguelh, ric d' umilitat,
Ric de sen e ric de foldat,
Belhs e bos, complitz de totz bes,

Anc no fo nulhs hom que us valgues;
Perdut avem en vos la fon
Don tug veniam jauzion.

Selh dieu prec que fetz trinitat
De se mezeis en deitat,
Qu' el cel, on lo maior gaugz es,
Meta l' arma, e non li pes,
Et a totz selhs qui pregatz son
De son ben soccor' et aon.

GUILLAUME, moine de Beziers.

II.

Mon chan fenisc ab dol et ab maltraire
Per tos temps mais, e 'l tenc per remazut,
Quar ma razon e mon gaug ai perdut
E 'l melhor rey que anc nasquet de maire;
    Larc e gen parlan
    E ben cavalguan,
    De bonas faissos,
    E d' umil semblan
    Per far grans honors;
    Tan tem que m destrenha
    Lo dols que m' estenha,
    Per qu' ieu vau parlan;
    A dieu lo coman
    Qu' el met' al latz sanh Joan.

Reys dels cortes e dels pros emperaire
Foratz, senher, si acsetz mais viscut,
Quar reys joves aviatz nom agut,
E de jovent eratz capdels e paire.
  Ay! ausberc e bran,
  E belh bocaran,
  Elms e gonfanos,
  E perpong e pan,
  Et joys et amors
  Non an qui 'ls mantenha,
  Ni qui los retenha,
  Qu' ab vos s' en iran
  E lai passaran,
  E tug ric fag benestan.

Gent aculhir e servir de bon aire,
E belh respos e ben siatz vengut,
E gran ostal paguat e gen tengut,
Dos e grazirs et estar ses tort faire,
  Manjar ab mazan
  De viul' e de chan,
  Ab pros companhos
  Ardit e prezan
  Del mon los melhors,
  Tot vol c' om o tenha,
  Que ren non retenha
  Al segle truan
  Que 'l malastruc an,
Que m mostret tan belh semblan.

Senher, en vos non era res a faire,
Que tot lo mons vos avia elegut
Pel melhor rey que anc portes escut,
E 'l plus ardit e 'l melhor torneyaire;
  Des lo temps Rotlan,
  Ni de lai denan,
  Non fo hom tan pros
  Ni tan guerreian,
  Ni don sa lauzors
  Tan pel mon s' empenha,
  Qu' aissi lo reveinha,
  Ni que l' an sercan,
  Per tot aguaran,
 D' Orien tro 'l sol colguan.

Senher, per vos mi vuelh de joy estraire,
E tug aquilh que us avian vegut
Devon estar per vos irat e mut,
E jamais joys la ira no ns esclaire;
  Engles e Norman
  Breton et Yrlan
  Guiana et Guascos
  Et Angiers prezan
  E Maines e Tors,
  Fransa tro Compenha
  De plorar no s tenha;
  E Flandres e Guan
  Tro 'l port d' en Guinssan
 Ploron e li Alaman.

Lorench e Braiman,
Quan torneyaran,
Auran dol, quan no us veyran.

Non pretz un bezan
Ni 'l colp d' un aglan
Lo mon ni selhs que y estan,

Per la mort pezan
Del bon rey prezan
On tug devem aver dan.
BERTRAND DE BORN.

III.

Si cum sel qu' es tan grevatz
Del mal que non sent dolor,
Non sent ira ni tristor,
De guiza m sui oblidatz,
Car tant sobrepoia 'l dans
Que mos cors non pot pensar;
Ni nuls hom tro al proar
Non pot saber com s' es grans
D' EN Barral, lo mieu bon senhor;
Per que, s' er chant o ri o plor,
Non o pres plus cum feira enans.

Qu' ieu pens si sui enchantatz
O sui cazutz en error,

Quan non trob sa gran valor,
Qu' aissi nos tenia onratz;
Qu' eissamens com l' azimans
Tira 'l fer e 'l fai levar,
Fasia el mans cors dreissar
Vas pretz forssatz e pesans.
E qui pretz e gaug et honor,
Sens, larguessa, astr' e ricor
Nos a tolt, pauc vol nostr' enans.

Ai! quant n' a deseretatz
Qu' eran tuit ric en s' amor!
E quant en moriro 'l jor
Qu' el fo mortz e soteratz!
Qu' en un sol no vitz mortz tans;
Neis qui l' auzia nomar
Hi atendia achaptar,
Tant era sos pretz presans!
C' aissi saup far so nom aussor,
De pauc gran, e de gran maior,
Tro no 'l poc enclaure guarans.

Ai! seigner doutz e privatz,
Cum puosc dir vostra lauzor,
Qu' a lei de riu sorzedor
Que creis on plus es voiatz,
Creis vostre laus en pensans!
E i trob ades mais que far;
E sembla 'l vostre donar,

Don vos creissia 'l talans
On mais venion queridor,
Mas dieus, cum a bon donador,
Vos donav' ades mil aitans.

Et ar, quan vos fos poiatz,
Faillitz a guiza de flor
Que, quant hom la ve gensor,
Adoncs il chai plus viatz;
Mas dieus nos mostr' ab semblans
Que sol lui devem amar,
E 'l chaitieu mon desprezar
On passam cum vianans;
Qu'autre pretz torna en deshonor
E tot autre sens en folhor,
Mas de cels que fan sos comans.

Ai! seigner dieus, cui non platz
Mortz de negun peccador,
Ans per aucire la lor
Sofritz vos la vostra en patz,
Faitz lo lai viure ab los sans,
Pois sai no 'l volguetz laissar;
E deignatz l' en vos preiar,
Verges, que preiatz per mans
Vostre fill, per qu' el los socor,
Qu' esperans' an tuit li meillor
Els vostres cars precs merceians.

Seigner, meravillas grans
Er, car de vos puosc chantar
Ar quan miels degra plorar;
Pero tan plor en pessans,
Per que ill avinen trobador
Diran de vos mais de lauzor
Que ieu qu' en degra dir mil tans.

FOLQUET DE MARSEILLE.

IV.

FORTZ chauza es, que tot lo maior dan
E 'l maior dol, las! qu' ieu ancmais agues,
E so don dei totz temps plaigner ploran,
M' aven a dir en chantan e retraire;
Que selh qu' era de valor caps e paire
Lo rics valens, Richartz, reys dels Engles,
Es mortz, ai dieus! quals perd' e quals dans es!
Quant estrang mot, e quant greu per auzir!
Ben a dur cor totz hom qui 'l pot suffrir.

Mortz es lo reys, e son passat mil an
Qu' anc tan pros hom no fo; ni no vi res,
Ni ja non fo mais hom del sieu semblan,
Tan larcs, tan pros, tan arditz, tals donaire;
Qu' Alixandres, lo reys que venquet Daire,
No cre que tan dones ni tan messes;
Ni anc Charles ni Artus tan valgues;

Qu' a tot lo mon se fes, qui 'n vol ver dir,
Als us doptar et als autres grazir.

Meravil me qu' el fals secgle truan
Auza estar savis hom ni cortes,
Pus ren no i val belh ditz ni fait prezan;
E doncs per que s' esfors' om pauc ni guayre?
Qu' era nos a mostrat mortz que pot faire,
Qu' a un sol colp a lo mielh del mon pres,
Tota l' onor, tot lo pretz, tot lo bes;
E pus vezem que res no i pot guandir,
Ben deuriam meins duptar al murir.

Ai! senher reys valens, e que faran
Hueimais armas ni gran tornei espes,
Ni ricas cortz, ni belh donar ni gran,
Pus vos no i etz qu' en eras capdelaire?
Ni que faran li liurat a maltraire,
Silh que s' eran en vostre servir mes,
Qu' atendion qu' el guazardon vengues?
Ni que faran sels que s degran aucir
Qu' aviatz faitz en gran ricor venir?

Avol vida e piez de mort auran
E tos temps dol, qu' en aissi lor es pres;
E Sarrazi, Turc, Payan e Persan,
Que us duptavon mais que hom nat de maire,
Creisseran tan d' orguelh tot lor afaire
Que plus greu n' er lo sepulcres conques;

Et dieus o vol, quar si 'l non o volgues,
E vos, senher, visquessetz, ses mentir
De Suria los avengra a fugir.

Jamais non ai esperansa que i an
Reys ni princeps qui cobrar lo pogues;
Pero tug silh qu' el vostre loc seran
Degran saber cum fos de pretz amaire,
E qual foron vostre dui valen fraire,
Lo joves reys e 'l cortes coms Jaufres;
E qui en loc remanra de vos tres
Ben deu aver fin cor e ferm cossir
De totz bos aips enansar e grandir.

Bel senher dieus, vos qu' etz vers perdonaire,
Vers dieus, vers hom, vera vida, merces,
Perdona li, que ops e cocha l' es;
E non gardetz, senher, al sieu falhir,
E membre vos com vos anet servir.

GAUCELM FAIDIT.

V.

Cascus hom deu conoisser et entendre
Que riguessa ni sens ni cortesia,
Que sia el mon, no ns pot de mort defendre;
C' al jorn c' om nai comensa a morir,
E qui mais viu plus poigna de fenir;

Doncs ben es fols cel q' en sa vida s fia,
Si be s pensa de prion sa foillia;
Car nos es tost lo gentils cors faillitz
D' una valen comtessa Biatritz.

Doncs negus hom non pot per dreich contendre
Oimais, en tant cum dieus ten en baillia,
Ja 'n puosca mais sa par de valor rendre,
D' enseignamen ni d' aut cor, don dei dir:
E puois dieus se de mort non volc garir
Qui totz los bes del mon complitz avia,
Ja non fara als autres seignoria;
Que tuich morrem, e qui mais er grazitz,
Ni plus ama 'l segle, mais n' er trahitz.

Cum ausam doncs aquesta mort atendre,
Quand adobat trobam a chascun dia
Que nostra mort podem en vida rendre!
Car dieus nos ditz que l' anem lai servir
On el fo mortz per nos dampnatz garir;
E qui morir per lui vengar volria,
Cobran son dreich qu' a perdut en Suria,
Ab gran razon venria gent garnitz
Al jutgamen, lai on er Ihesu Cristz.

Qui per dieu vai l' aver e 'l cor despendre,
De paradis l' er uberta la via;
E qui no i vai deu baissar e dissendre
De tot onor; car tem que dieus l' azir

Qui reman sai ni pot anar garnitz;
Qu' ieu sai de tals c' avers e manentia
E diables e pechatz e bauzia
A 'ls retengutz cum fals avars aunitz,
Guerriers de dieu e de totz bes partitz.

Ben se cuiden en las terras estendre
E far conquistz, mas autramen cuich sia,
Car dieus, lo reis, sap s' arbalesta tendre,
E trai cairels trenchans per ben ferir;
E negus hom del colp no s pot gandir,
Quand el s' irais e vei c' om no s chastia;
Mas qui 'l dopta ni vas lui s' omelia
Aquel aura chapdel sains esperitz;
E qui no 'l fai er en enfern punitz.

A totz degra de dolor lo cor fendre
Del deseret del fill sainta Maria,
Mas col laire qui ve los autres pendre
S' esforsa plus del mal, ses repentir,
E 'l mal segle, don dieus nos lais issir,
A salvamen si cum ops nos seria;
E mon Thesaur que lais en Lombardia
Don dieu salut, car de totz nos es guitz,
E dels crozatz los cors e 'ls esperitz.

GAUCELM FAIDIT.

VI.

Ailas! per que viu lonjamen ni dura
Selh que totz jorns vei creysser sa dolor,
Qu' er son tornat tug li miey gaug en plor
Per un fel dol que dins mon cor s' atura;
Q' uey non es joys tan grans, quan m' o cossir,
Qu' el dol qu' ieu ai me pogues escantir;
Per so non puesc motz ni sos acordar,
Qu' om, quan plora, no pot ges be chantar.

Chantar m' ave tot per aital natura
Cum lo signes que chanta ab dolor
Quan mor, et ieu chan, planhen mon senhor
Que ai perdut, ab dol et ab rancura,
N Ono Sanchitz, per cui degra morir
Quan lo perdiey, s' om si degues aucir;
E quant hom pert son bon senher e car
Degra morir, pus mais no 'l pot cobrar.

Ja non diray tan gran dezaventura,
Senher N Ono, sitot m' ai gran dolor
Que siatz mortz, quar diria folhor;
Qu' aysselh es mortz de cuy dieus non a cura,
Mas dieus vos a mandat a se venir,
Quar saubes luy e joy e pretz servir;
Mas selhs son mortz que us solion amar,
Que us an perdut, senher, ses recobrar.

Ab vos es mortz sens, franquez' e mezura,
Per que totz hom en deu aver dolor,
E tug bon ayp que tanhon a valor
Moron ab vos, per que reviu falsura
Say entre selhs que no s' en fan grazir;
Mas qui vol pretz els vostres faigz se mir,
Qu' aissi sabra dieu e pretz guazanhar,
E si mezeys e tota re honrar.

Ar puesc ben dir que tot lo mon peiura,
Q' uey non es joys que non torn en dolor,
Mas sol del ric joy de nostre senhor;
Per que m par folh qui enten ni s' atura
En autre joy mas en dieu obezir.
Segle caitiu, ab dolor faitz fenir
Totz vostres faigz, per qu' om no s deu fizar
En vostr' amor, mas per son benestar!

Senher n Ono, de vos puesc per ver dir
Qu' anc non l' ames mas quan per dieu servir,
E per los sieus enantir et honrar,
E per los mals confondre et abaissar.

Senher, dieu prec la vostr' arma ampar,
Que say m'avetz pro layssat que plorar.

Aimeri de Bellinoi.

VII.

Era par ben que valors se desfai,
E podetz o connoisser e saber,
Quar selh que plus volia mantener
Solatz, domney, largueza ab cor verai,
Mezura e sen, conoissensa e paria,
Humilitat, orguelh ses vilania,
E 'ls bons mestiers totz ses menhs e ses mai,
Es mortz, Guillems Malespina marques
Que fo miralhs e mayestre dels bes.

De bons mestiers el mon par non li sai,
Qu' anc non fon tan larcs, segon mon parer,
Alixandres de manjar ni d'aver,
Qu' elh non dis non qui 'l quis, n' i trobet plai,
Ni ges d'armas Galvains plus non valia,
Ni non saup tan Yvan de cortezia,
Ni s mes Tristans d'amor en tan d'assai;
Hueymais non er chastiatz ni repres
Negus, si falh, pus lo miralhs no y es.

On son eras siei dig plazent e guai,
E siei fag plus poderos de poder,
Qu' els autres fagz fazian desvaler.
Oi dieus! cum son escurzit li clar rai
Qu' alumavan Toscana e Lombardia,
Per que quascus anava et venia,

Ab lo sieu nom, ses dopte e ses esmai,
Qu' aissi saup pretz guizar, tan fon cortes,
Cum l' estela guidet los reys totz tres.

Per cui venran soudadier de luenh sai,
Ni 'l ric joglar que 'l venian vezer,
Qu' elh sabia honrar e car tener
Plus que princeps de sai mar ni de lai,
E manhta gens ses art, ses joglaria,
Per lo sieu don on negus non falhia;
Que manh caval ferran e brun et bai
Donava plus soven et autr' arnes
De nulh baron qu' ieu anc vis ni saubes.

Belhs senher cars, valens, e que farai?
Ni cum puesc sai vius ses vos remaner?
Que m sabiatz tan dir e far plazer
Qu' autre plazers contra 'l vostre m desplai;
Que tals per vos m' onrava e m'aculhia
Que m' er estrans, cum si vist no m 'avia;
Ni ja nulh temps cambi non trobarai
Ni esmenda del dan qu' ai per vos pres,
Ni eu non cre qu' om far la m' en pogues.

Lo senher qu' es una persona en tres
Vos valha aissi cum ops ni cocha us es.

AIMERI DE PÉGUILAIN.

VIII.

Anc non cugey que m pogues oblidar
Lo dan qu' ai pres d' amicx e de senhors,
Mas lo gran dan oblid' om pel maiors,
Qu' aisso es dans que no s pot esmendar,
Qu' el melhor coms del mon e 'lh mielhs apres,
Lays m 'o, que tug sabetz be del marques
D' Est quals era, no 'l vos qual lauzar ges,
Mortz es, mas ieu no cre que negus temps
Morisson tans de bons costums essemps.

Qu' elh fon savis, conoyssens e saup far
A mezura tan qu' era sa valors
El plus aut grat poiatz e sos pretz sors,
E sostener que no s pogues baissar
Lo saup ab sen, pueys fo larcs e cortes,
Humils als bos et als mals d' orguelh ples,
E vas domnas adretz en totas res,
E vertadiers a son poder tos temps,
Qu' el cor e 'l sen e 'l faitz hi mes essemps.

Autre dol ai que m' es greus a durar
Del guai comte Verones qu' era flors
De gran beutat e de totz bes colors;
Qui 'ls sieus bos aips vos volia comtar
No 'ls poiria totz retrayr' en un mes,
Ni non es hom qui tener se pogues,
Si 'ls auzia, que del cor no 'l plaingues;

Per so que mais no falhiran tos temps
Aquist duy dol que son vengut essemps.

Senher marques, vos faziatz donar
A tals cui dar no fora ja sabors,
Pueys faziatz als menutz donadors
Creisser lurs dons, quant auzian parlar
Del vostre fait cum era sobremes.
Qui fara mais los belhs dos ni 'ls grans bes,
Ni de qual cort venra tan rics arnes
Cum fazia de la vostra tos temps,
Quar negus tant cum vos non dava essemps!

Senher marques, que faran li joglar
A cui fezes tans dons, tantas honors!
Mas un cosselh non sai als trobadors,
Laisso' s morir et ano' us lai sercar;
Quar sai no vei guaire qui de lor pes,
Quar vos no y etz, ni 'l valens coms no y es;
Pauc nos laisset dieus vas que trop n' a pres,
Si laisset, tant que durara totz temps,
Plangz e sospirs e dolors tot essemps.

Aquelh vers dieus, que fo et er totz temps,
Los meta amdos en paradis essemps.
AIMERI DE PÉGUILAIN.

IX.

Belh senher dieus, quo pot esser sufritz
Tan estranh dols cum es del jov' enfan,
Del filh del rey de Castella prezan,
Don anc nulhs homs jorn no s parti marritz,
Ni ses cosselh ni dezacosselhatz;
Qu' en lui era tot lo pretz restauratz
Del rey Artus qu' om sol dir e retraire,
On trobavan cosselh tug bezonhos;
Ar es mortz selh que degr' esser guizaire,
Lo mielhs del mon, de totz los joves bos.

Anc filhs de rey no fon vistz ni auzitz
Qu' en tan ric loc fos vengutz per semblan,
Don man dolen n' iran tos temps ploran,
Quar plus es grans, quan degra esser fenitz,
Lo dols de luy, que quant es comensatz;
Quar elh era en tan ric loc pauzatz,
Qu' anc non nasquet tan desastrucs de maire
Que lai non fos astrucx totas sazos;
Don paradis puesc dir, al mieu veiaire,
Qu' es aital cortz que no y a sofraytos.

Ben degra esser Ferran capdels e guitz,
S' a dieus plagues que est mon ames tan
Lo belh e 'l bo a tot fag benestan,
Lo larc e 'l franc, lo valen e 'l grazitz,
Don cuiavon qu' en elh fos esmendatz

Lo jove reys, e 'n Richartz lo prezatz,
E 'l coms Jaufres, tug li trey valen fraire
Cui semblava de cors e de faissos
E de ric cor, e de totz bes lo paire,
Qu' er es dolens de proeza e de dos.

Anc joves reys no fon natz ni noyritz,
Del flum Jordan tro al solelh colguan,
Don fos tal dol, pus neguero 'l jaguan;
Quar li Franses ne fan dol e grans critz,
E li Engles, tug silh d' ams los regnatz,
Li Alamans, totz lors ricx parentatz,
Senhor del mon, e 'l valen emperaire,
E Samsuenha, Espanha et Aragos,
Qu' el mon non es crestias de lunh aire
Que sieus liges o dels parens no fos.

Mas elh era sobre totz elegitz
El melhor loc, si visques mais un an,
Servir a dieu de cor e de talan,
Fons de belhs dos, murs contra 'ls Arabitz,
Solelh de mars, abrils renovellatz,
Miralh del mon, ab cuy pretz es renhatz;
Qu' en dirai pus, que nulhs no sap retraire
Lo dampnatge que sest mon doloiros
A pres en luy; e dieus, vers perdonaire,
Perdon' a luy, pus venjatz s' es de nos.

Ai! quals dols es, quar elh es chastiaire
A tot lo mon, als valens et als pros!

GIRAUD DE CALANSON.

X.

Planher vuelh en Blacatz en aquest leugier so,
Ab cor trist e marrit, et ai en be razo,
Qu' en lui ai mescabat senhor et amic bo,
E quar tug l' ayp valent en sa mort perdut so :
Tant es mortals lo dans qu' ieu no y ai sospeisso
Que jamais si revenha, s' en aital guiza no
Qu' om li traga lo cor, e qu' en manjo 'l baro
Que vivon descoratz, pueys auran de cor pro.

Premiers manje del cor, per so que grans ops l' es,
L'emperaire de Roma, si 'lh vol los Milanes
Per forsa conquistar, quar lui teno conques,
E viu deseretatz malgratz de sos Ties.
E deseguentre lui manj' en lo reys frances,
Pueys cobrara Castella que pert per nescies;
Mas si pez' a sa maire, elh non manjara ges,
Quar ben par a son pretz qu' elh non fai ren que 'l pes.

Del rey engles me platz, quar es pauc coratjos,
Que manje pro del cor, pueys er valens e bos,
E cobrara la terra, per que viu de pretz blos,
Que 'l tol lo reys de Fransa, quar lo sap nualhos.
E lo reys castelas tanh qu' en manje per dos,
Quar dos regismes ten, e per l' un non es pros;
Mas si 'lh en vol manjar, tanh qu' en manj' a rescos,
Que s' il mair' o sabia, batria 'l ab bastos.

Del rey d' Arago vuel del cor deia manjar,
Que aisso lo fara de l' anta descarguar
Que pren sai a Marcella et a Milau, qu' onrar
No s pot estiers per ren que puesca dir ni far.
Et apres vuelh del cor don' hom al rey navar,
Que valia mais coms que reys, so aug comtar;
Tortz es, quan dieus fai home en gran ricor poiar,
Pus sofracha de cor lo fai de pretz bayssar.

Al comte de Toloza a ops qu' en manje be,
Si 'l membra so que sol tener ni so que te,
Quar si ab autre cor sa perda non reve,
No m par que la revenha ab aquel qu' a en se.
E 'l coms proensals tanh qu' en manje, si 'l sove
C' oms qu' es deseretatz viu guair' e non val re,
E sitot ab esfors si defen ni s capte,
Ops l' es manje del cor pel greu fais qu' el soste.

Li baron volran mal de so que ieu dic be,
Mas ben sapchan qu' els pretz aitan pauc com ilh me.

Belh Restaur, sol qu' ab vos puesca trobar merce,
A mon dan met quascun que per amic no m te.

SORDEL.

XI.

MOLT mes greu d' EN Sordel, quar l' es falhitz sos sens,
Que cuydava qu' el fos savis e conoyssens,

Per que dintre mon cors en suy era dolens,
Quar tan honrat condug don a tan avols gens
Cum lo cor d' EN Blacatz qu' era sobrevalens;
Aora lo vol perdre, en que falh malamens,
Qu' aissi cum pert aquest ne perdria cinc cens,
Mas ja no y er perdutz entr' els flacx recrezens.

Que las dompnas valens lo partran entre lor,
Et en luec de vertutz lo tenran per s' onor :
E mi dons de Proensa, quar a de pretz la flor,
Prenda 'n premeiramens, e 'l gart per fin' amor.
Pueys mi dons de Bearn, quar a vera valor,
Vuelh qu' en prend' atressi tan qu' en torn la dolor,
Qu' ilh aura de sa mort, en gaug et en doussor;
Quar tos temps enanset son pretz e sa lauzor.

La comtessa prezans, dona de Vianes,
Vuelh que prenda del cor, pus a bon pretz conques;
E gart lo ben e gen per la vertut que i es;
E penra 'l tos temps ben, si 'l guard' en totas res.
E 'l belha de la Chambra, en cui sera ben mes,
Vuelh qu' en prend' atressi, pus a totz autres bes;
E gart lo en aissi cum fai son cors cortes,
E no 'l pot mielhs gardar al laus dels ben apres.

NA Guida de Rodes prendra del cor, quar fai
Sos bes grazir als pros, e quar totz bes li plai;
E gart lo ben e gen, quar ad elha s' eschai,
Que sitot ilh val pro, tos temps en valra mai.

Na Rainbauda del Baus prenda del cor assai,
Quar ilh es belha e bona et a bon pretz verai,
E gart lo ben e gen, quar tot quan gen l' estai
Garda, salvan s' onor e son plazen cors gai.

Silh de Lunelh, quar a verai pretz cabalos,
Vuelh que prenda del cor, qu' aissi s tanh, per amdos,
Quar ilh es belha e bona, e 'l cors plazens e bos,
E gart lo ben e gen, et aura 'n grat dels pros.
Pueys vuelh que del cor prenda la bella de Pinos,
Quar ilh es belha e bona et a plazens faissos,
E gart lo en aissi, quar sos cors amoros
Tenra 'l vertutz del cor tos temps gais e joyos.

De l'arma d' EN Blacatz pens dieus lo glorios,
Qu' el cor es ab aquelhas de qu' el era enveyos.

Belh' Ermenda plazens, sol que dieus mi sal vos,
Cui que plass' o que pes, tos temps viurai joyos.

BERTRAND D'ALAMANON.

XII.

Pus partit an lo cor EN Sordel e 'N Bertrans
De l'adreg EN Blacas, plus me non suy clamans;
Ieu partirai lo cors en mantas terras grans,
Lay un cartier auran Lombartz et Alamans
E Polia e Rossia e Frissa e Braymans;

Trastut vengan en Roma adhorar lo cors sans,
E fassa y tal capela l' emperayre prezans
On pretz sia servitz, joys et solatz e chans.

L' autre cartier auran Franses e Bregonhos,
Savoy' e Vianes, Alvernhas ab Bretos,
E 'l valens Peytavis, car lor platz messios;
E s' ilh coart Engles y fan confessios,
No son tan malastruc que pueys no 'l trop hom bos;
Qu' el cors sans es pauzatz en loc religios,
E 'l reys cui es Paris gart lo be dels bricos,
Ab sen et ab largueza, qu' en aysi sera bos.

Lo ters cartier auran li valen Castelan,
E vengan l' azorar Gascon e Catalan
Et Aragones, car an fin pretz e prezan;
E si 'l rey de Navarra y ven, sapcha de plan,
Si non es larcx e pros, jes del cors non veiran;
Qu' el bon rey Castelan lo tenra en sa man,
Que donan e meten lo cors sans gardaran,
C' aysi renhet sos auis ab fin pretz sobeyran.

Lo cart cartier aurem nos autri Proensal,
Car si 'l donavam tot, trop no' 'n penria mal;
E metrem l' a San Gili, com en loc cominal:
E vengan Roergas e Tolzas atretal
E silh de Bederres, si volon pretz cabal,
C' ueymay auran li comt patz ab amor coral;
E gardara s cascus per mon vol a son sal,
Car grans cortz mentauguda ses donar res no val.

La testa del cors sans trametray veramen
Lay en Iherusalem, on dieus pres naysemen,
Lay al Saudan del Cayre, sol pren batejamen,
E presenti 'l la testa, may estiers la y defen;
E Gui de Guibelhet, car a fin pretz valen,
Garde be la vertut per la payana gen;
E si 'l rey d' Acre y ven, lays cobeitat d'argen,
E sia larcx e pros, e gart ben lo prezen.

Pus dieus a preza l' arma d' EN Blacas francamen,
Say serviran per luy man cavayer valen.

PIERRE BREMON, DE NOVES.

XIII.

AB marrimen et ab mala sabensa
Vuelh er chantar, sitot chans no m' agensa,
Quar valors a preza gran dechazensa,
E paratges es mermatz en Proensa,
    Et ay enic
Mon cor per la preizo del pros N Enric.

Ben deu esser marrida tota Espanha,
E Roma tanh e cove be que planha
Lo senador franc, de bella companha,
Lo plus ardit de Burcx tro en Alamanha;
    A trop fallic
Quascus qu' el camp laysset lo pros N Enric.

Tug l'Espanhol, del Gronh tro Compostella,
Devon planher la preizo, que ges bella
Non fo ni es d' EN Enric de Castella;
E 'l reys N Anfos, que tan gent se capdella,
  Ab sen antic
Deu demandar tost son frair' EN Enric.

Alaman flac, volpilh, de frevol malha,
Ja lo vers dieus no us aiut ni vos valla,
Quar a 'N Enric fallitz a la batalla;
Aunid' avetz Alamanha, ses falla,
  Malvays mendic,
Quar sol layssetz el camp lo pros N Enric.

Que per valor et per noble coratge
Mantenia 'N Enricx l' onrat linhatge
De Colradi ab honrat vassalatge;
E 'l reys N Anfos, ab son noble barnatge,
  Que a cor ric,
Deu demandar tost son frair' EN Enric.

No tanh a rey que a tan ric coratge,
Quo 'l reys N Anfos, e tan noble barnatge,
Lays' estar pres home de son linhatge;
  Doncx elh no s tric
Que no deman tost son frair' EN Enric.

Recrezensa faran e volpilhatge
Tug l'Espanhol, silh que son de paratge,

Si 'n breu de temps no fan tal vassallatge
    Don sion ric,
E paupre silh que tenon pres n Enric.
            Paulet de Marseille.

XIV.

Razos non es que hom deya chantar
De so don a dolor e marrimen,
Mas mi cove en chantan remembrar
La mort del plus pro e del plus valen
Baro qu' anc fos, mil an a, en Proensa,
Qu' es mortz, don ai ira e malsabensa,
Quar elh era de totz bes ayps complitz,
E per los bos e pels autres grazitz.

A! Proensal, vos devetz tug plorar
L' onrat senhor del Baus, quar veramen,
Pus l' onratz coms mori, a mi non par
Perdessetz, tan cum ar avetz perden,
De pretz lo frug, la flor e la semensa,
En mon senhor en Barral, don dolensa
Ai e mon cor, que tan fort suy marritz
Que ges non cug esser mais esbauditz.

E cavallier e donzelh e joglar
Devon venir en Proensa temen,
Quar selh es mortz que sabia renhar,

Retenen grat de dieu e de la gen,
Si qu' anc ves pretz nulh temps no fes fallensa,
Ni anc no 'l plac nulh' hora recrezensa;
Ar es pretz mortz e paratges delitz
En Proensa, quar elh lor es fallitz.

Ni eu, las! mai no cug per ver trobar
Tan bon senhor, tan franc, tan conoyssen,
Que tot aquo sabia dir e far
Qu' a senhor car cove et estai gen;
Eras es mortz, ai! tan greu penedensa
Sufriran silh qu' avion benvolensa
Ab mon senhor EN Barral, que auzitz
Era sos pretz per tot lo mon e ditz.

Dieus, que s laisset per nos en crotz levar,
Per cuy venran li bon a salvamen,
Li denh, si 'l platz, per merce perdonar,
E l' acuella en son regne plazen,
Aissi com elh, a bona chaptenensa,
Acullia en sa cort de plazensa;
E 'l salv' e 'l gui' aissi sans Esperitz,
Cum elh era a pretz capdelhs e guitz.

Si per l' onrat frug de bona semensa
Que a laissat lo pros bars en Proensa
No fos que es de pretz sims e razitz,
Ieu me fora de chantar relenquitz.

De selh o dic cuy es lo Baus gequitz,
Quar elh es sai de pretz sims e razitz.

PAULET DE MARSEILLE.

XV.

Ples de tristor, marritz e doloiros
Comens est planh per lo dan remembrar
E per lo dol, que tart deu oblidar,
Que Narbones sosten tant angoissos,
Per la greu mort del senhor de Narbona,
Del vescomt EN Amalric mo senhor,
Don deu aver trebalh tota gens bona
E la sua pus lonc temps e maior.

Qui senhor pert aver deu gran dolor,
Quan l' a humil e franc, ses forsa far,
E 'l pot ab be a son voler menar,
Et es senher naturals ab honor;
Doncx perdut l' a Narbones e Narbona,
Don deu esser totz lo pobles ploros,
Quar elh era la pus nobla persona
Per dreg dever que d' est lenguatge fos.

Si de poder estes tan auctoros
Com de dever fazen son benestar,
Fera de si per tot lo mon parlar
Per ardimen, per sen e per faitz bos,

Qu' ab Narbones tot sol et ab Narbona
S' es d' enemicx honratz, don a lauzor
Elh e sas gens, qui liautatz razona,
Quar senhor an ab bona fe amor.

Anc nulh vil fag vergonhos ab follor
Ni ab enjan no 'l vi hom comensar,
Ans s' es volgutz ab liautat menar
Part son poder, fazen faitz de valor,
E plazia 'l tant lo faitz de Narbona
Qu' autres estars non l' era saboros,
Ni anc nulh temps ab voluntat fellona
A son poble non fon contrarios.

Dieus, de salvar las armas poderos,
Per merce us prec que denhetz perdonar,
Senher, si us platz, a l' arma, e luec dar
En paradis entr' els sans pres de vos,
De mo senhor N Amalric de Narbona,
E son poble gardatz de deshonor,
E sos efans, aissi quon dreitz o dona,
Tengan en patz lur terra ses clamor.

Si s pessa ben lo pobles de Narbona
Quals dans li es la mortz de mo senhor,
Del conortar leu non a razon bona,
Ans l' a mout gran qu' en sospir e qu' en plor.

Aissi cum suelh del senhor de Narbona
Chantar ab gaug, ne chanti ab dolor,

Quar l' ai perdut, de que ai ma persona
Ab marrimen plena de gran tristor.
Giraud Riquier.

XVI.

Aissi quo 'l malanans,
Quant a sas grans dolors
E treballas e plors,
Que solas ni bobans
No 'l fan gaug, tant es grans
Sos dols e sa tristors,
Suy eu, e 'ls ay peiors,
Per lo vescoms prezans
Qu' es mortz, per qu' en deu aver
Tot Narbones ira e dol, jorn e ser,
Quar perdut an lur senhor natural;
Dieus li fassa, s' il platz, lay bon ostal!

Qui cassara engans
Ni malfaitz ni folhors
Ni falses ni trachors,
Ni qui n' er ta membrans
Hueymais d' era enans
Quo 'l vescoms caps d' onors,
Qu' era de pretz senhors
E capdels e gardans?
Aras l' a volgut aver

Nostre senhors et ab se retener,
Que say mest nos non a laissat aital
Ni de Fransa tro 'l rey de Portogal.

 Greu mortz, tu fas plorans
 Estar ab grans dolors
 Ducx et emperadors,
 Cavaliers e sarjans,
 E donas malestans,
 Quar bayssatz lur valors;
 Qu' el mielhs dels pus melhors
 N' as menat, don es dans,
 E grans es talas per ver:
Tan de dol n' ay qu' a pauc no m lays chazer,
E nueg e jorn el cor ira mortal,
Que si soan sai tug li Proensal.

 E qui fara mais tans
 De plazers ni d' amors,
 Ni er tan bo secors
 A paupres vergonhans!
 Qu' elh non era duptans
 Ni y garava ricors,
 Et era dels melhors,
 Paires e capdelhans,
 E 'n tug avia poder:
E qu' elh sia mortz, las! e qui s pot tener
Que no s plore ab gran dolor coral,
Quar en sa mort prendem tug dan e mal.

Hueymais er mos afans
Dolens ab grans freiors,
Quan no veirai la flors
Dels frugz ben afruchans
E 'l mielhs e 'l pus amans
Et ab mais de dossors
Et ab mais de lauzors,
E 'l pus humilians
Et ab mais de gran plazer
Que, mil ans a, nuls hom pogues vezer,
Era 'l vescoms N Amalricx dous, lial,
Que de maire non nasquet pus cabal.

Pus dieus non vol deschazer,
Et a luy platz, ben deu a nos plazer;
Mas preguem lo tug ensems a jornal
Qu' elh lo met' al regne celestial.
Jean Esteve.

XVII.

Planhen, ploran ab desplazer
Et ab gran trebalh, las! qu' ieu ai,
Fenisc mon chan, quar re valer
No m poiria negus temps mai;
E vuelh que gaug parta de me,
Pus mortz a partit d' aquest mon

En Guillem de Lodeva de
Que m venia joys jauzion.

Mortz, menat n' as selh qu' en poder
Avia pretz fi e veray,
E sabia far son dever
Mielhs que lunhs qu' en remanha say,
E mielhs so qu' a valor s cove,
E mielhs bos faitz de cor volon,
Per que aitan, quan m' en sove,
Ai piegz que selh qu' om viu rebon.

E qui sabra mais mantener
Proeza tan be? non lo y say,
Quar aquilh que an mais d' aver
Son pus cobe e pus savay;
Tot quant es e mi eys menscre,
Quar moron aquilh qui bos son
E 'l malvat vivon, dieus! per que
Tan de dol n' ay qu' el cor mi fon.

Esta terra 'n val menhs per ver
Per sa mort, e so qu' als pros play,
Dos e condugz e sostener
Los paupres en lur gran esmay,
Et aver de forfag merce;
Mala mortz, tu as frag lo pon
Don venian tug aquest be,
E menat l' as, ieu no say on.

Que m' enanso miey mal saber,
Que negus temps mais no 'l veyray?
Ailas! e tan greu desplazer
Del franc gent noyrit que faray?
Dieus li perdo, qu' el mon soste,
E 'lh done l' ostal deziron
On so 'ls apostol pres de se,
E 'l gaug perdurable damon.

Maire de dieu, fons de merce,
La tua grans bontatz l' aon,
E 'l meta lay on an ab te
Las verges gay joy jauzion.
JEAN ESTEVE.

PIÈCES
SUR LES CROISADES.

I.

Pus de chantar m'es pres talens,
Farai un vers don sui dolens;
Non serai mais obediens
De Peytau ni de Lemozi.

Ieu m' en anarai en eyssilh;
Laissarai en guerra mon filh,
En gran paor et en perilh;
E faran li mal siey vezi.

Pus lo partirs m' es aitan grieus
Del seignoratge de Peytieus,
En garda de Falco d' Angieus
Lais ma terra e son cozi.

Si Falco d' Angieus no 'lh secor
E 'l reys de cui ieu tenc m' onor,
Mal li faran tug li pluzor
Qu' el veyran jovenet meschi.

Si molt non es savis e pros,
Quant ieu serai partit de vos,
Tost l' auran abayssat en jos
Fello Guasco et Angevi.

De proeza e de valor fui,
Mais ara nos partem abdui;
Et ieu vauc m' en lay a selui
On merce clamon pelegri.

Aissi lais tot quant amar suelh,
Cavalairia et orguelh,
E vauc m' en lay, ses tot destuelh,
On li peccador penran fi.

Merce quier a mon companho,
S' anc li fi tort, que lo m perdo,
Et ieu prec ne Jeshu del tro
Et en romans et en lati.

Mout ai estat cuendes e gais,
Mas nostre seingner no 'l vol mais;
Ar non posc plus soffrir lo fais,
Tant soi apropchatz de la fi.

Totz mos amicx prec a la mort
Qu 'il vengan tuit al meu conort,
Qu' ancse amey joi e deport
Luenh de me et en mon aizi.

Aissi guerpisc joy et deport
E var e gris e sembeli.
Comte de Poitiers.

II.

Senhors, per los nostres peccatz
Creys la forsa dels Sarrasis;
Iherusalem pres Saladis,
Et encaras non es cobratz;
Per que manda 'l reys de Maroc
Qu' ab totz los reys de Crestias
Se combatra ab sos trefas
Andolozitz et Arabitz,
Contra la fe de Crist garnitz.

Totz los Alcavis a mandatz,
Masmutz, Maurs, Gotz e Barbaris,
E no y reman gras ni mesquis,
Que totz no 'ls ayon ajostatz;
Anc pus menut ayga non ploc
Cum els passon, e prendo 'ls plas;
La caraunhada dels milas
Geta 'ls paysser com a berbitz,
E no y reman brotz ni razitz.

Tant an d' erguelh sels qu' a triatz
Qu' els cuio 'l mons lur si' aclis;

Marroquenas, Marabetis
Pauzon amons per mieg los pratz;
Mest lor gabon : « Franc, faiz nos loc;
« Nostr' es Proensa e Tolzas,
« Entro al Puey totz los meias. »
Anc tan fers gaps no fon auzitz
Dels falses cas, ses ley, marritz.

Emperayre, vos o auiatz,
E 'l reys de Fransa, e sos cozis,
E 'l reys engles, coms peitavis,
Qu' al rey d' Espanha socorratz;
Que ancmais negus mielhs no poc
A servir dieu esser propdas;
Ab luy venseretz totz los cas
Cui Bafometz a escarnitz,
E 'ls renegatz e 'ls assalhitz.

Ihesus Cristz, que ns a prezicatz
Per que fos bona nostra fis,
Nos demostra qu' es dregz camis,
Qu' ab penedensa er perdonatz
Lo peccat que d' Adam se moc;
E vol nos far ferms e certas,
Si 'l crezem, qu' ab los sobiras
Nos metra, e sera ns la guitz
Sobr' els fals fellos descauzitz.

Non laissem nostras heretatz,
Pus qu' a la gran fe em assis,

A cas negres outramaris,
Q' usquecx ne sia perpessatz,
Enans qu' el dampnatge nos toc;
Portogals, Gallicx, Castellas,
Navars, Arragones, Ferras
Lur avem en barra gequitz
Qu' els an rahuzatz et aunitz.

Quan veyran los baros crozatz
Alamans, Franses, Cambrezis,
Engles, Bretos et Angevis,
Biarns, Gascos ab nos mesclatz,
E 'ls Proensals totz en un floc;
Saber podetz qu' ab los espas
Romprem la preyss' e 'l cap e 'l mas
Tro 'ls aian mortz totz e delitz,
Pueys er mest nos totz l' aurs partitz.

Profeta sera 'N Gavaudas,
Qu' el dig er faitz e mortz als cas,
E dieus er honratz e servitz
On Bafometz era grazitz.
GAVAUDAN LE VIEUX.

III.

EN honor del Paire en cui es
Totz poders e tota vertatz

Et el Filh totz sens e totz gratz,
Et el sanh Esperit totz bes,
Devem creire l' un e totz tres,
Qu' ieu sai que 'l sanhta Trinitatz
Es vers dieus e vers perdonaire,
Vera merces e vers salvaire,
Per qu' ieu dels mortals falhimens
Qu' ai fagz en ditz ni en pessan
Ab fals motz ni ab mal obran,
Mi ren colpables penedens.

Senhors, pus sai nos a trames,
Per cardenals e per legatz,
Absol selh qu' es en luec pauzatz
De sanh Peire, a cui promes
Qu' en cel et en terra pogues
Solver quascun de sos peccatz;
Qui so non cre, al mieu veiaire,
Fals es e felos e trichaire,
E de nostra ley mescrezens;
E qui no se vol trair' enan
De far la crotz, al mieu semblan,
Non es a dieu obediens.

Qui fai la crotz mout l' es ben pres,
Qu' el pus valens e 'l pus prezatz
Er si reman flacx e malvatz,
E 'l pus avols francx e cortes,
Si va, et no 'l falhira res,

Ans er del tot mons e lavatz,
E ja no 'l cal tondre ni raire
Ni en estreg orde maltraire,
Que dieus lur sera vers guirens
A totz selhs que per lui iran
Venjar l' anta qu' els Turc nos fan,
Que totas autras antas vens.

Ar hi fai mout gran nescies,
E son dan rica poestatz,
Quan tolh las autrui heretatz
Ni bast castelhs, tors ni pares;
E 'l cuia mout aver conques,
Menhs a q' us paupres despulhatz;
Qu' el Lazer non avia guaire,
E 'l ricx que no li volc ben faire
Valc a la mort pauc son argens:
Guart si donc qui tolh ab enjan,
Que selh qu' avia d' aver tan
Fon caitius, e 'l paupres manens.

Ben volgra qu' el reys dels Frances
E 'l reys engles fezesson patz,
Et aquel fora pus onratz,
Per dieu, qui premiers la volgues;
E ja no 'l mermera sos ces,
Ans fora el cel coronatz;
E 'l reys de Polh' e l' emperaire
Fosson abdui amic e fraire,

Tro fos cobratz lo monimens,
Qu' aissi cum sai perdonaran,
Sapchatz qu' aital perdon auran
Lai on er faigz lo jutjamens.

Gloriosa, en cui merces
Es e vera virginitatz,
Lums et estela e clardatz,
Salutz et esperansa e fes,
En cui vers dieus per nos si mes,
Per totz nos peccadors preyatz
Vostre dous filh e vostre paire,
De cui vos etz filha e maire;
Regina doussa, resplandens,
C' om traya vostra ley enan,
E nos don forsa e poder gran
Sobr' els Turcx felos mescrezens.

PONS DE CAPDUEIL.

IV.

ER nos sia capdelhs e guerentia
Selh qui guidet tres reis en Betleem,
Que sa merces nos a mostrat tal via
Per que 'l peior venran a salvamen
Que lo segran de bon cor leyalmen;
E qui per terra ni per manentia

Remanra sai mout hi fai gran folhia,
Qu' ieu non tenc ges lo plus ric per manen
Qui pert vergonha e dieu per avol sen.

Guardatz si fai, qui reman, gran folhia,
Qu' als apostols dis Ihesus veramen
Qu' hom lo seguis, e laisses, qui 'l segria,
Totz sos amicx e son ric cazamen;
Ar es sazos fassam son mandamen,
Quar qui lai mor mais a que si vivia,
E qui sai viu pietz a que si moria;
Qu' avols vida val pauc, e qui mor gen
Auci sa mort, e pueis viu ses turmen.

Qui ves la crotz de bon cor s' umilia
Perdon n' aura per la crotz humilmen;
Et ab la crotz delitz tortz e feunia
Nostre senher qui ac franc chauzimen
Del bon lairo, e 'l fellon fetz dolen,
E perdonet Longi qui s repentia,
Et en la crotz salvet selhs que perdia,
E sufret mort per nostre salvamen;
Malastrucx es qui guazardo no 'l ren.

Qui tot quant es de sai mar conqueria
No 'l te nulh pro, si falh a dieu ni 'l men;
Qu' Alixandres, que tot lo mon avia,
Non portet ren mas un drap solamen :
Doncx, ben es fols qui ben ven e 'l mal pren,

Ni laissa joi que no falh nueg ni dia,
Per so que pert que non a mas bailia;
So son li fals cobe desconoyssen,
Cui cobeitatz enguana per nien.

Jamais no y s guap negus bars que pros sia,
S' ar no socort la crotz e 'l monumen,
Qu' ab gen garnir, ab pretz, ab cortezia,
Et ab tot so qu' es belh et avinen
Podem aver honor e jauzimen
En paradis; guardatz doncx que querria
Plus coms ni reis, s' ab honratz faigz podia
Fugir enfern e 'l putnais fuec arden,
On manh caitiu viuran tos temps dolen.

Totz hom cui fai velhez' o malautia
Remaner sai, deu donar son argen
A selhs qu' iran, que ben fai qui envia,
Sol non remanha per cor negligen.
A! que diran al jorn del jutjamen
Selhs qu' estaran per so que ren non tria
Quan dieus dira : « Fals, ples de coardia,
« Per vos fui mortz e batutz malamen! »
Adoncx aura lo pus just espaven.

Pons de Capdueil.

V.

So qu' hom plus vol e don es plus cochos,
E so qu' hom plus dezira ni ten car

Devem quasqus relinquir e laissar,
Quar ben sabem que luecx es e sazos
Qu' el ric senhor qu' es lials perdonaire,
Reys de merce, dreituriers e salvaire
Anem servir, qu' el nos fes de nien,
E 'n sufri mort per nostre salvamen.

Nos podem ben saber que fes per nos
Quan se laisset d' espinas coronar,
Batr' e ferir e de fel abeurar,
E nos rezems del sieu sanc precios.
Ailas! caitiu, quant mal fan lur afaire
Cilh que no y van, e cuidan sai sostraire
A lurs vezis las terras falsamen;
Paor deuran aver al jutjamen.

Qui remanra non er savis ni pros,
Qu' eras no s pot l' us en l' autre fiar,
Per que ditz hom que non pot plus onrar
Lo segle, adoncs remanran vergonhos
Li ric baro, s' el segles dura guaire ;
Be son torbat li rey e l' emperaire,
Si remanon guerreyan per argen
Ni per terras, si tot lur falh breumen.

Qui que romaingna, ieu irai volentos,
Qu' hom non pot ges lo ben guazardonar
Que nos a faitz dieus ni 'ls tortz esmendar,
Per qu' ieu lo prec si cum es piatos,

E 'l clam merce aissi cum fes lo laire,
E valha nos la sua doussa maire,
E sans Johans nos valha eissamen
Que nos vencam aquesta falsa gen.

Silh que sabon las leys e las leyssos
E 'ls mals e 'ls bes no i volon ges anar,
Qu' ieu 'n sai de tals qu' amon dezeretar
Mais Crestias que Sarrazis fellos,
E si 'n parlatz, diran vos qu' es peccaire;
E qui s vol far dels autres predicaire
Deuria se predicar eissamen,
Mas cobeitatz tolh a clercia 'l sen.

Reys d' Arago, francs reys e de bon aire,
Vos servetz dieu de bon cor humilmen;
Qu' el si' ab vos, e tug diguam amen.

Pons de Capdueil.

VI.

Ara sai eu de pretz quals l' a plus gran
De totz aquels que s leveiron mati;
Seigner Conratz l' a plus fin ses enjan
Que s defen lai a Sur d' en Saladi
    E de sa mainada croia;
Secora 'l dieus, qu' el socors vai tarzan;
Sols aura 'l pretz, que sols sofre l' afan.

Seigner Conrat, a Jesu vos coman,
Qu' eu fora lai ab vos, so vos affi,
Mas lassei m' en, quar se tarzaven tan
Li comt e ill duc e ill rei e li princi,
 Pois vi mi dons bell' e bloia,
Per que s' anet mos cors afreollan,
Qu' eu fora lai, ben a passat un an.

Seigner Conrat, eu sai dui rei qu' estan
D' ajudar vos, ara entendatz qui,
Lo reis Felips es l' uns, quar va doptan;
Lo reis Richart es l' autr', e dopt aissi;
 Ar fos uns quecs d' els en bonia
D' EN Saladin, pos van de deu gaban,
Quar son crozat e d' anar mot no fan.

Seigner Conrat, tot per vostr' amor chan,
Ni ges no i gart ami ni enemi,
Mas per so 'l fatz que ill crozat vau reptan
Del passatge qu' an si mes en obli;
 Non cuidon qu' a dieu enoia
Que ill se paisson e se van sojornan,
E us enduratz fam, set, et ill stan.

Seigner Conrat, la roda s vai viran
En aquest mon pur en mal a la fi,
Quar paucs en sai que no s' anon penan
Com enganon vezi e non vezi;
 Mas cel que pert no ill par joia;

Doncs sapchan ben, cill qu' ieu dic qu' aiso fan,
Que dieus escriu so que dig e faig an.

Seigner Conrat, lo rei Richart val tan,
Sitot quan voill de lui gran mal m' en di,
Qu' el passera ab tal esfort ogan
Com far poira, so aug dir tot de fi,
    E 'l reis Felips en mar poia
Ab autres reis c' ab tal esfort vendran
Que part l' albre sec irem conquistan.

    Bel Papiol, vas Savoia
Ten ton camin e vas branditz brochan,
E passa 'l mar, c' al rei Conrat ti man.

    Quan seras lai no t' enoia,
Tu li diras que s' ar no ill vaill ab bran,
Ill valrai tost, si 'ls reis no m van bausan.

Mas ben es vers qu' a tal domna m coman,
S' el passatge no ill platz, non crei que i an.
                   BERTRAND DE BORN.

VII.

Era nos sia guitz
Lo vers dieus Iheus Critz,
Quar de franqua gen guaya
  Sui per lui partitz,

On ai estat noiritz
Et honratz e grazitz;
Per so 'l prec no 'l desplaya,
　S' ieu m' en part marritz.
Ai! gentils Lemozis,
El vostre dous pays
Lais, de belha paria,
　Senhors e vezis
E domnas ab pretz fis,
Flors de gran cortezia;
　Don plang e languis,
　E sospir nueg e dia.

E quals que sia 'l critz
Del remaner auzitz,
Ja negus bes qu' ieu aya,
　Ni rics luecs aizitz
No m tenra, ni conquitz,
S' avia 'ls votz complitz,
Qu' apres calenda maya
　No sia guarnitz
Del torn, si dieus l' aizitz;
E s' a lui plaz ma fis
En leyal romania,
　Lo tot li grazis;
Pero mas juns, aclis,
Soplei sa senhoria
　Qu' els portz e 'ls camis
Nos endres vas Suria.

7

Honratz es e grazitz
Cui 'n dieu non es falhitz;
Que dieus vol et assaya
 Los pros e 'ls arditz,
Et aquels a chauzitz;
E laissa los aunitz
E l' avol gen savaya
 Per cui es traitz.
Ai! caitiu mal assis,
Cum vos etz tuit aucis!
C' avers e manentia
 Vos tol paradis,
Qu' avar etz e ressis
Tan q' us far no poria
 Qu' a dieu abellis,
Per que dieus vos desfia.

Hueimais es Antecritz
Al dan del mon issitz,
Que tot lo bes s' esmaya,
 E 'l mals es salhitz,
Qu' els fals prins a sazitz
E pres, et endormitz
El peccat, qu' els esglaya
 E 'ls ten morns e tritz;
Qu' el reys cui es Paris
Vol mais a sant Daunis,
O lai en Normandia,
 Conquerr' esterlis,

Que tot quan Safadis
A ni ten en baillia,
  Don pot esser fis
Qu' aissi cum deura sia.

Ar laissem los giquitz
Remazutz, escarnitz,
Et ab obra veraya
  De bona razitz
Sia per nos servitz
Lo vers sans Esperitz,
Cui preguem que ns atraya,
  Ab faitz afortitz,
Al dan dels Sarrazis,
Si qu' en sia conquis
Lo sans luecs, e la via
  Faita als peleris
Que nos tolc Saladis;
Don la verges Maria,
  Cui dieus benezis,
Nos sia guerentia.

Ai! dos miracles fis!
Vos e 'l pros Peitavis
Sal dieus e benezia,
  Car lui sui aclis,
Et a nos peleris
Lais venir en Suria,

Qu' el coms Baudonis
E 'l pros marques y sia.
GAUCELM FAIDIT.

VIII.

NOSTRE senher somonis el mezeis
Totz los arditz e 'ls valens e 'ls prezatz
Qu' ancmais guerra ni cocha no 'l destreis,
E d' aquesta ten se fort per grevatz,
Que presa es la vera cros, e 'l reis,
E 'l sepulcres a de secors fraitura;
Don tuit crezem ab leial fe segura
Que lo sains fuocs y deissen, c' om o ve;
Per que no i fai nuill esfortz qui so cre.

Sel que es coms e ducs, e sera reis,
S' es mes enan, per qu' es sos pretz doblatz,
Qu' el vol mais pretz c' om de las doas leis,
Dels crestians, ni dels no batejatz;
Et el vol pretz, a las obras pareis
Qu' el vol tant pretz e tant bon' aventura,
Per que sos pretz creis ades e meillura;
Qu' el vol lo pretz del mal e 'l pretz del be,
E vol tant pretz c' ambedos los rete.

Aras sai eu qu' adreitz vol esser reis
Lo reis Felips, que dizon qu' es crozatz,

Et anc Carles en tal pretz no s' empeis
Com el fara, d' aiso s' es ben vanatz.
    BERTRAND DE BORN.

IX.

Pus flum Jordan ai vist e 'l monimen,
A vos, vers dieus, qu' es senher dels senhors
Ne ren merces, quar vos plac tan d'onors
Qu' el sancte loc on nasques veramen
M' avetz mostrat, don ai mon cor jauzen;
Quar s' ieu era en Proensa, d' un an
No m clamarian Sarrazis Johan.

Ara ns don dieus bona vi' e bon ven,
E bona nau e bos governadors,
Qu' a Marcelha m' en vuelh tornar de cors;
Quar s' ieu era de lai mar veramen,
Acre e Sur e Tripel e 'l Sirven
E l' Espital e 'l Templ' e 'l rey Johan
Coman a dieu e l' aigua de Rotlan.

Qu' en la terra a croy emendamen
Del rey Richart, de Fransa ab sas flors
Soli' aver bon rey e bos senhors,
E 'n Espanha un autre rey valen,
E Monferrat bo marques eyssamen,
E l' emperi emperador prezan,
Aquestz que i son no sai quo s captenran.

7^3

Belh senher dieus, si feyssetz a mon sen,
Ben guardaratz qui faitz emperadors,
Ni qui faitz reys, ni datz castels ni tors;
Quar pus son rics, vos tenon a nien;
Qu' ieu vi antan faire man sagramen
L' emperador, don ar s' en vai camjan,
Quo fes lo guasc que traisses de l' afan.

Emperador, Damiata us aten;
E nueg e jorn plora la blanca tors
Per vostr' aigla qu' en gitet us voutors;
Volpilla es aigla que voutor pren.
Anta y avetz e 'l Soudan onramen,
E part l' anta avetz hi tug tal dan
Que nostra ley s' en vai trop rezeguan.

Peirols.

X.

Ara parra qual seran enveios
D' aver lo pretz del mon e 'l pretz de dieu,
Que be 'ls poiran guazanhar ambedos
Selh que seran adreitamen romieu
Al sepulcre cobrar; dieus, cal dolor,
Que Turc aian forsat nostre senhor!
Pensem el cor la desonor mortal,
E de la crotz prendam lo sanh senhal,
E passem lai, qu' el ferms e 'l conoissens
Nos guizara lo bon papa Innocens.

Doncs, pus quascus n'es preguatz e somos,
Tragua s'enan e senh s'el nom de dieu
Qu'en la crotz fo mes entre dos lairos
Quan, ses colpa, l'auciron li Juzieu;
Quar, si prezam leialtat ni valor,
Son dezeret tenrem a dezonor;
Mas nos amam e volem so qu'es mal,
E soanam so qu'es bon e que val;
Qu'el viures sai es a totz defalhens,
Del murir lai serem totz temps jauzens.

Non deuria esser hom temeros
De suffrir mort el servizi de dieu,
Qu'el la suffri el servizi de nos,
Don seran sals essems ab sant Andrieu
Sehls qu'el segran lai vas Monti Tabor;
Per que negus non deu aver paor,
El viatge, d'aquesta mort carnal;
Plus deu temer la mort esperital
On seran plors et estridors de dens,
Que sans Matieus o mostr' e n'es guirens.

Avengutz es lo temps e la sazos
On deu esser proat qual temon dieu,
Qu'el non somo mas los valens e 'ls pros,
C'aquels seran totz temps francamen sieu
Qui seran lai fis e bos sofridor
Ni afortit ni bon combatedor,
E franc e larc e cortes e leyal,

E remanran li menut e 'l venal,
Que dels bons vol dieus qu' ab bos fagz valens
Se salvan lai, et es belhs salvamens.

E s' anc Guillem Malespina fon bos
En est segle, ben o mostra en dieu,
Qu' ab los premiers s' es crozatz voluntos
Per socorr' el sant sepulcr' e son fieu,
Don an li rey colp' e l' emperador,
Quar no fan patz et acort entre lor
Per desliurar lo regisme reyal,
E 'l lum e 'l vas e la crotz atretal
Qu' an retengut li Turc tan longuamens,
Que sol l' auzirs es us grans marrimens.

Marques de Monferrat, vostr' ansessor
Agron lo pretz de Suri' e l' onor,
E vos, senher, vulhatz l' aver aital;
El nom de dieu vos metetz lo senhal,
E passatz lai, que pretz et honramens
Vos er el mon, et en dieu salvamens.

Tot so qu' om fai el segl' es dreitz niens,
Si a la fi non l' aonda sos sens.

AIMERI DE PÉGUILAIN.

XI.

Per pauc de chantar no me lays,
Quar vei mort jovent e valor
E pretz, que non trob on s'apays;
C'usquecx l'enpeinh e'l gieta por,
E vei tan renhar malvestat
Qu'el segle a vencut e sobrat,
Si qu'a penas truep nulh paes
Qu'el cap non aia son luoc pres.

Quar com an vout en tal pantays
L'apostolis e 'lh fals doctor
Sancta gleiza, don dieus s'irays,
Que tan son fol e peccador
Per que l'eretge son levat;
E quar ilh comenso 'l peccat,
Greu es qui als far en pogues,
Mas ieu non vuelh esser plagues.

E mov de Fransa tot l'esglays
D'els qui solon esser melhor,
Qu'el reys non es fis ni verays
Vas pretz ni vas nostre senhor,
Qu'el sepulcre a dezamparat,
E compr' e vent e fai mercat
Atressi cum servs o borges,
Per que son aunit siei Franses.

Totz lo mons torn en tal biays
Qu' ier lo vim mal et huei peior,
Et anc pus lo guit de dieu frays,
Non auzim pueis l' emperador
Creysser de pretz ni de bernat;
Mas pero, s' ueimais laissen fat
Richart, pus en sa preison es,
Lor esquern en faran Engles.

Dels reys d' Espanha m tenh a fays,
Quar tan volon guerra mest lor,
E quar destriers ferrans e bays
Trameton als Mors per paor,
Que lor orguelh lor an doblat
Don ilh son vencut e sobrat,
E fora miels, s' a lor plagues,
Qu'' entr' els fos patz e leis e fes.

Mas ja no s cug hom qu' ieu m' abays
Pels ricx, si s tornon sordeyor,
Q' us fis jois me capdelh' e m nays
Que m ten jauzent en gran doussor,
E m sojorn en fin' amistat
De lieys que plus mi ven en grat,
E si voletz saber quals es,
Demandatz la en Carcasses.

Et anc non galiet ni trays
Son amic, ni s pauzet color,

Ni 'l cal, quar selha qu' en lieys nays
Es fresca cum roz' en pascor;
Belh' es sobre tota beutat,
Et a sen ab joven mesclat,
Per que s n' agrado 'l plus cortes,
E 'n dizon laus ab honratz bes.
Pierre Vidal.

XII.

Si m laissava de chantar
Per trebalh ni per afar,
Ben leu diria la gens
Que no fos aitals mos sens
   Ni ma gallardia
   Cum esser solia;
Mas en ver vos puesc jurar
Qu' ancmais no m plac tan jovens
Ni pretz ni cavallairia
Ni domneis ni drudaria.

E s' ieu podi' acabar
So que m' a fait comensar
Mos sobresforcius talens,
Alexandres fon niens
   Contra qu' ieu seria,
   E s' a dieu plazia
Que m' en denhes ajudar,

Ja 'l sieus verais monimens
Lonjamen non estaria
Sotz mal serva senhoria.

Hom no s deuria tarzar
De ben dir e de mielhs far,
Tan quan vida li es prezens,
Qu' elh segles non es mas vens,
  E qui mais s' i fia
  Fai maior follia,
Qu' a la mort pot hom proar
Com pauc val lo remanens,
Per qu' es fols qui no s chastia
E no s part de sa falsia.

Mas tant ai de que pensar
Qu' ieu non puesc ges afinar
Totz mos honratz pensamens,
Pero bos comensamens
  Mostra bona via
  Qui no s' en cambia,
Per qu' ieu ab sobresforsar
Cug dels fellos mescrezens
Ab dieu recobrar Suria
E Damas e Tabaria.

Per qu' ieu no vuelh cambiar
De joi ab un rei avar
Cui sobra aurs et argens,

E cuida, quar es manens,
  Qu' autre dieus no sia
  Mas sa manentia
Que li fai dieu renegar;
Mas quant er lo jutgamens,
Li valra pauc la feunia
Ni l' engans ni la bauzia.

Ar m' er mon chant a virar
Vas ma dona cui tenc car
Plus que mos huelhs ni mas dens;
Ni non puesc esser jauzens,
  Si lieys non avia;
  Aissi m lass' e m lia,
Ab prometre ses donar,
Qu' autre gaug no m' es plazens,
Ni ges de lieys no m poiria
Partir, neis si m' aucizia.

Tant es bella per amar
E dousa per remirar
E corteza e conoissens,
Et als pros et als valens
  De bella paria;
  Si 'l ver en dizia,
El mon non auria par,
Mas fragz m' a mil tals covens
Que, si sol un n' atendia,
Estort e guerit m' auria.

Na Vierna, cum que sia,
Ieu sui vostres tota via.
                              Pierre Vidal.

XIII.

Hueimais no y conosc razo
Ab que nos poscam cobrir,
Si ja dieu volem servir,
Pos tant enquer nostre pro
Que son dan en volc sufrir;
Qu' el sepulcre perdem premeiramen,
Et ar suefre qu' Espanha s vai perden
Per so quar lai trobavon ochaizo;
Mas sai sivals no temem mar ni ven:
Las! cum nos pot plus fort aver somos,
Si doncx no fos tornatz morir per nos!

De si mezeis nos fes do,
Quan venc nostres tortz deslir;
E fes so sai a grazir,
Quan si ns det per rezemso:
Doncx qui vol viure ab morir
Er don per dieu sa vid' e la y prezen,
Qu' el la donet e la rendet moren,
C' atressi deu hom morir no sap quo.
Ai! quant mal viu qui non a espaven!
Qu' el nostre viures, don em cobeitos,
Sabem qu' es mals, et aquel morir bos.

Auiatz en qual error so
Las gens, ni que poiran dir,
Qu' el cors qu' om no pot gandir
De mort, per aver que y do,
Vol quecx gardar e blandir;
E de l' arma non a nulh espaven
Qu' om pot gardar de mort e de turmen:
Pens quecx de cor s' ieu dig vertat o no,
E pueys aura d' anar melhor talen;
E ja no y gart paubreira nuls hom pros,
Sol que comens, que dieus es piatos.

Cor sivals pot aver pro,
D' aitan pot quecx s' en garnir,
Que l' als pot dieus totz complir
E nostre reys d' Arago;
Qu' ieu no cre saubes falhir
A nulh que y an' ab bon cor e valen,
Tan pauc vezem que falh' a l' autra gen;
Non deu ges far a dieu peiurazo,
Qu' elh l' onrara, si 'lh li fai onramen;
Qu' ogan si s vol n' er coronatz sa jos,
O sus el cel; l' us no ilh falh d' aquestz dos.

E non pretz folha razo
Lo reys castellas, ni s vir
Per perdre, ans deu grazir
A dieu, qu' elh mostr' e 'l somo
Qu' en lui se vol enantir,

Et autr' esfortz ses dieu torn a nien;
C' aissi valra son ric pretz per un cen,
Si acuelh dieu hueimais per companho,
Qu' elh no vol re mas reconoyssemen:
Sol que vas dieu non sia ergulhos,
Mout er sos pretz onratz e cabalos.

Vida e pretz, qu' om ve de folha gen,
On plus aut son, cazon leugeiramen:
Bastiscam doncx en ferma peazo
El pretz que i s ten, quan l' autre van cazen;
Que totz sos pretz, sos gaugz e sos laus fos
En pessar fort, tant a dieus fait per nos.

Bels Azimans, dieus vezem que us aten,
Qu' en aissi us vol gazanhar francamen,
Qu' onrat vos te tant que a mi sap bo;
No 'l fassatz doncx camjar son bon talen,
Ans camjatz vos; que mais val per un dos
Qu' om s' afranha ans que fortz caia jos.

FOLQUET DE MARSEILLE.

XIV.

ARAS pot hom conoisser e proar
Que de bons faitz ren dieus bon guizardo,
Qu' al pros marques n' a fag esmend' e do
Que fai son pretz sobr' els melhors puiar,

Si qu' els crozat de Fransa e de Champanha
L' an quist a dieu per lo melhor de totz,
E per cobrar lo sepulcr' e la crotz
On fon Ihesus, qu' el vol en sa companha
L' onrat marques, e dieus a 'l dat poder
De bons vassalhs e de terr' e d' aver
E d' ardit cor, per mielhs far so que 'l tanha.

Tant a d' honor, e vol honratz estar,
Qu' el honra dieu e pretz e messio
E se mezeis, que s' eron mil baro,
Essems ab lui, de totz se sap honrar;
Et honra 'ls sieus et honra gent estranha,
Per qu' es desus quan l' autre son desotz;
Qu' ab tal honor a levada la crotz
Que non par ges mais honors li sofranha,
Qu' ab honor vol est segl' e l' autre aver,
E dieus l' a dat genh, forsa e poder
Qu' els ai' amdos, per que pretz l' acompanha.

Selh que fetz l' ayr' e cel e terra e mar
E caut e freg e vent e plui' e tro
Vol qu' a son guit passon mar tug li bo,
Si cum guidet Melchion e Gaspar
En Bethleem; qu' el plan e la montanha
Nos tolo 'ls Turc, e dieus non vol dir motz;
Mas a nos tanh, per cui fo mes en crotz,
Que lai passem; e quals que sai remanha
Vol s' avol vida e sa greu mort vezer,

Qu' en grans peccatz estam qu'om deu temer,
Don quecx er sals, s' en flum Jordan se banha.

Mas tan nos fan nostres peccatz torbar
Que mortz vivem e re no sabem quo,
Qu' un non y a tan galhar ni tan pro,
Si 'l a un gaug, non aia autre pessar,
E s' a honor que anta no 'l sofranha,
Quar per un gaug n' a 'l pus rics mil corrotz;
Mas dieus es gauz per qu' om si senha en crotz;
E re non pot perdre qui lui guazanha;
Per qu' ieu am mais, s' a dieu ven per plazer,
Morir de lai, que sai vius remaner
En aventura, e fos mia Alamanha.

Dieus se laisset per nos en crotz levar,
E receup mort, e 'n sufri passio,
E 'n fo aunitz per fals Juzieu fello,
E 'n fon batutz e liatz al pilar,
E 'n fon levatz el trau qu' er' en la fanha,
Martiriatz de correjas ab notz,
E coronatz d' espinas en la crotz;
Per qu' a dur cor totz hom qu' el dan non planha
Que ns fan li Turc que volon retener
La terr' on dieus volc vius e mortz jazer,
Don nos eschai gran guerr' e gran mesclanha.

Nostr' estol guit sanh Nicolaus de Bar;
E 'ls Campanhes dresson lur guonfaino,

E 'l marques crit Montferrat e 'l Leo,
E 'l coms flamencs crit Flandres als colps dar;
E feira quecx qu' espaz' e lansa y franha,
Que tost aurem los Turcs sobratz e rotz,
E cobrarem el camp la vera crotz
Qu' avem perduda; e il valen rey d' Espanha
Fassan gran ost sobre Maurs conquerer,
Qu' el marques vai ost e setges tener
Sobr' el Soudan, e pas cui breu romanha.

Nostre senher nos mand e ns ditz a totz
Qu' anem cobrar lo sepulcr' e la crotz:
E qui volra esser de sa companha
Mueira per lui, si vol vius remaner
En paradis, e fassa son poder
De passar mar e d' aucir la gen canha.

Bels Cavayers, per cui fas sons e motz,
No sai si m lais per vos o m lev la crotz;
Ni sai cum m' an, ni non sai com remanha,
Quar tan me fai vostre bel cors doler,
Qu' en muer si us vey, e quan no us puesc vezer
Cug murir sols ab tot' autra companha.

                RAMBAUD DE VAQUEIRAS.

XV.

Lo senher que formet lo tro
E tot quan terr' e mar perpren,

E venc pel nostre salvamen
Recebre mort e passio;
E, quan vi que sa gen perdia,
En resors de mort al ters dia,
Et en enfern n' anet dece
Per nos salvar, vera merce.

Aisi com nos det gueriso
E 'n liuret son cors a turmen,
Nos quer qu' el dezeretamen
Que ill faun Sarrazi felo
Lo seguam tug la dreita via;
Que la votz del cel nos escria:
« Sortz, e mort venetz a merce. »
E no la vol qui no m' en cre.

Totz nos apela a razo
Quar son aspre li faillimen,
E pot nos sorzer veramen
Sel que peri 'l rei Farao;
Seguam lo, com ditz la clersia:
E poira 'l dir senes fadia
Qui morra : « Tu morist per me,
Vers dieus, et ieu soi mortz per te! »

E qui viura, ses faillizo,
Er cazatz d' onrat pretz valen,
Et er salvatz plus salvamen
Que Jonas qu' eisit del peiso,

Qu'era peritz pel tort c'avia.
Al senhor laisem la folia,
E seguam dieu que val, qui 'l cre
Mena peccador a merce.

Al rei Felip et a 'n Oto,
Et al rei Joan eisamen
Laus que fasson acordamen
Entr' els, e segon lo perdo,
E servon a sancta Maria
Don sos fils pert la senhoria
De Suria, del comte de
Sur tro al regne d'Egipte.

Las poestatz e 'l ric baro
E ill pros cavalier e il sirven,
E auri' obs l'afortimen,
Anem tug que dieus nos somo;
Quar si negus hi remania,
Enferns er a sa companhia;
Cel que dieu laisa e 'n enfern te,
En enfern aura la merce.

Hueimais parran li ric e ill pro,
E 'ls coratjos ab ardimen
Al be ferir demantenen;
Aras parran li adreg e ill pro,
Qu' el bos armatz somo e tria
Nostre senher cui non oblia,

E laisa 'ls malvatz d' avol fe,
E 'ls pros vol menar a merce.

Lo chans tenra deves Suria
E ill crotz on dieus nos rezemia
E 'l saint sepulcre e 'l loc on e
A cobrar qui volra merce.

Profeta, vai e te ta via
Vas Magna, on pretz no s desvia,
Al senhor qui lo guard' e 'l te
Plus que no faun Juzieu lur fe.

Pierre d'Auvergne.

XVI.

Baros Ihesus qu' en crotz fon mes
Per salvar crestiana gen,
Nos manda a totz cominalmen
Qu' anem cobrar lo sant paes
On venc per nostr' amor morir;
E si no 'l volem obezir,
Lai on feniran tuit li plag,
N' auzirem maint esqiu retrag.

Qu' el sant paradis que ns promes,
On non a pena ni tormen,
Vol ara liurar francamen

A sels qu' iran ab lo marques
Outra la mar, per dieu servir;
E sels qui no 'l volran seguir,
No i aura negun, brun ni bag,
Que non puesc' aver gran esglag.

Ar veiatz del segle quals es,
Que qui 'l sec plus al pieitz s' enpren;
Pero no i a mas un bon sen
Qu' om lais los mals e prenda 'ls bes;
Que pus la mortz vol assalhir,
Negus no i pot ne i sap guandir;
Doncs pus tuit morem atrazag,
Ben es fols qui viu mal ni lag.

Tot lo segle vei sobrepres
D' engan e de galiamen,
E son aitan li mescrezen
Qu' entr' els non renha dreigz ni fes;
Que quascus ponha en trahir
Son amic per si enriquir;
Pero ill trachor son aissi trag
Cum selh qui beu tueissec ab lag.

Catalas et Aragones
An senhor honrat e valen
E franc e larc e conoissen,
Humil et ardit e cortes,
Mas trop si laissa enantir

Sos sers cui dieus bais et azir,
Que nueg e jorn son en aguag
Per far en cort dan et empag.

Reis aunitz val meins que pages,
Quan renha a lei de recrezen,
E plora 'ls bes qu' autre despen,
E pert so qu' el pair' a conques;
Aitals reis faria ad aucir
Et en lach'luec a sebelhir,
Qui viu a guisa de contrag
E pren e dona mal e lag.

Domnas vielhas non am ieu 'ges,
Quar vivon descausidamen
Contr' amor e contra joven,
Quar fin paratge an si mal mes,
Greu es de contar e de dir
E greu d' escotar e d' auzir,
Quar fin domnei an aissi trag
Qu' entre lor non trobon escag.

Domna, si m tenetz en defes
Que d' al re non ai pessamen
Mas de far vostre mandamen,
E s' en grat servir vos pogues
Entr' el despulhar e 'l vestir,
Jamais mals no m pogr' avenir,
Quar vostre dig e vostre fag
M' an sabor de roza de mag.

Reis del Leon, senes mentir,
Devetz honrat pretz reculhir,
Cum selh qui semena en garag
Temprat d'umor ab douz complag.

Pierre Vidal.

XVII.

Bel m'es, quan la roza floris
  E 'l gens terminis s'enansa,
Fas' un vers a m'aventura.
Don mos cors es en balansa
Pel dous chan del rossinhol
C' aug chantar la nueit escura
Per los vergiers e pels plais.

Reis, per los crestians faillis,
  Quar Masmut nos fan sobransa;
Coms ni ducx non senh sentura
Miels de vos feira de lansa;
Per l'emperador me dol,
C' a moutas gens fai fraitura;
Tals en plora que n'a jais.

Vostre coratges s'esclargis
  Quar n'avetz bon' esperansa;
Sobre Paguans, gens tafura,
Cavalguatz senes duptansa;

Premiers penres l'abadol,
E si anatz ab dreitura
Tro a Maroc, faran lais.

Sel qu' el joi del segle delis
Vei que son pretz dezenansa;
Fils es d'avol criatura
Que fai avol demostransa,
E per tan non baisa 'l col,
Quar gitatz es a non cura,
Estai mais entr' els savais.

Per mi non dic, tan m' abelis
Quan vei molt gran alegransa,
Amors vol calonja s dura,
E non pot aver fizansa,
Si carnal arma non vol,
Quar vei que cors non a cura
Mas de senhor que engrais.

Chantador, lo vers vos fenis,
Aprendetz la comensensa:
Marcabrus per gran dreitura
Trobet d'altretal semblansa;
E tenga lo tug per fol
Qui no conois sa natura,
E no 'l membre per que s nais.

Pierre d'Auvergne.

XVIII.

Quan lo dous temps ven, e vay la freydors,
E de razo atruep mout gran viutat,
Ben dey chantar quar trop n'aurai estat,
Et a m'o tout marrimen e dolors
Que ai, quan vey anar a perdemen
E destruyre sancta crestiantat,
E tot segle vey perdut e torbat,
Per qu'ieu no m puesc dar gran esbaudimen.

Comtes e reys, ducs et emperadors,
E manh baro e mantha poestat
Vey guerreyar per plana voluntat,
E 'ls fortz tolon als frevols lurs honors,
E morrem tug, so sabem veramen ;
Doncx laissara quascus sa heretat,
E so qu'aurem de tort e de peccat
Trobarem totz al jorn del jutjamen.

Quan dieus dira : « Selhs qu'an freytz ni calors
« Sufert per mi, ni lur sanc escampat,
« E m'an blandit e temsut et amat,
« E m'an servit e fag ben et honors,
« Aquilh seran ab gaug ses marrimen ;
« E selhs qu'auran de mi tort e peccat,
« Ses falhimen, que no 'ls er perdonat,
« Cayran lains el foc d'infern arden. »

Adoncs er fag l'ira e 'ls dols e 'ls plors
Quan dieus dira : « Anatz, malaurat,
« Ins en infern on seretz turmentat
« Per tos temps mais ab pena et ab dolors,
« Quar non crezetz qu' ieu sufri greu turmen,
« Mortz fuy per vos, don vos es mal membrat. »
E poiran dir selhs que morran crozat :
« E nos, senher, mortz per vos eyssamen. »

Ailas! caitiu, com grieus er la dolors,
E que direm, quan serem ajostat
En cap florit on veyrem clavellat
Dieu en la crotz per totz nos peccadors,
E pel costat nafrat tan malamen,
E de ponhens espinas coronat!
Adoncs volriam quascus aver cobrat
La vera crotz e 'l sieu sanh monimen.

FOLQUET DE ROMANS.

XIX.

Totz hom qui ben comensa e ben fenis
Lonha de si blasm', e reten lauzor,
Quar dieus dona a bon comensador
Bona forsa tan qu' es bona la fis,
Et anc ses dieu fi ni comensamen
No vim portar frug de bona semensa,
Mas selh qu' en dieu fenis e ben comensa
Ren frug de pretz e frug de salvamen.

Aquest bos frugz nays primier e floris
De bona fe, e pueys quant es en flor
Bonas obras noyrisso 'l ab doussor;
Qu' ab la fe nays et ab obra s noyris;
E qui d' est frug manjara veramen
Volra morir en nom de penedensa,
Don er sa mortz justa vera naysensa,
Qu' el jorn qu' om mor per dieu nays justamen.

Justamen es natz selh qui dieus grazis;
Pus justamen viu tos temps ses dolor,
Quan justamen et ab doussa sabor
A 'l frug manjat per que s' arma gueris;
E doncx anem trastug cominalmen
Manjar d' est frug qu' es la nostra guirensa,
E trobar l' em oltra mar, ses falhensa,
Lai on dieus fo mortz e vius eyssamen.

La sua mortz fo dreyturiers camis
Per on devem anar tuyt peccador,
E qui morra per dieu lo creator
Viura tos temps jauzens en paradis,
Quar aital mortz es vida ses turmen
E verays frugz de Crist a cuy agensa,
Per que quascus deu aver sovinensa
D' aquest morir per viure lonjamen.

Dieus a somost tal frug que non peris;
Lo valen reys Frederic mon senhor,

E totz aisselhs que per la su' amor
Volran morir e viure, so m' es vis,
Qu' anon manjar sobre paguana gen
Que descrezon Crist e sa conoyssensa
E la vera crotz on non an crezensa,
E 'l sepulcre decrezon malamen.

Senher verays, Ihesus, cui soy aclis,
Lums dreyturiers de vera resplandor,
Salvaire Crist, donatz forsa e vigor
E bon cosselh als vostres pellegris,
E 'ls defendetz de pena e de mal ven,
Si que puescon passar senes temensa
Lai per cobrar, ab la vostra valensa,
La sancta crotz e 'l verai monimen.

Reys Frederics, vos etz frugz de joven
E frugz de pretz e frugz de conoyssensa,
E si manjatz del frug de penedensa,
Feniretz be lo bon comensamen.
Guillaume Figueiras.

XX.

Tornatz es en pauc de valor
Lo segles, qui ver en vol dir,
E 'l clergue son ja li peior
Que degran los bes mantenir,

Et an un tal usatge
Que mais amon guerra que patz,
Tan lur play maleza e peccatz;
  Per qu' al premier passatge
M' en volria esser passatz,
Qu' el mais de quan vey mi desplatz.

E son ves els mezeis trachor
Li ric malvat, per qu' els n' azir;
Qu' els an huelhs e non an lugor,
Ni 'n res no sabon avenir
  Que sia d' agradatge;
Tan los eyssorba cobeitatz,
Enjans, feunia e malvestatz
  Que perdut an paratge;
E per aiso pert sas clardatz
Pretz e valors e lialtatz.

Ben volgra acsem un senhor
Ab tan de poder e d' albir
Qu' als avols tolgues la ricor
E no 'ls laisses terra tenir,
  E dones l' eretatge
A tal que fos pros e prezatz;
Qu' aissi fo 'l segles comensatz,
  E no y guardes linhatge,
E mudes totz los ricx malvatz
Si cum fan Lombartz poestatz.

Quan cug chantar, ieu planc e plor
D' aisso que vey esdevenir,
Car per pauc no muer de dolor
Quan en mon cor pens e cossir
　　La perd' e 'l gran dampnatge
Qu' a pres cortezia e solatz ;
Que si de chantar vos mesclatz,
　　Ni us donatz alegratge,
Totz diran vos etz fols proatz,
Si de totz joys no vos layssatz.

E prec al bon emperador,
Que s' es crozatz per dieu servir,
Qu' el muova ab forsa et ab vigor
Ves la terra on dieus volc murir
　　E mes son cors en gatge
Per nos, e 'n fo en crotz levatz,
E per nos batutz e nafratz ;
　　Don fan gran vilanatge,
Quar per nos son tan sufertatz,
Los Turcx fals e desnofezatz.

Emperaire, si be us pessatz
Cum fay dieus vostras voluntatz,
　　E l' avetz fin coratge,
Hom dira vos etz coronatz
De pretz sobre totz, e renhatz.

Sirventes, Mon Cenis passatz
Et a EN Oth del Caret digatz

Qu' ie us tramet per messatge,
Qu' el s' an lai on Jesus fo natz,
Puois er son bon pretz coronatz.
Folquet de Romans.

XXI.

Emperaire, per mi mezeis,
Sai, quant vostra proeza creis,
No m sui jes tardatz del venir,
Que jois vos pais e prez vos creis,
E jovens vos ten baud e freis
Que fai vostra valor doucir.

Pois lo fils de dieu vos somo
Qu' el vengetz del ling Farao,
Ben vos en devetz esbaudir;
Contra 'ls portz faillon li baro,
Li plus de conduich e de do,
E ja dieus no 'ls en lais jauzir.

Mais entr' els de lai es remas
Ad ops d' Espaingna e del vas;
En devetz ben l' afan soffrir,
E 'ls Sarrazis tornar atras,
E de l' aut orgoill forvenir,
E dieus er ab vos al fenir.

Als Amoravis fai conort
Per las poestatz d' outra 'l port,

C' ant pres una tella ad ordir
De drap d' enueia e de tort,
E ditz cadaus c' a sa mort
S fara de sa part desvestir.

Mas de lai n' ant blame li ric
C' amon lo sojorn e l' abric,
Mol jazer e soau dormir,
E nos sai, segon lo prezic,
Conquerem de dieu per affic
L' onor e l' aver e 'l merir.

Trop si van entr' els cobeitan
Aicill que vergoigna non an,
E s cuian ab l' anar cobrir;
Et eu dic lor, segon senblan,
Qu' el cap derrier e 'ls pes avan
Los coven dels palaitz issir.

Per pauc Marcabrus non trasaill
De joven, can per aver faill
E cel qui plus l' ama acuillir,
Can venra al derrier badaill,
E mil marcs non daria un aill,
Si lor fara la mortz pudir.

Ab lavador de Portegal
E del rei navar atretal,
Ab sol que Barsalona i s vir

Ves Toleta l' emperial,
Segur poirem cridar reial,
E paiana gen desconfir.

Si no fosson tan gran li riu,
Als Amoravis fora esquiu,
E pogram lor o ben plevir,
E s' atendon lo recaliu
E de Castella 'l seingnoriu,
Cordoail farem magrezir.

Mas Fransa, Peitau e Beriu
Aclina un sol seignoriu,
Venga sai dieu son fieu servir;
Qu' eu no sai per que princes viu,
S' a dieu no vai son fieu servir.
MARCABRUS.

XXII.

IRA e dolor s' es dins mon cor asseza,
Si qu' a per pauc no m' auci demanes,
Quar nos met jos la crotz qu' aviam preza
En la honor d' aisselh qu' en crotz fos mes;
   Que crotz ni ley no ns val ni ns guia
   Contra 'ls fels Turcx que dieus maldia,
Ans es semblans, segon qu' hom pot vezer,
Qu' a dan de nos los vol dieus mantener.

Al comensar an Cezaria conqueza,
E 'l fort castelh d'Assur per forsa pres.
Ai! senher dieus, e qual via an preza
Tan cavalier, tan sirven, tan borzes
　　Que dins los murs d'Assur avia?
　　Ailas! lo regne de Suria
N'a tant perdut que, qui n vol dir lo ver,
Per tos temps mais n'es mermatz de poder.

E no us pessetz que per tan s'en recreza,
Qu'ans a jurat e dich tot a pales
Que ja nulhs hom que en Jezu Crist creza
Non remanra, s'el pot, en est paes;
　　Enans fara bafomairia
　　Del mostier de sancta Maria;
E pus son filhs, qu'en degra dol aver,
O vol ni 'l play, ben deu a nos plazer.

Doncx ben es fols qui ab Turcx mov conteza,
Pus Jezus Crist no lor contrasta res,
Qu'els an vencut e venson, de que m peza,
Francx e Tartres, Ermenis e Perses,
　　E sai nos venson quascun dia,
　　Quar dieus dorm qui veillar solia,
E Bafomet obra de son poder,
E fai obrar lo Melicadeser.

Lo papa fa de perdon gran largueza
Contr' Alamans ab Arles e Frances :

E sai mest nos mostran gran cobeeza,
Quar nostras crotz van per crotz de tornes,
  E qui vol camjar romania
  Per la guerra de Lombardia,
Nostres legatz, don ieu vos dic per ver
Qu' els vendon dieu e 'l perdon per aver.

  Senhors frances, Alexandria
  Vos a piegz fag que Lombardia,
Que lai vos an Turcx sobraz de poder,
Pres e vencut, e rendutz per aver.
Le Chevalier du Temple.

XXIII.

El temps quan vey cazer fuelhas e flors,
E 'ls auzelletz estar dezesperatz
Per lo greu temps qu' els a voutz e giratz,
Atressi vey camjatz maynhs autz baros,
E lo secgle tornar en marrimen,
Quar sens e pretz, valors e lialtatz,
Los sol guizar, per qu' om era prezatz,
Er no y a cor de far nulh fag valen.

E denant nos estai lo miradors
Que fo a totz cominalmen donatz,
Iherusalem, on Ihesus fon liatz
E receup mort sus en la vera cros,
E 'l cors pauzatz el verai monimen,

E fora bos que no fos oblidatz
Tan ricx mirals qu' er breumen esfassatz,
Si no 'l trazem foras de serva gen.

E si membres a totz la grans amors
Que dieus nos fetz, be fora mielhs gardatz
Iherusalem, e y agra mais crozatz;
Mas era es venguda la sazos
Qu' om non a cor mas qu' om sia manen,
E sabem cert que totz serem jutgatz
E bos e mals, segon nostres peccatz,
Davant l' aut rey, al jorn del jutgamen.

Per qu' ieu volgra clergues prezicadors
Fosson part Sur en outra mar passatz,
E 'l reys engles e sos fraires Richartz,
E 'l reys valens de cui es Aragos,
Selh de Fransa, e 'l princeps ab sa gen,
Et estesson entre Payas mesclatz;
Adoncx crey ieu seria desliuratz
Lo cars miralhs qu' es lums de salvamen.

Hai! qui volra cobrar sens e valors
Ane s' en lai ont es totz bes granatz,
Joys e ferms cors e tota lialtatz,
En Castelha, al valen rey 'N Amfos;
Quar el es caps de pretz e d' onramen,
E per el son Paguas totz jorns bayssatz;
E del miralh es honrada sa patz,
Qu' el cor e 'l sen hi met e l' ardimen.

Dieus nos lays far e dir que siam salvatz,
Et al bon rey castelhan, qu'es honratz,
Cresca sos gaugz e vida lonjamen.
                    GUILLAUME DE SAINT-DIDIER.

XXIV.

Qui vol aver complida amistansa
De Ihesu Crist, e qui 'l volra servire,
E qui volra lo sieu nom enantire,
E qui volra venjar la deshonransa
Qu' elh pres per nos, quan sus la crotz fo mes,
Passe tost lai on elh fon trespassans,
E sia be de sa mort demandans
E de l'anta qu'el per nos autres pres.

Dieus pres, per nos salvar, greu malanansa,
Qu'en fon batutz e 'n suffri tal martire
Que sus la crotz en volc penden murire
Ab gran dolor, e y fo plagatz de lansa,
Per que 'l so fals trastotz, quan be m'o pes,
Aquelhs que so del passatge duptans;
Mielhs lai deuram quascus anar enans
Nutz o descaus qui estiers no pogues.

Mas trop d'omes son qu'eras fan semblansa
Que passaran, e ges non an dezire;
Don se sabran del passar escondire

Ganren d'aquelhs, e diran ses duptansa :
Ieu passera, si 'l soutz del rey agues ;
L'autre diran : Ieu no suy benanans ;
L'autre diran : S'ieu non agues efans,
Tost passera, que say no m tengra res.

Veus quals sera d'aquelhs lur escuzansa ;
Mas, s'als no y fan, dieus lur sabra ben dire
Al jutjamen, segon lo mieu albire :
« Anc vos autres non demandetz venjansa
« De la mia mort, per so siatz a mal mes. »
Et als autres, qu'auran suffertz affans
Per la su'amor, dira : « Los mieus amans,
« Venetz a mi, que tot m'avetz conques. »

Aquels auran tos temps mais alegransa,
Mas los autres auran dol e cossire ;
Doncx si ns volem nos altres far grazire
A Ihesu Crist que tot quant es enansa,
Passem non lay on elh fon per nos pres
Cominalmens trastotz ab bos talans ?
Et en aissi serem li agradans ;
Doncx passem lay, que temps e razos es.

Qui passara dieus qu'a fag tot quant es
Li secorra, e 'lh sia ajudans,
E 'lh do 'l regne don ieu suy esperans,
E li perdo, e 'lh valha en totas res.

Amicx Miquels, digatz m' el sirventes
A 'n Aymeric de Narbon' en chantans,
E digatz li que non sia duptans,
Que, si 'lh passa, pus tost n' er tot conques.
RAIMOND GAUCELM.

XXV.

AB grans trebalhs et ab grans marrimens
Veyrem hueymais cristiantat estar,
Pus mortz es selh qu' era del mon ses par,
Qui valia sobre totz los valens,
Qu' era de cor per Ihezu Crist issitz
Del sieu pays contra 'ls fals Turcx aunitz,
E dieus a 'l pres e trach d' aquesta vida,
Pero non l' er trop esta mortz grazida.

Mortz es lo reys don em trastotz perdens
Tan que lunhs hom no pot ben adysmar,
E ges per so sa mortz no ns deu membrar,
Ans devem mielhs pus afortidamens
Totz anar lay ab armas, gent garnitz
Per secorre a selhs qu' elh a gequitz
E per amor, qu' el dans e la fallida
Restauressem en alquna partida.

Ar fora temps qu' om se crozes breumens,
E clercia o degra prezicar
Per tot lo mon, e tal perdon donar

Qu' om s' en crozes pus afortidamens;
Et en aissi los Francx foran seguitz
Et ajudatz e trop pus afortitz;
Mas la gleiza esta tan endurmida
Que de passar negus homs non covida.

Ans vos dirai que fan cominalmens
Selhs que la crotz solian far levar;
Elhs per deniers las fan a moutz laissar:
E degron mielhs prezicar a las gens,
Quar moutz n' estan sai flacx et adurmitz,
Quar del crozar nulhs prezicx no y 's auzitz;
E del prezic degra s movre tals crida
Per que s crozes la gens pus afortida.

Si per lo mon fos bos acordamens
Que cristias se denhesson amar
E s volguesson contra 'ls Turcx acordar
Non lur foro ja pueys trop defendens,
Ans cre fosso totz mortz o escofitz,
E la terra, on ylh se so noyritz,
Per cristias fora leu conquerida,
Que ja lunh Turc non trobera guandida.

Maires de dieu, verges emperairitz,
Pus pres avetz aquelh que ns era guitz,
Al rey Felips donatz longamens vida,
E gardatz lo de dan e de falhida.

RAIMOND GAUCELM.

SIRVENTES HISTORIQUES.

I.

En aquest guai sonet leugier
Me vuelh en cantan esbaudir,
Quar hom que no s dona alegrier
No sai que puesc esdevenir;
Per qu' ieu me vuelh ab joy tenir
  Et ab los pros de Proensa
  Qui renhan ab conoissensa
  Et ab belha captenensa,
Si qu' om no 'ls en pot escarnir.

De conquerre fin pretz entier
Agra ieu talen e dezir,
Si no m' en falhisson denier
E rendas, don pogues complir
Los fagz qu' ieu volgra mantenir;
  Mas pus a dieu non agensa
  Qu' ieu puesca far gran valensa,
  Gardar me dei de falhensa
Al meins, e d' aiso qu' ai servir.

Quar pretz no demanda ni quier
Ab sels qui volen obezir,
Mas tant quant al poder s' afier,
E que hom se guart de falhir;
Per qu' aisel que trop vol tenir
 A molt petit de sciensa,
 Quar l' avers non a valensa
 Mas quar hom en trai guirensa,
E quar hom s' en pot far grazir.

A l' emperador dreiturier
Frederic vuelh mandar e dir
Que, si mielhs no mante l' empier,
Milan lo cuida conquerir
Ab grans faitz, e fai s' en auzir;
 Don vos jur per ma crezensa
 Que pauc pretz sa conoissensa
 E son sen e sa sabensa,
S' en breu no l' en sap far pentir.

Dona sai ab cors plazentier,
Don negus hom no pot mal dir,
E no tem gap de lauzengier,
E sap los melhors retenir
Ab honrar et ab aculhir;
 Tan gen fenis e comensa
 So solatz e sa parvensa
 Qu' en re non hi fai falhensa,
Et a car nom per encarzir.

Na Johana d' Est agensa
A totz los pros, ses falhensa,
Per qu' ie m vuelh ab los pros tenir.
                BERNARD DE VENTADOUR.

II.

Un sirventes on motz non falh
Ai fag, qu' anc no m costet un alh,
Et ai apres un aital art
Que, s' ai fraire, cozin ni quart,
  Ieu 'lh part l' uov e la mealha,
E s' el pueys vol la mia part,
  Ieu la 'lh giet de comunalha.

Tot mon sen ten dins mon serralh,
Sitot mi tenon en trebalh;
Entr' en Azemar e 'n Richart
Lonc temps m' an tengut en regart,
  Mas ar n' auran tal baralha
Que lor enfan, si 'l reys no 'ls part,
  Auran part en la coralha.

Guillems de Gordon, fort batalh
Avetz mes dins vostre sonalh,
Et ieu am vos, si dieus mi gart,
Pero per fol e per muzart
  Vos tenon d' esta fermalha

Li dui vescomt, et es lor tart
Que siatz en lor batalha.

Tot jorn contendi e m baralh,
M' escrim e m defen e m coralh,
C' om me fond ma terra e la m' art,
E m fai de mos arbres eyssart,
   E mescla 'l gra ab la palha,
E no i a ardit ni coart
   Enemic que no m' assalha.

Tot jorn ressoli e retalh
Los baros, e 'ls refon e 'ls calh,
E lur cug metre cor auzart,
E sui ben fols, quan m' en regart,
   Qu' ilh son de peior obralha
Que non es lo fers San Launart,
   Per qu' es fols qui s' en trebalha.

Talairans non trota ni salh
Ni no s mov de son artenalh,
Ni non dupta lansa ni dart,
Ans viu a guiza de Lombart,
   Et es tan ples de nualha
Que, quant tot' autra gen s' en part,
   El s' estendill e badalha.

A Peiraguers, pres del muralh,
Si que y poirai lansar ab malh,

Venrai armat sobre Bayart,
E s' ieu treup Peitavin pifart,
  Sabra de mon bran cum talha,
Que sus el cap li farai bart
  De cervelh mesclat ab malha.

Senhors, dieus vos salv e vos gart
  E vos aiut e vos valha,
Ab sol que m diguatz a 'n Richart
So qu' el pau ditz a la gralha.
                BERTRAND DE BORN.

III.

Ges de far sirventes no m tartz,
Ans lo fas senes totz afans,
Tan sui suptils d' engenhs e d' artz
Que m sai gardar de totz engans;
    E sai tan de sort
    Que vec vos m' estort;
    Que 'l comte ni 'l rey
    No m forfeiron rey.

E pois lo reys e 'l coms Richartz
M' an perdonat lurs mals talans,
Jamais Guirautz ni 'n Audoartz
No m don treguas ni 'n Talairans,
    Ni ja d' Autafort

Non laissarai ort,
Qui s vol m' en guerrey,
Pus aver lo dey.

Quant es fis deves totas partz
A mi resta de guerra uns pans,
Pustella en son huelh qui m' en partz,
Sitot m' o comensiey enans;
Patz no m fai conort,
Ab guerra m' acort,
Qu' ieu non tenh ni crey
Negun' autra ley.

E no y guart dilus ni dimartz,
Ni setmana, ni mes, ni ans;
Ni m lais, per abril ni per martz,
Qu' ieu non cerque cum venha dans
A sels que m fan tort;
Mas ja, per nuill sort,
No y conquerran trey
Lo pretz d' un correy.

Quals que fassa sos bos yssartz,
Ieu m' en sui mes tos temps engrans
Cum puesca aver cairels e dartz,
Elms et ausbercs, cavals e brans;
Qu' ab aisso m cofort,
E m trac a deport
Assaut e torney,
Donar e domney.

Mos parsoniers es tan gualartz
Que vol la terr' a mos enfans,
Et ieu vuelh li 'n dar, tan sui guartz;
Pueys diran que mals es Bertrans,
 Quar tot non lo y port;
 Mas a malvat sort
 Venra, so us autrey,
 Quals qu' ab mi plaidey.

 Jamais d' Autafort
 No fas dreit ni tort,
 Qui s vol m' en guerrey,
 Pus aver lo dey.

 Lo jutjamen crey
 Mon senhor lo rey.
BERTRAND DE BORN.

IV.

Pus Ventedorn e Comborn e Segur
E Torena e Monfort e Guordon
An fag acort ab Peiregorc e jur,
E li borges si claven d' eviron,
M' es bon e belh hueymais qu' ieu m' entremeta
D' un sirventes per elhs aconortar,
Qu' ieu no vuelh ges sia mia Toleta
Per qu' ieu segurs non i pogues estar.

A! Puiguillems e Clarens e Granolh
E Sanh Astier, molt avetz gran honor,
Et ieu mezeis qui conoisser la m vol,
Et a sobrier Engolesmes maior,
 Qu' EN charretier que gurpis sa charreta
Non a deniers ni no pren ses paor;
Per qu' ab onor pretz mais pauca terreta
Q' un emperi tener a dezonor.

Si 'l rics vescoms qui es caps dels Guascos,
 A cui apen Bearns e Gavardans,
E 'N Vezias o vol e 'N Bernardos
 E 'l Senher d'Ayx e selh cui es Marsans,
D' aquelha part aura 'l coms pro que fassa,
Et eissamen aissi com el es pros,
Ab sa gran ost que atrai et amassa,
Venha s' en sai et ajoste s' ab nos.

Si Talhaborcs e Pons e Lezinhans
E Malleons e Taunais fos en pes,
Et a Siurac fos vescoms vius e sans,
Ja non creirai que non nos ajudes
Selh de Toartz; pois lo coms lo menassa,
Venha s' ab nos, e non sia ges vans,
E demandem li tro que dreg nos fassa
Dels homes qu' el nos a traitz d' entr' els mans.

Entre Peitau e la ylha 'N Bocart
E Mirabelh e Laudun e Chino,

A Claraval an bastit, ses regart,
Un belh caslar el mieg d'un plan cambo;
Mas no vuelh ges lo sapcha ni lo veya
Lo joves reys, que no ill sabria bo,
Mas paor ai, pus aitan fort blanqueya,
Qu' el lo veira ben de Matafelo.

Del rey Felip veirem be si panteya,
O si segra los usatges Karlo;

D' en Talhafer, pus so senher l' autreya
D' Engolesme, et elh·l' en a fag do;

Quar non es bo de so que reys autreya,
Quant a dig d' oc, que pueys digua de no.
BERTRAND DE BORN.

V.

Un sirventes fatz dels malvatz barons,
E jamais d' els no m' auziretz parlar;
Qu' en lor ai fraiz mais de mil agulions,
Anc non puoic far un correr ni trotar;
Ans se laissen ses clam deseretar.
Maldiga 'ls dieus! e que cuian doncs far
Nostre baron? C' aissi com us confraire
No i es uns no 'l poscatz tondr' e raire,
O ses congrenz dels quatre pes ferar.

Lous e 'n Aimars, n Aquenbautz e 'n Guions
Degran oimai lor joven demostrar,
Quar joves rics cui non platz messios,
Cortz ni guerra, non po en pretz montar,
Ni s fai temer ni grazir ni onrar;
Que de Londres tro qu' a la ciutat d'Aire
Non i a un qu' en la terra son paire
No ill faisson tort, senes tot caloingnar.
BERTRAND DE BORN.

VI.

D' un sirventes no m qual far longor ganda,
Tal talent ai qu' el digua e que l' espanda,
Quar n' ai razon tan novella e tan granda
Del jove rey qu' a fenit sa demanda
Son frair Richart, pus sos pairs lo y comanda,
  Tant es forsatz!
Pus EN Enrics terra non te ni manda,
  Sia reys dels malvatz.

Que malvatz fai quar aissi viu a randa,
A liurazon, a comte et a guaranda;
Reys coronatz, que d' autrui pren liuranda,
Mal sembla Arnaut lo marques de Bellanda
Ni 'l pros Guillem que conquis tor Miranda,
  Tan fon prezatz!
Pus en Peitau lur ment e lur truanda,
  No y er mais tant amatz.

Ja per dormir non er de Coberlanda,
Reys dels Engles, ni non conquerra Yrlanda,
Ni ducx clamatz de la terra normanda,
Ni tenra Angieus ni Monsaurelh ni Canda,
Ni de Peitieus non aura la miranda,
   Ni coms palatz
Sai de Bordelh, ni dels Gascos part landa
   Senhers ni de Bazatz.

Cosselh vuelh dar el so de n' Alamanda
Lai a 'n Richart, sitot non lo m demanda;
Ja per son frair mais sos homes no blanda,
No com fai elh, ans asetja e 'ls aranda,
Tolh lur castelhs e derroqu' et abranda
   Deves totz latz;
E 'l reys torn lai ab aiselhs de Guarlanda
   E l' autre sos conhatz.

Lo coms Jaufres cui es Breselianda
   Volgra fos primiers natz,
Car es cortes, e fos en sa comanda
   Regismes e duguatz.
      Bertrand de Born.

VII.

Lo coms m'a mandat e mogut,
Per en Ramon Uc d' Esparro,

Qu' ieu fassa per lui tal canso
Qu' en sion traucat mil escut,
Elms et ausbercx et alcoto,
E perpong falsat e romput.

Et es luecx que sia atengut,
Pus mi fai comtar sa razo,
E qu' enans de la roazo
O aia 'l coms aperceubut,
Que blasmarion m' en Guasco,
Que de lor mi tenh per tengut.

A Toloza, part Montagut,
Plantara 'l coms son guonfaino
Al prat comtal, josta 'l peiro;
Quan lay aura son trap tendut,
Nos alogerem d' enviro,
Si que tres nuegz hi jairem tut.

E desse que serem vengut,
Mesclara 'l torneys pel cambo,
E Catalas e ill d' Arago
Tombaran soven e menut,
Que non lur tenran pro arso,
Tan grans colps hi ferrem nos drut.

E no pot esser remazut
Que vas cel no volon tronso,
E que sendat e sisclato

E samit no sion romput,
Cordas e becas e paysso
E traps e pavaillo perdut.

E seran hi ab nos vengut
Las poestatz e li baro,
E tug li honrat companho
Del mon e li plus elegut,
Quar per aver e per somo
E per pretz hi faran aiut.

Lo reys qu' a Tarascon perdut,
E 'l senher de Montalbeo
Rogiers, e 'l filh Bernart Otho,
E 'l coms Don Peire lor n' aiut,
Lo coms de Foys, e 'n Bernado,
E 'n Sancho, frair' al rey vencut.

De lai penson de guarnizo,
Que de sai lur er atendut.

Totz temps vuelh que li ric baro
Sion entre lor irascut.
Bertrand de Born.

VIII.

Rassa, mes se son primier
En la fin que an parlada

Li senhor e 'l mainadier
E 'ls baros d' est'. encontrada,
Sels an fag vas vos passada;
Et ieu qual mal vos en mier,
Que terra non ai cobrada?

Totz temps mi laisson derrier,
Quan m'an mes en la mesclada,
Li gentil et li lanier;
E quan lur patz es parlada,
Ni m'an ma terr' abrazada,
Dizon silh del Colombier
Qu'en prenda dreg, si m'agrada.

Nos em tal trenta guerrier,
Quascus ab capa traucada,
Tug senhor e parsonier,
Ab cor de guerra mesclada,
Qu' anc non aguem denairada,
Ans als colps, quan es mestier,
An lor querella prestada.

Hueymais seran ric portier
Que tenran porta serrada,
E sabran arcbalhestier
Qu' es la patz en l'encontrada,
Qu' om non lor dara soudada,
Ans auran can e lebrier
Del comt e s' amor privada.

Austor e falcon gruier,
Corn e tabor encuirada,
E braquet e liannier,
Arc e sageta barbada,
Gannacha e capa folrada
Et ozas de salabier
Seran mais de lur mainada.

Sercat ai, de Monpeslier
Tro lai en la mar salada,
Que no y truep baron entier
Qu' aya proeza acabada,
Qu' el mieg luoc non sia oscada
O fracha en l' un cartier ;
Ni mas un no m' i agrada.

Papiol, ten drech sentier,
Non temas ven ni gelada ;
Digas mi a mon Rainier
Que sa proeza m' agrada.

BERTRAND DE BORN.

IX.

Ges no mi desconort
 S' ieu ai perdut,
Qu' ieu non chant e m deport,
 E non m' aiut
Com cobres Autafort

Qu' ieu ai rendut
Al senhor de Niort,
Car la volgut;
E pois en merceian
Li sui vengutz denan,
E 'l coms en perdonan
M' a receubut baisan;
Ges no i dei aver dan,
Qui qu' en dises antan,
Ni lausengier non blan.

Vas mi son perjurat
Trei palazi,
E 'l quatre vescomtat
De Lemozi,
E li dui penchenat
Peiragorzi,
E li trei comte fat
Engolmezi,
E 'N Sestols ab Gasto,
E tuit l' autre baro
Que m feron plevizo,
E lo coms de Dijo,
E Raimons d' Avigno,
Ab lo comte breto,
Et anc uns no m tenc pro.

Si 'l coms m' es avinens
E non avars,

Mout li serai valens
　　En sos afars,
E fis com fins argens,
　　Humils e cars;
E 'l coms sega lo sens
　　Que fai la mars,
Quan ren i chai de bo
Vol ben qu' ab lieis s' esto,
E so que no 'l te pro
Gieta fors el sablo;
Qu' aissi s tainh de baro
Que fassa son perdo,
E s' el tol que pois do.

Ses pro tener amic
　　Tenc per aital
Com fas mon enemic
　　Que no m fai mal;
Qu' en un mostier antic
　　De San Marsal
Mi jureron mant ric
　　Sobr' un missal;
Tals mi plevic sa fe
Non feses patz ses me,
Qu' anc pois no m' en tenc re,
Ni li sovenc de me,
Ni 'll membret mas de se,
Qant si mes a merce;
E non estet ges be.

Lo comte vueill pregar
   Que ma maiso
Mi comant a gardar,
   O que la m do;
Q' ades mi son avar
   Tut sist baro,
Q' ab els non puosc durar
   Ses contenso;
Ara mi pot cobrar
Lo coms ses mal estar,
Et ieu vas lui tornar
E servir et onrar;
E non o volgui far,
Tro c' al dezamparar
Sui vengutz d' EN Aimar.

Ma bella Esmenda s gar
Hueimais de sordeiar,
Que ja per meilhurar
Non la cal trebailhar;
Qu' el mon non sai sa par
De joi ni de parlar
Ni de bell domneiar.

Domna, ab cor avar
De prometr' e de dar,
Pois no m voletz colgar,
Donasses m' un baisar;
Aissi m podes ric far

E mon dan restaurar,
Si dombres dieus mi gar.

Papiol, mon chantar
Vai a mi dons contar;
Per amor d' EN Aimar
Mi lais de guerreiar.

BERTRAND DE BORN.

X.

Ieu chan, qu' el Reys m' en a preguat
A l' auzen de mon menassat
 De l' afar d'aquesta guerra,
D' aquest juec que vey entaulat,
E sabrem, quan l' auran joguat,
 Dels quals dels filhs er la terra.

Tost l' agra 'l Reys joves matat,
Si 'l coms no 'l n' agues essenhat,
 Mas aissi 'ls clau e 'ls enserra
Qu' Engolmes a per fort cobrat,
E tot Centonge desliurat
 Tro lai part finibus terra.

Si 'l coms pot far sa voluntat
Que no 'l vendon cyst afiat,
 Ni del tot si dezenferra;

Qu' anc cynglar no vim pus irat,
Quan l' an brocat ni l' an cassat,
 Qu' elh er mai sos cors non l' erra.

De mos senher lo Rey annat
Conosc que an siey filh peccat,
 Que del sojorn d' Anglaterra
L' an ahoras dos ans lunhat,
Del tot lo 'n tenh per enguanat
 Mai quan de Johan Ses Terra.

Li guazan si son acordat
Entr' elhs e ves lui revelat,
 Com aissilh de Lombardia;
Mai volon esser be menat
Per rey que per comte forsat,
 D' aitan lur en trac guarentia.

Aquest juec tenc per guazanhat
Deves vos e per envidat,
 Que dels pezos de valia
Avem l'estachier desliurat,
Que tug n' aneron esfredat
 Ses comjat, q' us non prendia.

En Lemozi fon comensat,
Mas de sai lur es afinat,
 Qu' entre Fransa e Normandia,
Ves Giortz e ves Nuovmercat,

Vuelh qu' en auion cridar : « Arrat
« E Monjoy e deus aia. »

Lo sen venserem ab foudat
Nos Lemozin et envezat
  Que volem qu' om do e ria ;
Qu' els Normans en son enviat,
E dizon, si s n' eron tornat,
  Q' uns mais d' elhs sai non venria.

Lo Rey tenc per mal cosselhat
De Fransa e per piegz guizat,
  Car vey que sos fagz estanha
Que 'l valrion mais daurat;
E si no val a son conhat,
  Sens e pretz tem que 'l sofranha.

Frances, si com es abdurat
Sobre totz e li plus prezat,
  Paresca q' us non remanha
Companh qu' el Reys aia mandat;
Que jamais no seretz prezat,
  Si non etz en la mesclanha.

Lo dux de Berguonh' a mandat
Qu' el nos ajudara l' estat
  Ab lo secors de Campanha,
On venran tals cinc cens armat
Que, quan tug serem ajustat,
  Non er Peitieus no s' en planha.

Reys qui per son dreg si combat
A mielhs dreg en sa eretat;
E quar conqueret Espanha
Karles, n' a hom tos temps parlat,
Qu'ab trebalh et ab larguetat
Conquier Reys pretz e 'l guazanha.

Senhe' 'N Rassa, aquest comtat
Vos cresca 'l Reys ab Bretanha.

Lo Reys joves s' a pretz donat
De Burcx tro qu' en Alamanha.

Bertrand de Born.

XI.

Gent fai nostre reis liouranda,
   Per so son tuit gras
Sei Engles e nou e ras,
E chascus porta guirlanda;
E Frances son rusillos
De portar lurs garnisos,
E suefron set e fam e pluia e ven;
E 'l reis conquier l' autrui, e 'l sieu defen.

   Reis que gran terra demanda
     Par que fassa gas,
   Quan caval non trai del pas

Ni calsas de fer non randa;
Ben fe 'l reis qù' es corajos
Quan venc sai entr' els Bretos,
Mas la honors tornara en nien,
S' es tals la fis com fes comensamen.

Guerra vol c' om sanc espanda
　E c' om fuec n' abras,
E que ja non sia las
De donar ni metr' a ganda;
Qu' ieu sai fraires aitals dos,
L' us es reis, l' autr' es coms pros:
Mas ges no ditz vertat aicel que men,
Ni tuit lauzat no son pro ni valen.

Al valen rei, qu'el gen blanda,
　Sirventes, diras
Qu' enans que passes lo pas
Gard ben si l' es foudatz granda,
Si l' es sens o dans o pros;
Car per seinhor durmilhos
Non voill intrar en guerra ni en conten,
Car greu conquier hom ben terra en durmen.

Breton son fors de garanda
　E son d' onor bas,
Car anc hom de San Thomas
N' intret en Breselianda;
Ben paron de bon cor blos

E tornat de sus en jos,
Car lor Artus demandon freuolmen;
Non dirai plus, car negus no m' enten.

Sirventes, vai t' en cochos
Al comte qu' a nom n Ugos,
Car el val tan e ve e sap e sen
Que ja no vol penre malvatz argen.

Bertrand de Born.

XII.

Pus lo gens terminis floritz
S' espandis jauzions et gais,
M' es vengut en cor que m' eslais
De far un novel sirventes
On sapchon li Araguones
    Qu' ab mal agur,
D' aquo sion ben tug segur,
Sai venc lo reys dont es aunitz
E siei soudadier loguaditz.

Sos bas paratges sobreyssitz
Sai que fenira coma lais,
E s tornara lai don es trais
A Meillau et en Carlades;
Quan quecx n' aura son dreg conques,
    An s' en ves Sur;

Greu er que en mar no 'l debur
L' aura, quar tant es pauc arditz,
Flacx e vans e sojornaditz.

Proensa pert dont es issitz,
Que son frair Sancho prezon mais,
Qu' el non a suenh mas que s' engrais
E beua per Rossilhones,
On fo dezeretatz Jaufres,
  Qu' a Vilamur
E 'n Tolza 'l tenon per perjur
Tuit cill ab cui s' era plevitz,
Quar los a per paor gequitz.

Lo reys cui es Castrassoritz
E ten de Toleda 'l palais
Lau que mostre de sos essais
Say al fill del Barsalones,
Quar per dreg sos malvatz hom es ;
  Del rey tafur
Mais am sa cort e son atur,
Non fauc selha don fui trahitz
Lo jorn qu' el fon per mi servitz.

Lo bos reys Gartsia Ramitz
Cobrera, quan vida 'l sofrais,
Aragon qu' el monges l' estrais;
E 'l bos reys navars, cui dreitz es,
Cobrara ab sos Alanes,

Sol s'i atur:
Qu'aitan cum aurs val mais d'azur,
Val mil tans et es plus complitz
Sos pretz que del rey apostitz.

Per selha de cui es maritz,
Per la bona reina m lais;
E des que m dis so don m'apais,
Berenguier de Bezaudunes
Li retraissera, s'il plagues;
　　Mas tot rencur
Sos malvatz faigz que son tafur,
Quar per el fo mortz e trahitz,
Don es sos linhatges aunitz.

Mout trahic lag l'emperairitz
Com fals reys perjurs e savais,
Quan pres a quintals et a fais
L'aver que Manuels trames,
E det l'a son frair' EN Jacmes;
　　Pueys ab cor dur,
Quan n'ac pres lo vert e 'l madur,
El ne menet per mar marritz
La domna e 'ls Grecx qu'el ac trahitz.

BERTRAND DE BORN.

XIII.

GREU m'es deisendre carcol,
　E sapchatz que no m'es belh,

Quar anc assaut ni sembelh
No vim passat a un an,
E tenh m'o a gran afan,
Quar ilh estan per paor,
L'autre et ieu per s'amor
Del senhor de Molierna.

Qu'els aguza e 'ls esmol
E 'ls toca coma coutelh
Lo senher cui es Bordelh,
Mas trop son espes denan
E mols deves lo trenchan;
E plus leyal d'un Prior,
Merces a l'esmoledor,
Ben venran a vita eterna.

Ja 'N Bernart de Mostairol,
Ni 'N Guillem de Monmaurelh
Non agran cor tan isnelh
Com nostre baro quad an,
Quan son a l'yvern intran;
E quan son a la calor
Torna l'arditz en paor,
Quan lo clar temps s'esbuzerna.

Del senhor de Mirandol
Qui ten Crueissa e Martelh
No cug qu'onguan si revelh;
Tro que veia que faran

Frances que van menassan;
Mas no son tan guabador
Be non atendo 'l pascor,
Qu' onguan mais plou et yverna.

Aragones fan gran dol,
Catalan e silh d' Urgelh,
Quar non an qui los capdelh
Mas un senhor flac e gran,
Tal que s lauza en chantan,
E vol mais deniers qu' onor,
E pendet son ansessor,
Per que s destrui e s' enferna.

Lai vir on la dens me dol,
Vas sella de cui m' es belh,
Qu' ieu la repte e l' apelh
De trassio o d' enjan,
Quar per son leugier talan
Sofre que 'l fals fenhedor
Se van fenhen de s' amor
De leys cui bos pretz governa.

Ieu sai un austor tersol
Mudat, qu' anc no pres auzelh,
Franc e cortes et isnelh,
Ab cui ieu m' apelh Tristan;
E per aquelh eys semblan
A m pres per entendedor,

Et a m dat mais de ricor
Que si m fes rey de Palerna.

Tristan, per la vostr' amor
Me veyran torneyador
En Peytau, qui que m n' esquerna.

Puois la regina d' amor
M'a pres per entendedor,
Ben puesc far cinc et ill terna.
BERTRAND DE BORN.

XIV.

Quan vey pels vergiers desplegar
Los sendatz gruecx, indis et blaus,
M' adoussa la votz dels cavaus,
E il sonet que fan li joglar
  Que viulan, de trap en tenta,
Trompas e corns e grailles clar;
Adoncs vuelh un sirventes far
  Tal qu' el coms Richartz l' entenda.

Ab lo rey mi vuelh acordar
D' Aragon, e tornar en paus,
Mas trop fon descauzitz e braus,
Quan venc sai per nos osteiar;
  Per qu' es dregz qu' ieu lo 'n reprenda,

E dic o per lui castiar;
E peza m si 'l vey folleiar:
E vuelh que de mi aprenda.

Ab mi 'l volon tug acuzar;
Q' us mi comtet de sos vassaus
Que de Castelhot ac mal laus,
Quan ne fes N Espaignol gitar,
E no m par que si defenda
Ves elh, si l' en auza proar,
E quan intret per covidar,
Conquerrec lai pauc de renda.

Hueymais non li puesc ren celar,
Ans li serai amicx coraus;
Guastos, cui es Bearns e Paus,
Mi trames sai novas comtar,
Que de sos pres pres esmenda
Del rey, qu' els i degra liurar,
E volc en mais l' aver portar
Que hom totz sos pres li renda.

Que so m' an dig de lui joglar
Qu' en perdon an fag tot lur laus
E s' anc det vestirs vertz ni blaus,
Ni lur fes nulh denier donar;
Lag l' es qu' om l' en sobreprenda,
Que d' un sol s' en saup tot pagar
D' Artuset, don fai a blasmar,
Qu' als Juzieus lo mes en venda.

Peire joglar saup mal pagar
Que 'l prestet deniers e cavaus,
Que la vielha, cui Fontevraus
Atent, lo fes tot pesseiar,
  Qu' anc l'entresenh faitz ab benda
De la jupa del rey d' armar,
Que ilh baillet, non lo poc guizar,
  Qu' om ab coltelhs tot no 'l fenda.

Peire Roys saup devinar
Al prim qu' el vi jove reyaus,
Que dis no seria pros ni maus,
E parec be al badalhar:
  Reys que badal ni s' estenda,
Quan aug de batalha parlar
Sembla o fassa per vaneiar,
  O qu' en armas non s' entenda.

Ieu lo perdo, si m fe mal far
A Catalans ni a Laraus,
Car lo senher cui es Peitaus
Lo i mandet, non auset als far;
  E reys que logier atenda
De senhor, be 'l deu afanar,
Et el venc sa per gazagnar
  Mais que per autra fazenda.

  Voill sapcha 'l reys et aprenda
De son grat, e fassa chantar

Mon sirventes al rey navar,
E per Castelha l' estenda.
BERTRAND DE BORN.

XV.

Pus li baron son irat e lor peza
D' aquesta patz qu' an faita li duy rey,
Farai chanso tal que, quant er apreza,
A quadaun sera tart que guerrey :
E no m' es bel de rey qu' en patz estey
Dezeretatz, e que perda son drey,
Tro 'l demanda que fai aia conqueza.

Ben an camjat honor per avoleza,
Segon qu' aug dir, Berguonhon e Francey ;
A rey armat ho ten hom a flaqueza,
Quant es en camp e vai penre plaidey ;
E fora mielhs, par la fe qu' ieu vos dey,
Al rey Felip que mogues lo desrey
Que plaideyar armat sobre la gleza.

Ges aital patz no met reys en proeza
Cum aquesta, ni autra no l' agrey,
E non es dregz qu' om l' abais sa riqueza,
Que Yssaudun a fag jurar ab sey
Lo reys Henrics e mes en son destrey ;

E no s cug ges qu' a son home s' autrey,
Si 'l fieu d' Angieu li merma una cresteza.

Si 'l rey engles a fait don ni largueza
Al rey Felip, dreg es qu' el l' en mercey,
Qu' el fetz liurar la moneda engleza,
Qu' en Fransa 'n son carzit sac e correy;
E non foron Angevin ni Mansey,
Quar d' esterlins foro ill primier conrey
Que descofiron la gent Campaneza.

Lo sors Enrics dis paraula corteza,
Quan son nebot vi tornar en esfrey,
Que desarmatz volgr' aver la fin preza,
Quan fon armatz no volc penre plaidey;
E no semblet ges lo senhor d' Orley
Que dezarmatz fon de peior mercey
Que quant el cap ac la ventalha meza.

Ad ambedos ten hom ad avoleza
Quar an fag plait don quecs de lor sordey;
Cinc duguatz a la corona francesa,
E dels comtatz son a dire li trey;
E de Niort pert la rend' e l' espley,
E Caercins reman sai a mercey,
E Bretanha e la terra engolmeza.

Vai, Papiol, mon sirventes adrey
Mi portaras part Crespin e 'l Valey
Mon Izembart, en la terra d'Arteza.

E diguas li m qu' a tal domna sopley
Que jurar pot marves sobre la ley
Que 'l genser es del mon e 'l pus corteza.
BERTRAND DE BORN.

XVI.

Al dous nou termini blanc
Del pascor vei la elesta
Don lo nous temps s' escontenta,
Quan la sazos es plus genta
E plus covinens e val mais,
Et hom deuria esser plus guais,
E meiller sabor mi a jais.

Per que m peza quar m' estanc
Qu' ieu ades no vey la festa,
Q' us sols jorns mi sembla trenta
Per una promessa genta
Don mi sors temors et esglais,
E no vuelh sia mieus Doais
Ses la sospeysso de Cambrais.

Pustell' en son huelh o cranc
Qui jamais l'en amonesta,
Que ja malvestatz dolenta
No 'l valra message genta
Ni sojorns ni estar ad ais,

Tan cum guerr' e trebaill e fais:
So sapcha 'l seinher de Roais.

  Guerra ses fuec et ses sanc
  De rei o de gran podesta,
  Q' us coms laidis ni desmenta,
  Non es ges paraula genta,
Qu' el pueys si sojorn ni s' engrays,
E membre li qu' om li retrais
Qu' anc en escut lansa non frais.

  Et anc no 'l vi bras ni flanc,
  Trencat, ni camba ni testa
  Ferit de playa dolenta,
  Ni en gran ost ni en genta
No 'l vim a Roam ni en assais,
E ja entro que el s' eslais
Lo reys on pretz non es verais.

  Reys frances ie us tenc per franc,
  Pus a tort vos fai hom questa,
  Ni de Gisort no s presenta
  Patz ni fis que us sia genta,
Qu' ab lui es la guerr' e la pais;
E jovens, que guerra non pais,
Esdeve leu flacx e savais.

  Ges d' EN Oc e No no m planc,
  Qu' ieu sai ben qu' en lui no resta

La guerra ni no s' alenta;
Qu' anc patz ni fis no 'lh fon genta,
Ni hom plus voluntiers non trais,
Ni non fes cochas ni assais
Ab pauc de gent ni ab gran fais.

Lo reys Felips ama la pais
Plus qu' el bons hom de Carentrais.

En Oc e No vol guerra mais
Que no fai negus dels Alguais.
BERTRAND DE BORN.

XVII.

S' ieu fos aissi senhers e poderos
De mi mezeys, que no fos amoros,
Ni no m' agues amors el sieu poder,
Ben feira tan qu' a totz feira saber
Del rey Felip, e quals mortz e quals dan
E quals dols es, quar el be non es pros,
E quar Peyteus vai ab Fransa merman.

E si Richartz pren lebres e leos,
Que non reman per plas ni per boyssos,
Enans los fai dos e dos remaner
Per sa forsa, c' us no s' auza mover,
E cuia ben penre d' aissi enan
Las grans aiglas ab los esmerilhos,
Et ab buzacx metr' austors en soan.

E 'l reys Felips cassa lai ab falcos
Sos passeratz e 'ls petitz auzelhos,
E siey home non l' auzan dir el ver,
Quar pauc e pauc se laissa dechazer
Say a 'n Richart que l' a tolgut oguan
Engolesme, don s' es fagz poderos,
E Toloza qu' el te sobredeman.

E pus per sa terra non es iros,
Membre 'l sa sor e 'l marit ergulhos
Que la laissa e non la vol tener;
Aquest forfait mi sembla desplazer,
E tot ades que s' en vai peiuran,
Qu' el rey navar a sai dat per espos
A sa filha, per que l' anta i es pus gran.

E s' aissi pert sos dregz entre qu' es tos,
Lay quant er vielhs, en sera vergonhos,
E ja Franses non aian bon esper
Quar an lor tot qu'om sol sai tan temer;
No prezon re lur dig ni lur deman
Sai vas Peiteus, enans s' en fan janglos,
Quan son ensems en Richart e 'n Bertran.

E venram say ab las novelhas flors,
E lur bobans sera de sobr' en jos,
E ja 'n Gasto no ns poira pro tener
Que nos tollan lo mon pres San Sever,
A Rocafort tot quan tolgut nos an,

Si qu' en Peiteus seran nostres brandos
Gent alumatz, si que totz o veiran.

BERTRAND DE BORN.

XVIII.

Miez sirventes vueilh far dels reis amdos,
Qu' en brieu veirem q' aura mais cavailhiers
Del valen rei de Castella 'n Anfos
C' aug dir que ven, e volra sodadiers;
Richartz metra a mueis e a sestiers
Aur et argent, e ten sa benanansa
Metr' e donar, e non vol sa fiansa,
Ans vol guerra mais que cailla esparviers.

S' amdui li rei son pros ni corajos,
En brieu veirem camps joncatz de qartiers,
D' elms e d' escutz e de branz e d' arsos,
E de fendutz per bustz tro als braiers.
Et a rage veirem anar destriers,
E per costatz e per piechz manta lansa,
E gaug e plor e dol et alegransa;
Lo perdr' er granz, e 'l gasainhz er sobriers.

Trompas, tabors, seinheras e penos
Et entreseinhs e cavals blancs e niers
Verrem en brieu, q' el segles sera bos,
Que hom tolra l' aver als usuriers,

E per camis non anara saumiers
Jorn afisatz, ni borjes ses duptansa,
Ni mercadiers qui enga dever Fransa,
Ans sera rics qui tolra volontiers.

Mas s' el reis ven, ieu ai en dieu fiansa
Q' ieu sera vius o serai per qartiers;
E si sui vius, er mi gran benanansa,
E se ieu mueir, er mi grans deliuriers.
BERTRAND DE BORN.

XIX.

Non estarai mon chantar non esparja,
Pus n Oc e Non a mes foc e trag sanc,
Car gran guerra fai d' escars senhor larc,
Per que m sap bon dels reys, quan vey lur bomba,
Qu' en aion ops pals e cordas e pon,
E 'n sion trap tendut per fors jazer,
E ns encontrem a milliers et a cens,
Si qu' apres nos en chant hom de la gesta.

Colps n' agra ieu receubutz en ma tarja,
E fag vermelh de mon gonfainon blanc;
Mas per aisso m' en sofrisc e m' en parc,
Qu' en Oc e No conois q' un datz mi plomba;
E non es mieus lo senhal ni 'l ranson,
E non puesc luenh osteiar ses aver;
Mas ajudar puesc a mos conoissens,
L' escut al col e 'l capelh en ma testa.

Si 'l reis Felips n'agues ars una barja
Denan Gisorc, o crebat un estanc,
Si qu'a Roam n'intres per forsa el parc
E l'assetges pel pueg e per la comba,
Qu'om non pogues traire breu ses colon,
Adonc sai ieu qu'el volgra far parer
Carle que fon lo sieu meilhor parens,
Per cui fon Polha e Samsuenha conquesta.

Anta l'adutz, e de pretz lo descarja
Guerra seluy que hom non troba franc;
Per que non vuelh lais Caortz ni Caiarc
Mon Oc e Non, pus tan sap de trastomba;
Si 'l reis li do lo thesaur de Chinon,
De guerra a cor et agra en poder;
Tan l'es trebalhs e messios plazens,
Per qu'els amicx e 'ls enemicx tempesta.

Anc naus en mar, quant a perdut sa barja,
Et a mal temps e vai urtar al ranc,
E cor pus tost d'una sageta d'arc,
E sailh en aut e pueys aval jos tomba,
Non trais tan mal, e dirai vos ben con,
Cum fas per lieys que anc no m volc tener
Jorn ni respieg, termenis ni covens,
Per que mos jois, qu'era floris, bissesta.

Vai, Papiolz, ades tost e correns
A Trasinhac on sias ans la festa.

Di m' a 'n Rogier et a totz sos parens
Qu' ieu no i trob plus ombra ni olm ni resta.
BERTRAND DE BORN.

XX.

Quan la novella flors par el verjan
Don son vermelh, blanc e vert li brondelh,
Ab la doussor qu' ieu mov del torn de l' an,
Cobri mon chant cum fan li autre auzelh;
Quar per auzelh mi teng en mantas res,
Qu' a amar m' es la gensor qu' anc nasques;
Amar l' aus ieu et aver cor volon,
Mas non l' aus dir mon cor, ans lo y rescon.

Ieu non sui drutz ni d' amor no m fenh tan,
Qu' el mon domna non razon ni n' apelh
Ni non domney, e si m val atrestan,
Quar lauzengier fals, enoios, fradel,
Mal ensenhat, vilas e mal apres
M' an ab mentir aitan aut entremes
Que fan cuiar que la genser del mon
Mi tenha gai, jauzent e deziron.

Qu' om ses domna no pot far d' amor chan,
Mas sirventes farai fresc e novelh,
Pos castiar cuion en guerreian
Nostre baron lo senhor de Bordelh;

Qu' el sia francs, savis e ben apres,
Mal l' estara, s' enquer vilas non es,
Que aia gaug quascus, si 'lh li respon,
E no 'ls enoi, si be 'ls ra, o si 'ls ton.

Anta n' aura, s' aissi pert son afan
En Lemozi ont a trag mant cairelh
En tanta tor, tans murs et tant auvan
Fag e desfag, e fondut tan castelh,
E tant aver tolt e donat e mes,
E tant colp dat e receuput e pres,
E tanta fam, tanta set e tan son,
Com el n' a trag d' Agen tro a Nontron.

Rassa, per vos remanon sai claman
En Caersi e sai vas Monsaurel;
Per vostre pro avetz fag lo lur dan,
So m dis N Aimars; e 'l senher de Martelh
E 'N Tallafers e 'N Folcans e 'N Jaufres,
E tug aquilh qu' ab vos s' eron empres,
Non an per vos ges las patz en que son,
Ans ue fan grat al pros comt EN Raimon.

Una ren sapchon Breton e Norman
Et Angevi, Peitavi e Manselh,
Que, d'Ostasvalhs entro a Monferran,
E de Roziers entro lai Mirabelh,
No i aura un no 'l veia son arnes;
E pus lo coms o vol, e sos dreg es,

Deman ades la terra Sanh Aimon
Tro la crisma li pauzon sus el fron.

Sirventes, vai a 'n Raimon Gausceran
Dreg a Pinos, que ma razon l'espelh;
Pus tant aut son siey fait e siey deman
De lieys que ten Cabreira e 'l fons d'Urgelh,
A mon fraire en ren gratz e merces
De Berguedan del ric joy que m trames,
Que de gran dol me tornet jauzion,
Quan nos partim amdui al cap del pon.

Gausceran Durtz e son frair' EN Raimon
Am atretan cum seron mey segon.

Si cum l'auzel son tug sotz l'Aurion,
Son las autras sotz la gensor del mon.

BERTRAND DE BORN.

XXI.

Un sirventes farai novelh, plazen
Ancmais non fis; non m'en tenra paors
Qu'ieu non digua so qu'aug dir entre nos
Del nostre rey que pert tan malamen
Lai a Melhau, on solia tener,
Qu'el coms li tolh ses dreg et a gran tort,
E Marcelha li tolh a gran soan,
E Monpeslier li cuget tolre antan.

Coms de Tolza, mal guazardon aten
Selh que vos sier, don vey qu' es grans dolors,
Quar de servir tanh qualque guazardos;
Doncs be us servi lo rey Peire valen
Que ab sa gent vos anet mantener,
E mori lai, don fo gran desconort;
Pero aisselhs que foron al sieu dan
Anatz creyssen, e 'l rey Jacme merman.

Al comte dic non aia espaven
De Proensa, qu' en breu aura socors,
Qu' el nostre reys, quar trop n' es coratgos
Que li valha, quan n' aura mandamen
Sai en Chiva; pero ieu 'lh fatz saber
Qu' EN Berenguier li a 'l castelh estort,
E ditz que reys que lo sieu vai donan,
Ni s' en torna, fai costuma d' efan.

Comte d' Urgelh, assatz avetz fromen
E civada e bos castelhs ab tors,
Ab que de cor no sias temeros,
E demandatz al rey tot l' onramen
De lai d' Urgelh que soliatz tener,
E no y guardetz camp ni vinha ni ort;
E si no fagz, ja l' autra sanh Joan
No veiatz vos, s' el mieg non faitz deman.

Bona domna, ie us am tan lialmen
Que, quan no us vey, cuia m' aucir amors,

E quan vos vey, sui tan fort temeros
Que dir no us aus mon cor, tal espaven
Mi pren de vos no us fezes desplazer;
Doncs que farai, dona? qu' en breu sui mort
En dretz d' amor, qu' autra non vuelh ni 'n blan,
E quan vos vey, no vos aus far semblan.

Lo nostre reys assatz a de poder
Mest Sarrazis; mas lai de vas Monfort
Volgra vezer hueimais son auriban
Contra totz selhs qui 'l van d' onor baissan.

BERTRAND DE BORN.

XXII.

Ja nuls hom pres non dira sa razon
Adrechament, si com hom dolens non;
Mas per conort deu hom faire canson:
Pro n' ay d' amis, mas paure son li don,
Ancta lur es, si per ma rezenson
    Soi sai dos yvers pres.

Or sapchon ben miey hom e miey baron,
Angles, Norman, Peytavin e Gascon,
Qu' ieu non ay ja si paure compagnon
Qu' ieu laissasse, per aver, en preison;
Non ho dic mia per nulla retraison,
    Mas anquar soi ie pres.

Car sai eu ben per ver, certanament,
Qu' hom mort ni pres n' a amic ni parent,
E si m laissan per aur ni per argent,
Mal m'es per mi, mas pieg m' es per ma gent,
Qu' apres ma mort n' auran reprochament,
   Si sai mi laisson pres.

No m meravilh s' ieu ay lo cor dolent,
Que mos senher met ma terra en turment;
No li membra del nostre sagrament
Que nos feimes el Sans cominalment;
Ben sai de ver que gaire longament
   Non serai en sai pres.

Suer comtessa, vostre pretz sobeiran
Sal dieus, e gard la bella qu' ieu am tan,
   Ni per cui soi ja pres.
                    RICHARD COEUR DE LION.

XXIII.

Del rei d' Arragon consir,
Que mantas genz l' au lauzar,
E totz sos faitz vei grazir;
Donc ben dei meravillar
Cossi pot far era treguas ni fis,
Qu' anc chai chastels no fo per lui assis:
Mais volc guerra filz del rei d' Etobia
Lo jorn que venc cavalcar a Peria.

Si son pretz vol enantir,
Ges er no s deu acordar;
Anz li deu ben sovenir
Qu' el coms fetz Sancho passar
En Proensa, e si 'l reis s' afortis,
Mais n' er temsutz per totz sos enemis:
Joves deu far guerra e cavalaria,
E quant er veillz, taing ben qu' en patz estia.

Eu vic ogan, ses mentir,
Mon Austoret amparar,
Si qu' anc pois no 'l dec faillir
Tro 'l fetz sa terra cobrar,
Cella que ill tol lo coms que sos paris
E sos oncl' es e sos peires vezis;
Trenta castels ten de sa seingnoria:
Mal' er la fins, se aquels no ill rendia.

A mo Joan auzi dir
Que fai 'n Aimeric jurar
Et a 'n Bertran, a venir
Per lo comte guerreiar;
Totz tres gaban qu' els marcs e 'ls esterlis
Faran metre els enaps e 'ls bacis,
E 'l reis fara merce e gaillardia,
Se saint si lo mante e l' abazia.

Guionet, si m vols servir,
Lo comte m vai saludar.

E di qu' a lui volc esdir
Tro m fetz Angles gueraiar,
Non li fis mal, anz era sos amis
Mais de fizel perponz de saint Daunis;
Si ren m' a tolt pois, perdonat li sia,
De tot aisso qu' eu tenc en m'a baillia.

Quant que m fezes ejauzir
Amors, era m fai plorar,
E m tol manjar e 'l dormir.
Per vos, domna, cui dieus gar :
No us puos vezer, mas be us sui francs e fis;
Qu' autra del mon no m platz ni m' abellis;
Mais am de vos sol la bella paria
Que s' autra m des tot quant eu li queria.

Bona domna, la meiller qu' anc hom vis,
Ja no cuiges que mos cors vos trais,
Mas am vos mais que mi ni ren que sia.

Rambaud de Vaqueiras.

XXIV.

Quor qu' om trobes Florentis orgulhos,
Er los trob om cortes et avinens,
De gen parlar e de plazen respos;
Ben aia 'l reys Matfre qu' el noirimens
Lor a fait dar et aver dol e lanha,

Que 'l cap en son remas mains en despuelh.
Ai! Florentis, mortz etz per vostr' erguelh,
Qu' erguelhs non es sinon obra d' aranha.

Oi! rei Matfre, vos es tan poderos
Qu' ieu tenc per fol selh qu' ab vos pren contens,
Qu' ieu vey que sol un dels vostres baros
A 'ls Florentis destruitz e 'ls fai dolens,
Si qu'ieu no cre qu' en plan ni en montanha
Trobes hueimais qui us sia de mal acuelh;
Ni no conselh a cels del Caupiduelh
Qu' encontra 'l rey passon tost en Campanha.

Pierre Vidal.

XXV.

Sendatz vermelhs, endis e ros,
E tendas e traps despleyar,
Elmes et ausbercs flameyar,
E brandir lansas e bordos,
E cayrels dessarrar espes,
E ferir de bran demanes
Veirem en breu, qu' el Lhaupart fenh
Que say per Flor culhir s' espenh.

Pecx er, si ses pro companhos
Se pleia de las Flors triar;
Pero si ben vol amparar
Lo castel, l' ala ni 'l bastos,
Passar pot Escotz et Engles,

Noroecx et Yrlans e Gales;
Mas tart n' aura y Flor de ver senh,
Si de larc despendre s' estrenh.

E si 'l play bella messios,
Gen prometre, largamen dar,
Semblara de linhatge car
Don foro 'ls fraires valoros
N Anricx e 'n Richartz e 'n Jofres;
E poira cobrar Guianes
E Normandia, don me senh,
Car plus tost non troba mantenh.

Mot era genta l' ochaizos
Que Flor pogues Lhaupart mandar,
E sobre luy senhoreyar,
E l' agues tot jorn a sos pros
Per un pauc que de luy tengues :
Mas la flor nasc en aital mes
Que per tot s' espanh et atenh,
Si caut o freg no la destrenh.

E fora genser la razos
Que s coitesso del loc cobrar
On per Melchior e Gaspar
Fon adzoratz l' altisme tos,
Que quan l' us a l' autre comes :
Car, ses la decima, non es

Us tan caut qu'en armes un lenh
Ni 'n bastis trabuquet ni genh.

Al valen gay coms de Rodes
Tramet mon novel sirventes,
Que, si 'l plai, de s'amor me denh
Far alque novel entresenh.

Estiers do, qu'ieu non vuelh ni 'n pren,
Mas honor de son bel captenh.
Pierre du Vilar.

XXVI.

Bel m'es cant aug lo resso
Que fai l'ausbercs ab l'arso,
Li bruit e il crit e il masan
Que il corn e las trombas fan,
Et aug los retins e 'ls lais
Dels sonails, adoncs m'eslais,
E vei perpoinz e ganbais
Gitatz sobre garnizos.
E m plai refrims dels penos.

E platz mi guerra e m sap bo
Entr' els rics homes que so,
E dic per que ni per tan,
Car nuilla ren non daran
Menz de guerra e de pantais;

Cascus se sojorna e s pais
Entro que trebaillz lor nais;
Pois son larc et amoros,
Humil e de bel respos.

Oimais sai qu'auran sazo
Ausberc et elm e blezo,
Cavaill e lansas e bran,
E bon vassaill derenan;
Pois a Monpeslier s'irais
Lo reys, soven veiretz mais
Torneis, cochas et essais
Als portals, maintas sazos
Feiren colps, voidan arsos.

E si 'l bos reis d'Arago
Conquer en breu de sazo
Monpeslier, ni fai deman,
Eu non plaing l'anta ni 'l dan
D'EN Guillem, car es savais,
Ni 'n tem lo seignor del Bais,
Anz eu mov contr' el tal ais,
Per la fe que dei a vos,
No sai si l'er danz o pros.

PIERRE DE BERGERAC.

XXVII.

Ab greu cossire
Fau sirventes cozen;
  Dieus! qui pot dire
Ni saber lo turmen,
  Qu'ieu, quan m'albire,
Suy en gran pessamen;
  Non puesc escrire
L'ira ni 'l marrimen,
Qu'el segle torbat vey,
E corrompon la ley
E sagramen e fey,
Q'usquecx pessa que vensa
Son par ab malvolensa,
E d'aucir lor e sey,
Ses razon e ses drey.

  Tot jorn m'azire
Et ai aziramen,
  La nueg sospire
E velhan e dormen;
  Vas on que m vire,
Aug la corteza gen
  Que cridon Cyre
Al Frances humilmen:
Merce an li Francey,
Ab que veio 'l conrey,

Que autre dreg no y vey.
Ai! Toloza e Proensa
E la terra d'Agensa,
Bezers e Carcassey
Quo vos vi e quo us vey!

 Cavallairia,
Hospitals ni maizos,
 Ordes que sia
No m'es plazens ni bos;
 Ab gran bauzia
Los truep et orgulhos,
 Ab simonia,
Ab grans possessios;
Ja non er apellatz
Qui non a grans rictatz
O bonas heretatz;
Aquelhs an l' aondansa
E la gran benanansa;
Enjans e tracios
Es lor cofessios.

 Franca clercia,
Gran ben dey dir de vos,
 E s' ieu podia
Diria 'n per un dos;
 Gen tenetz via
Et ensenhatz la nos;
 Mas qui ben guia

N' aura bos gazardos;
Res no vey que us laissatz,
Tan quan podetz donatz,
Non autz cobeytatz,
Sofretz greu malanansa
E vistetz ses coinhdansa;
Mielhs valha dieus a nos
Qu' ieu no dic ver de vos!

   Si quo 'l salvatges
Per lag temps mov son chan,
   Es mos coratges
Qu' ieu chante derenan;
   E quar paratges
Si vai aderrairan,
   E bos linhatges
Decazen e falsan,
E creys la malvestatz,
E 'ls baros rebuzatz,
Bauzadors e bauzatz
Valor menon derreira
E deshonor primeyra;
Avols ricx e malvatz
Es de mal heretatz.

Rey d' Aragon, si us platz,
Per vos serai honratz.
            BERNARD SICART DE MARJEVOLS.

XXVIII.

Foilla ni flors ni chautz temps ni freidura
No m fai chantar ni m merma mon talen,
Mas alor chan quant aug dir a la gen
Que bens li deu venir qui ben s' agura;
 Dieus! tota bon' aventura
 De patz ducs qu' es coms e marques
 E patz de clercs e de Frances!

Patz sitot s'es bon' e ferma e segura,
Patz d'amistat qu' a tot estion gen,
Patz qu' a facha pros hom e leialmen,
Patz com puesc om ben amar ses rancura,
 Bona patz mi platz cant dura,
 E patz forsada no m platz ges;
 D' avol patz ven mais mals que bes.

En cort de rei deu hom trobar drechura,
Et en glesa merce e chausimen,
E franc perdon de mortal faillimen,
Segon los ditz de la sainta escriptura;
 E reis deu gardar mesura,
 Car qui no 'l garda res peitz l' es,
 Luocs fora que dans l' en vengues.

Si com hom mor de mortal forfaitura,
Deu esser ricx, cel que de bon talen

Serf bon seignor a poder lonjamen,
Qu'el bos seigner creis los sieus e 'lz meillura,
   E 'l malvatz fort se peiura;
  Per que m plagra fort c' om valgues
  Als pros, et als malvatz nogues.

Reis deu amar et onrar sa natura,
Et al meillor deu far meilluramen
De mais d'onor et de mais d' onramen,
E deu gardar sa cort de desmesura;
   E reis, c' a de bon pretz cura,
  Deu creire als valens, als cortes,
  Als plus onratz e meills apres.
BERNARD DE LA BARDE.

XXIX.

En aquelh temps qu'el reys mori 'N Anfos
E sos belhs fils qu' era plazens e pros,
E 'l reys Peire de cui fon Araguos,
E 'N Dieguo qu' era savis e pros,
E 'l marques d' Est, e 'l valens Salados,
Adoncx cugei que fos mortz pretz e dos,
Si qu' ieu fui pres de laissar mas chansos,
Mas ar los vey restauratz ambedos.

Pretz es estortz qu'era guastz e malmes,
E dons gueritz del mal qu' avia pres,

Q' un bon metge nos a dieus sai trames
Deves Salern savi e ben apres,
Que conoys totz los mals e totz los bes,
E mezina quascun segon que s' es;
Et anc loguier non demandet ni ques,
Ans los logua, tant es francs e cortes!

Anc hom no vi metge de son joven,
Tan belh, tan bo, tan larc, tan conoissen,
Tan coratgos, tan ferm, tan conqueren,
Tan be parlan ni tan ben entenden,
Qu' el be sap tot, et tot lo mal enten;
Per que sap mielhs mezinar e plus gen,
E fai de dieu cap e comensamen,
Qu' el ensenha guardar de falhimen.

Aquest metges sap de metgia tan,
Et a l'engienh e 'l sen e 'l saber gran,
Qu' el sap ensemps guazanhar mezinan
Dieu e 'l secgle, guardatz valor d' enfan,
Qu' el sieu perden venc meten e donan
Sai conquerir l' emperi alaman;
Hueymais cre ben, com que y anes duptan,
Los faitz qu'om ditz d' Alixandr' en contan.

Aquest metges savis, de qu' ieu vos dic,
Fon filhs del bon emperador N Enric,
Et a lo nom del metge Frederic,
E 'l cor e 'l sen e 'l saber e 'l fag ric,

Don seran ben mezinat siey amic,
E i trobaran cosselh e bon abric;
De lonc sermon devem far breu prezic,
Que ben cobram lo gran segon l'espic.

Be pot aver lo nom de Frederic,
Que 'l dig son bon e 'l fag son aut e ric.

Al bon metge maiestre Frederic
Di metgia, que de metgiar no s tric.

AIMERI DE PÉGUILAIN.

XXX.

D'UN sirventes faire
Es mos pessamenz
Qu'el pogues retraire
Viatz e breumenz,
Qu'el nostr'emperaire
Ajosta grans genz.
Lombart, be us gardatz
Que ja non siatz
Peier que compratz,
Si ferm non estatz.

De son aver prendre
No us mostratz avars,
Per vos far contendre

Ja non er escars;
Si 'l vos fai pois prendre,
L'avers er amars :
Lombart, be us gardatz, etc.

De Puilla us soveigna
Dels valenz baros,
Qu' il non an que preigna
For de lor maizos,
Gardatz non deveigna
Atretal de vos ;
Lombart, be us gardatz, etc.

La gent d' Alamaigna,
Non voillas amar,
Ni la soa compaigna
No us plassa usar,
Quar cor mi 'n fai laigna
Ab lor sargotar.
Lombart, be us gardatz, etc.

Grant Nogles ressembla
En dir Borderguatz
Lairan, quant se sembla;
C' uns cans enrabiatz
No voillatz ja venga,
De vos lo loignatz.
Lombart, be us gardatz, etc.

Dieus gart Lombardia,
Boloigna e Milans
E lor compaignia,
Bresa e Mantoans,
C' uns d' els sers non sia,
E 'ls bons marquesans.
Lombart, be us gardatz, etc.

Dieus salf en Sardeigna
Mon Malgrat De Totz,
Quar gens viu e reigna,
E val sobre totz,
C' uns quant l' arc non seigna
De deguna votz.
Lombart, be us gardatz, etc.

Saill d'Agaitz, be m platz
Quar tant gent reignatz
Verones honratz,
E si ferm estatz
Lombart be us gardatz.

Pierre de la Caravane.

XXXI.

Quant vei lo temps renovellar
E pareis la fueill' e la flors,
Mi dona ardimen amors

E cor e saber de chantar;
E doncs, pois res no m' en sofraing,
Farai un sirventes cozen
Que trametrai lai per presen
Al rei Joan que s n'a vergoing.

E deuria s ben vergoignar,
S'il membres de sos ancessors,
Com laissa sai Peitieus e Tors
Al rei Felip ses demandar;
Per que tota Guiana plaing
Lo rei Richart, qu' en deffenden
En mes mant aur e mant argen;
Mas acest no m par n' aia soing.

Mais ama 'l bordir e 'l cassar,
E bracs e lebriers et austors
E sojorn, per que il faill honors,
E s laissa vius deseretar;
Mal sembla d' ardimen Galvaing,
Que sai lo viram plus soven;
E pois autre cosseil non pren,
Lais sa terra al seignor del Groing.

Miels saup Lozoics desliurar
Guillelme, e 'l fes ric secors,
Ad Aurenga, quan l'Almassors
A Tibaut l' ac fait asetjar;
Pretz et honor n' ac ab gazaing :

Ieu o dic per chastiamen
Al rei Joan que pert sa gen,
Que non lor secor pres ni loing.

Baron, sai vir mon chastiar
A vos cui blasme las follors
Que us vei far, e pren m' en dolors,
Car m' aven de vos a parlar,
Que pretz avetz tombat el faing,
Et avetz apres un fol sen,
Que non doptas chastiamen,
Mas qui us ditz mal, aquel vos oing.

Domna, cui dezir e tenc car
E dopt e blan part las meillors,
Tant es vera vostra lauzors
Qu' ieu non la sai dir ni comtar;
C' aissi com aurs val mais d' estaing,
Valetz mais part las meillors cen,
Et ez plus leials vas joven
Non son a dieu cill de Cadoing.

Savarics, reis cui cors sofraing
Greu fara bon envasimen,
E pois a flac cor recrezen,
Jamais nuls hom en el non poing.

BERTRAND DE BORN, LE FILS.

XXXII.

Ja de far un nou sirventes
No quier autre ensenhador,
Que ieu ai tan vist et apres
Ben e mal e sen e folhor,
Qu'ieu conosc blasme e lauzor,
E conosc anta et honor;
E conosc que malvat labor
Fan Lombart de l' emperador.

Quar non lo tenon per senhor
En aissi com deurian far,
E si 'lh non repaira enves lor
En breu per sas antas venjar,
L' emperi s' en poira clamar
D' elh e del sieu emperiar,
Se laissa tolre ni mermar
Lo dreyt qu' elh deu adreyturar.

E si l' emperaire reman
Que non cobr' er so qu' om li tol,
Jamais de bon pretz sobeiran
Non aura tan com aver sol;
E doncx clars estic son lansol;
Qu'ieu auzi dir a mon auiol
Que qui non dona so que 'l dol
Mantas vetz non pren so que s vol.

Mas l'emperaire poderos
A tan de sen e de saber
Que s'elh repaira enves los,
Apoderat ab son poder,
Ja nulh no s'auzara mover
Que no fassa tot son voler;
E prec dieu que m'o lais vezer
A mon pro et al sieu plazer.
Guillaume Figueiras.

XXXIII.

Ja no vuelh do ni esmenda
 Ni grat retener
Dels ricx ab lur fals saber,
Qu'en cor ay que los reprenda
Dels vils fatz mal yssernitz;
E no vuelh sia grazitz
Mos sirventes entr' els flacx nualhos,
Paupres de cor et d'aver poderos.

Rey Engles prec que entenda,
 Quar fa dechazer
Son pauc pretz per trop temer,
Quar no 'l play qu'els sieus defenda,
Qu'ans es tan flacx e marritz
Que par sia adurmitz,

Qu' elh reys franses li tolh en plas perdos
Tors et Angieus e Normans e Bretos.

 Rey d'Arago, ses contenda,
  Deu ben nom aver
 Jacme, quar trop vol jazer;
 E qui que sa terra s prenda,
 El es tan flacx e chauzitz
 Que sol res no y contraditz;
E car ven lay als Sarrazis fellos
L' anta e 'l dan que pren sai vas Limos.

 Ja tro son payre car venda
  No pot trop valer,
 Ni s cug qu' ieu 'l diga plazer
 Tro foc n' abran e n' essenda
 E 'n sian grans colps feritz;
 Pueys er de bon pretz complitz,
S' al rey frances merma sas tenezos,
Quar el sieu fieu vol heretar N Anfos.

 Coms de Toloza, la renda
  Que soletz tener
 De Belcaire us deu doler,
 S' al deman faitz lonj' atenda
 Vos e 'l reys que us es plevitz;
 L' enprendemen n' er aunitz,
S' ar no vezem tendas e pabalhos,
E murs fondre, e cazer autas tors.

Ricx homes, mal yssernitz,
  En vey hom vostres malz ditz,
E laissera us, s'ie us vis arditz ni pros,
Mas no us tem tan que ja m'en lays per vos.

BERNARD DE ROVENAC.

XXXIV.

D'un sirventes m'es grans volontatz preza,
Ricx homes flacx, e no sai que us disses,
Quar ja lauzor no y auria ben meza
Ni us aus blasmar, e val pauc sirventes
    Que lauza quan blasmar deuria;
    Pero sitot vos par follia,
A me platz mais que us blasme dizen ver,
Que si menten vos dizia plazer.

Amdos los reys an una cauz'enpreza,
Selh d'Arago et aisselh dels Engles,
Que no sia per elhs terra defeza
Ni fasson mal ad home qu'el lur fes,
    E fan merce e cortezia,
    Quar al rey que conquer Suria
Laisson en patz lur fieus del tot tener;
Nostre senher lur en deu grat saber.

Vergonha m pren, quant una gens conqueza
Nos ten aissi totz vencutz e conques,

E degr' esser aitals vergonha preza,
Quom a mi pren, al rey aragones
   Et al rey que pert Normandia,
   Mas prezan aital companhia
Que ja nulh temps no fasson lur dever,
Et anc non vitz autre tan ben tener.

E pus no pren en la leuda torneza
Qu' a Monpeslier li tollon siey borzes,
Ni no y s venja de l' anta que y a preza,
Ja no 'lh sia mais retragz Carcasses,
   Pos als sieus eys no s defendria,
   Assatz fa sol qu' en patz estia;
Patz non a ges senher ab gran poder,
Quan sas antas torna a non chaler.

Ges trop lauzar, quan valors es mal meza,
Non apel patz, quar mala guerra es;
Ni ja per me non er per patz enteza,
Mielhs deuria aver nom gauch de pages,
   E dels ricx que perdon tot dia
   Pretz, e ja fort greu no lur sia,
Quar pauc perdon e pauc lur deu doler,
Quar ges de pauc non pot hom trop mover.

Lo Reys n Anfos a laissat cobezeza
Als autres reys, qu' a sos ops non vol ges,
Et a sa part elh a preza largueza,
Mal a partit qui reptar l' en volgues;

E dic vos que m par vilania
Qui partis e qui 'l mielhs se tria;
Mas ges per tant non a fag non dever,
Quar a pres so qu' elhs no volon aver.

Ricx malastrucx, s' ieu vos sabia
Lauzor, volontiers la us diria;
Mas no us pessetz menten mi alezer,
Que vostre grat no vuelh ni vostr' aver.
BERNARD DE ROVENAC.

XXXV.

Doas coblas farai en aqest son
Qu' eu trametrai a 'n Bertran d'Avignon,
E sapza be que dinz Castelnou son,
E li Franceis nos estan d'eviron;
E membra m be de cela cui hom son,
Que soven det en broc e 'n esperon;
E crit m' enseigna, e desplec mon leon,
Per qu' eu o man a Bertram d'Avignon,
  Hoc, a 'n Bertram.

A 'n Bertram Folc man com hom esserat
Per so qu' el aia de venir volontat,
Qu' el jorn estam nos e 'l caval armat;
E puois al vespre, can tost avem sopat,
Nos fan la gaita entr' el mur e 'l fossat;

Et ab Franceis non an ges entregat,
Enans i son maint colps pres e donat;
Et aizo a mais de tres mes passat,
E 'l i a pois tot soau sojornat,
Pois se parti de nos ses comiat
    Bertram Folcon.
        Gui de Cavaillon.

XXXVI.

Seigneiras e cavals armatz
Ab vassals valens e prezatz,
Auran oimais loc e sazon;
E mand al Don de Corteson,
Sitot s'es ab Frances juratz,
Que non cuia estar en patz
Contra 'l cossolat d'Avignon.

E ja non vuoill esser celatz
Qu' el dans d'aqels del Bautz mi platz;
Et ai en ben dreich e razon,
Q' ill me fonderon Robion,
Et ancar no m'en sui vengatz;
Mas domentres qu' ieu tenc los daz,
Lor en cuich rendre guizerdon.

Coms, si voletz esser presatz,
Siatz adreitz et enseignatz,

Larcs et de bella mession;
Q'en aissi us tenra hom per bon,
Si als estrains et als privatz
Donatz, e 'ls enemics baissatz,
E c' ametz mais dir hoc que non.

Nostre mieitz princes s' es clamatz
Reis de Viena coronatz :
So sabon ben tuich siei baron;
Ar li vai dir tost, Bernardon,
Que non giesca de sos regnatz,
Si fort ben non era guizatz,
Que trop sovens chai en preison.
Gui de Cavaillon.

XXXVII.

Ja non creirai d'en Gui de Cavaillon
Qu' entr' els Franceis enpenga son leon
Per re que dompna 'l perimetra ni 'l don;
Tan mal o fes al vencemen d' Uisson,
On non avia Francei ni Borgoignon;
Poiz auzem dir a 'n Guillem d'Esparnon
Que per paor desemparet Pisson,
Mal o fai Gui, car diz o c' anc non son,
  Per deu, en Gui!

Per deu, en Gui, saubut es e proat
Q' el coms vos met d' un castel nou forsat,

Qe vos tengra per trop frevol lo grat,
Qui s' i mez es ab vostra volontat;
Ja non creirai qe tant aiatz brocat
Entr' els Franceis, cum sai avetz mandat;
En jutjamen o met d' EN Reforzat,
Si vos es bos dins castel assejat,
  Per deu, EN Gui!
    BERTRAND FOLCON.

XXXVIII.

ESTIERS mon grat mi fan dir villanatge
Li faillimen vironat de follia
D' un croi marques, e sai qu' eu fas follatge,
Q' ab escien failh per autrui follia;
Mas una res m' escuza, s' o enten,
Que si fossen cellat li faillimen,
Ja del faillir non agr' hom espaven;
E qui mal fa, ben dei sofrir q' om dia.

Per qu' eu dirai d' un fol nega barnatge,
Sosterra pretz, e destrui cortesia,
Qu' om ditz qu' es natz de Monferrat linatge,
Mas non pareis a l' obra qu' aissi sia;
Ans crei que fo fils o fraire de ven,
Tan cambia leu son cor e son talen :
EN Bonifaz es clamatz falsamen,
Car anc bon faig non sap far a sa via.

Son sagramen sai eu qu' el mis en gatge
Als Milanes et a lur compagnia,
E 'n pres deniers per aunir son paratge,
E vendet lur la fe qu' el non avia;
Pero de fe d' eretges no 'l repren,
Qu' el jura leu e fail son sagramen;
E s' el annatz volgues rendre l' argen
Del sagramen, crei q' om lo quitaria.

Tant es avols e de menut coratge
Qu' anc jorn no 'l plac pretz de cavalaria,
Per qu' a perdut pro de son heritatge,
Q' anc non reqeis per ardiment un dia;
Mas qar a faz dos traimes tan gen
A son seingnor, a Tan primieramen,
Pois a Milan a cui frais convinen,
E cuia a obs cobrar sa manentia.

S' eu fos seigner ja no m feir' homenatge
Adrechamen, car sai qu' el no 'l tenria;
Ni m baisera mais de boch' el visatge,
Car autra vez la m baiset a Pavia,
Pois en baiset lo papa eissamen;
Donc pois aissi tota sa fe demen,
S' ab me jamais fezes paz ni coven,
Si no m baises en cul, ren no 'l creiria.

Ai! Monferrat plangues lo flac dolen,
Quar aunis vos e tota vostra gen,

Qu' aissi fenis l' onratz pretz veramen
Que Monferratz per tot lo mon avia.

Aunit Marques, al diabol vos ren
Qui tal vassal taing aital segnoria.
LANFRANC CIGALA.

XXXIX.

BELH m' es quan d' armas aug refrim
De trompas lai on hom s' escrim,
  E trazon prim
  L'arquier melhor
  Nostri e lor,
E vey de senhas bruella;
  Adoncx trassalh
  Cor de vassalh,
Tro que sos cors s' erguelha.

Com de Tolza, on plus es prim
Lo ricx, vos vey de pretz al cim;
  E vuelh qu' aissi m
  Don dieus s' amor,
  Cum part lauzor
Vostre ric pretz capduelha;
  Sol qu' a un talh,
  Qui ara us falh
May ab nos no s' acuelha.

La Marcha, Foys e Rodes vim
Falhir ades als ops de prim,
  Per qu' ie 'ls encrim,
  De part honor
  E de valor,
Don quasqus si despuelha;
  Qu' en tal sonalh
  An mes batalh
Don non tanh pretz los vuelha.

Jamais no s cug que s desencrim,
Quar trop s' a levat peior crim
  Qu' el de Caim,
  Hom qui l' amor
  Del ric senhor
De Toloza era s tuelha;
  Quar qui defalh,
  Ni a senhor falh,
Greu er que no s' en duelha.

Si 'l rey Jacme, cuy no mentim,
Complis so qu' elh e nos plevim,
  Segon qu' auzim,
  En gran dolor
  Foran ab plor
Frances, qui qu' o desvuelha;
  E quar defalh,
  Qu' ades no salh,
Totz lo mons lo 'n reiruelha.

Engles, de flor
Faitz capelh o de fuelha;
No us detz trebalh,
Neys qui us assalh,
Tro qu'om tot vos o tuelha.

GUILLAUME DE MONTAGNAGOUT.

XL.

Guerra e trebalhs e brega m platz,
 E m platz quan vey reiregarda,
E m play quan vey cavals armatz,
E m play quan vey grans colps ferir,
 Qu'en ayssi m par terra estorta;
Qu'aitals es mos cors e mos sens,
E de plag say quascun jorn mens.

Silh d'Ast preno trega e patz,
 E perdon, tro a Stafarda,
Tota la terra qu'es de latz;
Qu'en ayssi o ay auzit dir
 Que cums era a lur porta,
Que no sol esser defendens
So que aras lur es nozens.

Lo dans dels Provensals mi platz,
 E quar negus no s pren garda;
E 'ls Frances son tan ensenhatz
Que quascun jorn los fan venir
 Liatz ab una redorta;

E no lur en pren chauzimens,
Tant los tenon per recrezens.

Mout m' enueia dels avocatz,
 Qu' els vey anar a gran arda,
E dan cosselh dels autz prelatz,
Qu' anc nulh home non vi jauzir;
 Ans qui son dreg lur aporta
Ilh dizon : Aisso es niens,
Tot es del comte veramens.

Los Genoes vey abayssatz
 E 'l capitani que 'ls garda;
E de Ventamila 'ls comtatz
Perdon que solion tenir;
 Donc be m par Genoa morta,
La Poestatz n' es non calens
Que lur sol esser defendens.

Enans penria l' esporta
Qu' ieu no li defenda mas gens
Am cavaliers et am sirvens.

Mauri, us joys me conorta,
Qu' ieu sai be que la plus valens
Me vol mais que totz sos parens.
BONIFACE DE CASTELLANE.

XLI.

GERRA mi play quan la vey comensar,
Qar per gerra vey los pros enansar,

E per gerra vey mantz destriers donar;
E per gerra vey l' escas larc tornar,
E per gerra vey tolre e donar,
E per gerra vey las nueigz trasnuechar;
Don gerra es drechuriera, so m par,
E gerra m play ses jamais entreugar.

A 'n Agout man, qar n' es primier comes,
Q' el en fasa demanda, cui q' en pes,
Tal q' en sion mant colps donat e pres,
E no s' en clam, qar no seria bes,
Qe sos paires no s' en clamera ges
De nul home per mal q' om li feses,
Mas deman n' agra gran, fort et espes.

A 'n Amieu prec lo seinhor de Curban
Q' el en pes tenga la gerra e 'l masan,
Qe n' aion ops elm et escut e bran,
E 'l bon gerrier doblon lur prez ugan;
A amdos dic en chantan lausor gran,
Pero us d' els mi veira a son dan.

Bel m' es q' ieu veia en un bel camp rengatz
Els, et ill nos, per tal bruit ajostatz,
Q' al ben ferir n' i aia de versatz;
Aqi veirem manz sirventz peceiatz,
Mantz cavals mortz, mantz cavaliers nafratz;
Se nulls non torna ja non serai iratz;
Mas vueilh murir qe viure desonratz.

Valenz domna, a vos m'autrei e m don,
Noveleta, de q'aten gierdon,
Et aurai l'en, qan aurai servit pron
Vostre gen cors fazonat per rason;
Mais vueilh servir, domna, tos temps perdon
Vos qu'autra, e m des ni anel ni cordon;
S'ieu mueir aman per vos, cug far mon pron.

Gentils domna, se lo non fos en oc,
Amanz del mon non agra tan bon loc
Del joi d'amor don aten honrat joc,
Q'al flac jelos cug dir mat ses tot roc.
BLACASSET.

XLII.

Peire salvagg', en greu pessar
    Me fan estar
    Dins ma maizo
Las Flors, que say volon passar,
    Senes gardar
    Dreg ni razo;
Don prec asselhs de Carcasses
    E d'Ajanes,
Et als Guascos prec que lor pes,
Si Flor mi fan mermar de ma tenensa:
Mas tal cuia sai gazanhar perdo,
Qu'el perdos l'er de gran perdecio.

E mos neps, que sol flors portar,
    Vol cambiar,
    Don no m sap bo,
Son senhal; et auzem comtar
    Que s fai nomnar
    Rey d'Arago;
Mas cuy que plass', o cuy que pes,
    Los mieus jaques
Si mesclaran ab lor tornes,
E plass' a dieu qu' el plus dreyturiers vensa!
Qu' ieu ja nulh temps, per bocelh de Breto,
No layssarai lo senhal del basto.

    Si mi dons qu' es ab cors cortes,
        Ples de totz bes,
    Salvagge, valer mi volgues,
    E del sieu cor me fes qualque valensa,
    Per enemicx no m calgra garnizo,
    Ab sol qu' ieu vis la sua plazen faisso.

PIERRE, ROI D'ARAGON

XLIII.

DE l' arcivesque mi sap bon
    Q' ieu un sirventes fasa,
Don ieu dirai, dieus m' o perdon
    Donei de mala casa;
    De nul mal no si lassa

Que puesca far,
 Ni tem duptar
En ren q' a dieu desplasa,
Qu' en totz fatz o traspassa,
Per que plus fols par que s' avi' amansa.

El ha los set peccatz mortals
 Per q' om ten mala via;
Aucir no tem ne perjurs fals,
 E viu de raubaria;
Ergueilh et avaria
 A 'l renegatz,
 Et es proatz
De falsa garentia;
Lo seten no diria,
Qar es tan laitz m' en lais per cortesia.

Anc non vi tan fals coronat
 Nuls hom qi tenges terra,
Q' el no tem far tort ni peccat,
 E mescla tot l' an gerra,
E 'ls sieus baissa en terra,
 E 'ls pren soven
 Per son fol sen,
E 'ls enclaus e 'ls enserra;
Veiatz del fals com erra,
Que per aver veda e solv e soterra.

Jonqera aucis per aver
 Dinz la maison escura,

Qe anc nuls homs no i poig saber
Nuilh' autra forfachura;
El non a de dieu cura,
Per qe mescre
La ferma fe
Q' es en sant' escritura :
Ben er mal' aventura,
S' el legatz ve, si no 'l crema o no 'l mura.

Cill d'Arll' estavan a legor,
Ses trebailh e ses nausa,
Tro qe 'l agron lo fals pastor;
Ben es fols, qar el ausa
Penr' aissi la lur causa,
Ni far perdon
Del dan qe fon;
Veias ses fera causa,
Jamais non auran pausa,
Si no 'l meton tot viu de sot la lausa.

BERTRAND D'ALAMANON.

XLIV.

Ja de chantar nulh temps no serai mutz,
Pus la belha de qu' ieu sui enveyos,
A cui mi suy de leyal cor rendutz,
No vol ni 'l plai qu' ieu estey cossiros;
E pus ilh a de pretz la senhoria

E de beutat part totas las plazens,
Non dey passar en re sos mendamens,
Ni o fis anc ni farai ni o faria.

De mon senhor sitot fan grans lo brutz
De demandar sos dreitz e sas razos
A las ciutatz, leu s' en es retengutz;
Per so ditz hom que silh n' estai duptos,
Quar son lassat et an fait companhia,
E no calgra duptar lurs nozemens,
Quar negun, las! no pot esser tenens
Nozatz a tort, quar lo dreitz lo deslia.

Leu pot hom dir que, s' ieu en fos crezutz,
Ja no fora remazuda per nos
Esta guerra, pus qu' els faitz son mogutz;
Mas pus hi fon Marcelh' et Avinhos,
E nos fezem lo piegz qu' om far podia,
Que quan degram mais far d' afortimens,
Nos alonguem los mil marcx humilmens,
E no 'ls degram alonguar un sol dia.

Mas est afar vey qu' er leu retengutz,
Que de Fransa es vengutz lo ressos,
Que mos senher s' en es tant irascutz
Que tug dizon qu' el n' a levat la cros,
E vol passar en terra de Suria;
Guardatz s' o fai ben ni adrechamens,
Que so que pert de sai aunidamens,
Vol demandar ad aquels de Turquia.

Quar plus soven no s vira mos escutz
Lai ves Arle, e 'n sui felhs et iros,
Mas s' ieu m' aten en tro que despregutz
En sia 'l coms, ieu serai dreitz bretos,
Quar, on plus pren d' anta, mays s' umilia
Encontra selhs don li ven l' aunimens;
Per qu' ieu nulh temps no serai d' aitals sens,
S' om las rendas qu' ieu hi pert non rendia.

S' a mon senhor plai qu' ieu en patz n' esteia,
Prec li, si 'l plai, que mi sia suffrens,
Qu' ieu lur deman so de que sui perdens,
Qu' Alamano non es pas en Ongria.

Bertrand d'Alamanon.

XLV.

Un sirventes farai ses alegratge,
E chantarai iratz sobre feunia,
E mandarai, don m' es greu e salvatge,
Lai al comte proensal, on que sia,
Que re no val forsa ses ardimen
Ni honratz pretz ses gran afortimen,
Ni pot complir nulh bon comensamen,
Quan failh lai cor ont ajudar deuria.

Ben aia coms qu' es d' afortit coratge
E coms quan leu de cor no si cambia,
E pueys gran be quant egal son linhatge

Mante son pretz que deshonratz non sia;
Ben aia ieu e ma dona eissamen,
E ben Blacatz, quar en valor enten,
E ben lo coms proensals, quar tan gen
A defendut so que conquist avia.

Mais non pessetz de bruyt ni de barnatge,
Coms, derenan quar hom no vos creiria;
Sabetz per que? qu'a mortal volpilatge
Vos ten hom so que fezetz l'autre dia,
Don sui iratz e n'ai lo cor dolen,
Quar tan laissetz Marcelh' aunidamen,
Quar non yssitz trompan o combaten,
O quar sivals no vist qui us combatia.

Comte sai ieu plazen, de belh estatge,
Que totz lo mons l'acuzav' e 'l corria,
Que a vencut e restaurat paratge,
Gaug e solatz e pretz que si perdia;
E sapchatz be que non o fetz fugen,
Ans o a fag donan e combaten,
Aissi cum selh que a cor e talen
De far los faitz qu' el reys Richartz fazia.

Coms de Tolza, lo destric e 'l dampnatge,
L'anta e 'l dan que lo Baus sai prendia
Avetz vencut per vostre vassalhatge,
E restaurat per vostra galhardia,
Quar vos etz coms de valor e de sen,

E coms de joy e coms d' abelhimen,
E coms honratz sobre tot' autra gen,
E coms de pretz e de cavalairia.

Coms de Rodes, ab cor et ab talen
Devetz aver proeza et ardimen,
Quar pretz aura totz temps restauramen
En vostra cort, quant alhors si perdria.

Bertrand d'Alamanon.

XLVI.

En luec de verjanz floritz
   E foillatz,
Volgra per champs e per pratz
Vezer lansas e penos,
Et en luec de chanz d' auzeus
   Auzir trompas e flauteus,
E granz retinz de colps e de cridanz;
C' adoncs fora cabalos lo mazanz.

Bel m' es lo retinz e 'l critz
   Dels armatz,
Can sui ben encavalgatz
Et ai bellas garnizos;
C' aitan gai sui et irneus
   A l' encontrar dels tropeus,
Com li privat en chambras e parlanz,
E tan volgut com il en cochas granz.

Per qu' eu volgra fos partitz
    Lo prezatz
Reis n Anfos de sos regnatz,
Qu' adoncs faria dels pros
E dels valenz sos chapdeus;
Qu' en faitz perillos ni grieus
Non ten pro lauzenziers ni sopleianz,
C' al maior ops li fail cors e talanz.

Mas trop mi par endurmitz,
    Que m desplatz,
Car en vey desconortatz
Los sieus, e meins corajos;
E s' ara, mentr' es noveus
L' afars, non conorta 'ls sieus,
Venir l' en pot tals mescaps e tals danz
Qui 'l fara pro, si 'l restaur' en des anz.

Reis n Anfos, ja 'ls crois marritz
    Non crezatz,
Ni 'ls feingnenz alegoratz,
Car amon dinz lur maizos
Mais bos vis e bos morseus
C' ab afan penre casteus,
Ciutatz ni reignz, ni faire faitz prezanz,
Tan lur es cars legors e pretz soanz!

Vai dir, sirventes noveus,
Celleis cui sui miels sieus,

Qu' el bes que m fai es a totz los prezanz
Enantimenz, e als crois desenanz.
Boniface Calvo.

XLVII.

Ges no m' es greu s' eu non sui ren prezatz
Ni car tengutz entr' esta gen savaia
Genoeza, ni m platz ges s' amistatz,
Car no i cab hom a cui proeza plaia,
Mas ab tot so mi peza fort, qu' il es
Desacordanz, car s' il esser volgues
En bon acort, sos grans poders leumen
Sobran a totz cels per cui mal en pren.

Hai! Genoes, on es l' autz pretz honratz
Qu' aver soletz sobre 'l gen? que par qu' aia
Totz vostres faitz decazutz e sobratz
Tan fort que totz vostr' amics s' en esmaia,
Sia 'l descortz q' entre vos es jos mes,
E donatz vos luecs a tornar los fres
En las bochas de cels que, per conten
Q' avetz mest vos, si van desconoisen.

Mas lo contenz es tant mest vos poiatz
Que, s' el non chai, greu er que no us dechaia,
Qu' om vos guerreia, vos vos guerreiatz,
E qui vos venz ar no us cug que 'l n' eschaia

Laus ni bon pretz, car no us platz vostres bes;
Que l'us a gaug, qant a l'autr' es mal pres;
Doncs qui venz tan descabdelada gen
Non fai esfortz don pueg en pretz valen.

E si no fos la follors e 'l pecchatz
Que nais del vostre descort, tals s' asaia
Leumen a far so que mais vos desplatz,
Que us for' aclis, car res tant non esglaia
Vostres gueriers, ni tant lor desplai ges
Com faria 'l vostr' acortz, s' el pogues
Entre vos tant durar enteiramen
Que poguessetz d' els penre venjamen.

Car il sabon que leger no us donatz,
De vos venjar mostron que lur desplaia
So que pro vetz los avetz mal menatz,
Tant que greu es luecs on hom no 'l retraia,
Que trenta d' els non esperavon tres
De vos, per c'ab pauc non es dieus repres,
Car de tal guiza vos a tout lo sen
Que us sobron cil que no valon nien.

Venecian, ben sapchatz qu'obs vos es
Que si' ab vos dieus contra 'ls Genoes,
Car ab tot so qu' el vos hi val granmen,
Vos an il tout tan q' en vivetz dolen.

BONIFACE CALVO.

XLVIII.

Mout a que sovinenza
Non agui de chantar,
Mas ar m' en sove, car
Aug sai dir e comdar
Qu' el nostre reis breumenz,
Cui que pes ni s n' azir,
Vol en Gascoign' intrar
Ab tal poder de genz
Que murs ni bastimenz
Non o puesca suffrir.

E car ai entendenza
Qu' el vol faig comensar
Don poiran luec cobrar
Armas e coindeiar,
Sui tan gais e jauzenz
Q' eu non penz ni consir
Mas de joi, e de far
So per que tost comenz
Lo francs reis e valenz
Ab ferm cor de complir.

Per que chantan m' agenza
Sa gran valor sonar,
Car comenz sens tardar
De sos dreitz demandar

Tant afortidamenz
Que, sens tot contradir,
Li Gascon e il Navar
Fasson sos mandamenz,
E los liur' a turmenz
Ab prendr' et ab aucir.

Veiam lo, sens bistenza,
Dreig vas els cavalgar
Ab tal esfors qe 'l par
Non pueschan cham trobar,
E lai tan bravamenz
Combatr' et envazir
Murs, tors, e peceiar,
Ardr' e fondr' eissamenz,
Qu' el fa 'ls obedienz
A sa merce venir.

Si que de sa valenza
Fassa 'ls meillors parlar,
E pel paire semblar
Si deu mout esforzar,
Car fon plus avinenz,
E mais sap conquerir,
E mais si fetz honrar
Que reis c' anc fos vivenz,
Car si no 'l sembl' o 'l venz
Pro hi aura que dir.

Mas res no m fai duptar
Qu' el no 'l vencha breumenz,
Tant es granz sos talenz
De son pretz enantir!

Reis Castellanz, pueis ar
No us fait poders ni senz,
E dieus vos es consenz,
Pensaz del conquerir.

BONIFACE CALVO.

XLIX.

Entre dos reis vei mogut et enpres
Un novel plait c' adutz guerr' e mesclaigna,
Costas d' aver e trebaill, com que peis
Bruit e resson et esfortz e compaigna,
Car Conratz ven qu' es mogutz d' Alamagna,
E vol cobrar, ses libel dat ni pres,
So qu' a conquis Carles sobr' els Poilles;
Mas non er faitz que fer e fust non fraingna
E caps e bratz, enanz qu' el plaitz remaigna.

Qu' en breu veirem descargar rics arneis,
Tendas e traps fermatz per la campaigna,
E mainz baros conseillar pels defes,
Per que l' afars s' enanz' e no s' afraigna;
Aissi veirem de mainta terra estraigna
Venir faiditz soudadiers e borges

E messatgiers e privatz e pales,
Et en la ost veirem solatz e laigna
E 'ls berrouier soven correr la plaigna.

Trombas, tabors, sonaills, genz e peitrals,
E cavalliers encoratz de contendre
Veirem en cham, e penons e seignals
E rencs d'armas aiostatz escoissendre,
E mains cairels desclavar e destendre,
E critz e plors e braitz e dols corals
Poirem auzir, e per plans e per vals,
E mainz destriers pres ses dar e ses vendre,
E 'ls reis intrar en l'estor ses atendre.

Lai on seran las seigneiras reials,
Veirem escutz et elms macar e fendre,
Trencar ausbercs e sentir colps mortals,
E troncs e lans, e ferir e defendre,
E s'al plus fort camp intrara per pendre,
Aqui veirem derrocar mainz vassals,
E mainz jazer envers sotz los cavals,
Manz mortz, manz pres, e manz per terr' estendre,
E mainz aucir que no se volra rendre.

L'aigla, la Flors a dreitz tant comunals
Que no i val leis ne i ten dan decretals,
Per que iran el camp lo plait contendre,
E lai er sors qui meills sabra defendre.

AICARTS DEL FOSSAT.

L.

Mout fort me sui d' un chan meravillatz
Per lui qu' o fetz sitot es dreigz que m plaia,
Quar cel que es vailhenz ni enseingnatz
Deu ben pensar e gardar que retraia;
Quar nienz es q' om razonar pogues
Lo tort per dreig que 'ls pros no s conogues;
E poda leu perdre mon escien
Son pretz aicel qui tort adreg defen.

Doncs, si ben fos premiers aconseilhatz,
Pueis d' escondir Genoes tant s' asaia,
Non crei qu' el chant agues mainz motz pauzatz
Qui membrar fan lor sobremortal plaia,
Que l' autreia c' abatutz e mespres
Totz lor affars pels Venecians es;
E l' uchaizos, qu'en pauz' en lur conten,
Non pot donar contra 'l mal guarimen.

Car hom non deu de ren esser blasmatz,
Si 'l fai co i s taing, n' es dreg que mal l' en chaia,
Doncs pueis tant gen gerreian ses guidatz,
No m par qu' en re lur descortz nogut n' aia;
C' anc al jostar no fo nuilh temps que res
Mas arditz cors failliment lor fezes,
Car il foron totas vez mais de gen
Gent acesmat e per un dos soven.

E l' auch retrair qu' il tengron afrenatz
Venecians, ja qu' era lor meschaia,
Mas cum ancse fon lur poders doptatz
Pelz Genoes, no·s membre no il desplaia,
Qu' un de lor naus mena uns sols tres pres,
Mas escondir pogra meills per un tres,
C' anc non preiron Venecian conten
Non aguesson lauzor al fenimen.

Mas s' el volgues semblar enrazonatz,
Non degra pas dir razon tant savaia,
Ni que trei flac valgron trenta prezatz;
Pero dels tres no m par respos s' eschaia,
Don ieu m' enpas e dic so qu' es pales,
Que quant es meills als Venecians pres,
Adoncs reignon plus cortes d' avinen,
E no s' en van en re desconoissen.

Oimais mi par que ben sia quitatz
D' aisso qu' a dich, e, s' el no s' en apaia,
De Venecians, queira 'ls lor faitz honratz
E 'ls grans conquistz faitz ab valor veraia;
E cum eran vencutz los Genoes,
Et en anta l' emperador grec mes,
E jutgara pueis s' ill valon nien,
Qu' ieu non ai plus de respondre talen.

Valens domna, qu' en cel pais regnatz,
Per cui plaidei, pros e plazens e gaia,

Merce vos clam, qu' a mi valer deiatz,
Que tot quant auch ni vei lo cor m' esmaia,
E sui tant fort de vostr' amor empres
Que, si no vei vostre gai côrs cortes,
Viure non puesc, so sapchatz veramen,
C' ab lo respeig que ieu n' ai muer viven.

Venecian, qui ditz que il Genoes
Vos an faitz dan ni us an en dolor mes,
Vostr' onrat prez non sap ni 'l dan coren
Que lor avez fait d' aver e de gen.

Bonifaci Calvo, mon sirventes
Vos man, e us prec qu' el dir no us enuei 'l ges,
Quar del taisser grat cortezia m ren,
E maiormenz dels Genoes l' enten.

BARTHÉLEMI ZORGI.

LI.

On hom plus aut es pueiatz,
  Mais pot en bas chazer,
  Si no sap retener
Lo sentier don es guidatz;
  Per que devon temer
  Baissar e dechazer
Venecian, qu' en l' aut grat
  D' auzor pretz an pueiat,
  E Genoes, qu' eissamen

Vivon de pretz manen,
Quar solion far tot lur afar ab deu,
Mas er fan pieg que si fosson Judeu.

   Quar Judeus ni reneiatz
     Non deuria voler
     Preizonniers destener
   Ab sos guerriers acordatz;
     E lur ven a plazer
     Prop dos mil pres tener,
   Ben qu' il sion acordat;
     Qu' a tort et a pechat
   En moran tuit malamen,
     E sabon veramen
Qu' a negun dels tan no valon li sieu
Que ja per els si dechaia ni s leu.

   Mas ergueillz e vanitatz
     Venzon tan lur saber
     Qu' entr' els non pot valer
   Deus ni merces ni pietatz;
     E par ben s' ieu dic ver,
     Quant sol per far parer
   Qu' il se tengron per paiat
     Dels pres, com an coindat
   Laisson morir tanta gen;
     Don prec l' Omnipoten
Qu' ir' e dolor tos temps lor don en feu,
Si los prezos non deliuran en breu.

E car estz faitz s' es cargatz
 D' angoissos desplazer,
 Tan no m dei abstener
Qu' alques no y sia nomatz
 Cel qui l' ac en poder,
 E ill fez tal fin aver
On non ac ges voluntat
 Que foson deliurat
Li las prizonier dolen,
 Qu' ab semblan solamen
Qu' ages tengut lur remaner per greu,
D' ambas las partz los agra vistz a leu.

Hai! reis frances, pueis vos platz
 Metr' en deu mantener
 Cor e cors et aver,
Tan que us n' etz per totz lauzatz,
 Com pot tals faigz caber
 En vostre captener?
Mout n' avez pretz oblidat,
 Mas deus per sa pietat
En oblida 'l venjamen,
 Qu' estiers crei fermamen
Qu' est pasatges de l' autr' en segra 'l treu,
Si no us en fai la degna crotz man leu.

Honors de crestiantat,
 Deus vos don voluntat
Qu' en fasatz esmendamen,

Qu' eslueingna de turmen
Los las, qu' estiers en moran tuit en breu,
Quar sol ab precs o podetz far mout leu.

Anz qu' aia 'l chant afinat,
 Deus en a 'l rei jutjat
A mort, et a greu turmen
 Sai e lai mainta gen,
Don taing que pes de far l' esmend' en breu
Lo novels reis per s' onor e per deu.
BARTHÉLEMI ZORGI.

LII.

COMTE Karle, ie us vuelh far entenden
Un sirventes qu' es de vera razos;
Mos mestiers es qu' ieu dey lauzar los pros,
E dei blasmar los croys adreitamen;
E devetz me de mon dreitz mantener,
Quar mos dreitz es que dey blasmar los tortz;
E si d' aisso m' avenia nulh dan,
Vos per aisso en devetz far deman.

Ar chantarai de vos primeiramen
Cum del plus aut linhatge que anc fos
Etz, e foratz en totz faitz cabalos,
Si fossetz larcx; don avetz pauc talan,
Que be n' avetz la terra e 'l poder;

Et en vos es guays solatz e deportz,
E troba us hom adreyt e gen parlan
Et avinen, ab qu' om res no us deman.

Senher, autz hom viu say aunidamen,
Quan pert lo sieu e non es rancuros;
Qu' el Dalfis te vostras possessios,
E non avetz so que trobatz queren,
Qu' em breu poyretz osteiar e jazer
Per ribeiras e per pratz e per ortz,
Tro que pensetz si al vostre coman,
Ho al Dalfin n' aiatz tout atretan.

De tal guerra mi paretz enveyos,
Que us auran ops cavaliers e sirven;
E si voletz que us siervon leyalmen
Los Proensals, senher coms, gardatz los
De la forsa de totz vostres bailos
Que fan a tort molt greu comandamen;
Mas tot es dreg sol qu' ilh n' ayon l' argen,
Don li baro se tenon tug per mortz,
Qu' hom lur sol dar, aras los vai rauban,
E denan vos non auzon far deman.

Ar auran luec pro cavalier valen
E soudadier ardit e coratjos
Elmes e brans, tendas e papallos
Escutz, ausbercx e bon cavalh corren,
E fortz castelhs desrocar e cazer,

E gaug e plor mesclat ab desconortz,
En batailla cazen, feren, levan
E vuelh o ben, e m' play, sol qu' ieu no y an.
GRANET.

LIII.

Al bon rey qu' es reys de pretz car,
Reys de Castella e de Leo,
Reys d' aculhir e reys d' onrar,
Reys de rendre bon guiardo,
Reys de valor e reys de cortezia,
Reys a cui platz joys e solatz tot l' an
Qui vol saber de far bos faitz s' en an,
Qu' en luec del mon tan be no 'ls apenria.

Quar el ten cort on fadiar
No s pot nulhs hom bos en son do,
E cort ses tolr' e ses forsar
E cort on escot' om razo;
Cort ses erguelh e cort ses vilania,
E cort on a cent donadors que fan
D' aitan ricx dos mantas vetz ses deman,
Cum de tals reys qu' ieu sai qui 'l lor queria.

Mais un rey no 'l sai contrapar
De largueza, s' agues tan bo
Poder cum elh a de donar,

So es lo franc rey d'Arago
Qu' a tan son cor en valor qu' elh faria
Pauc tot lo mon accomplir lo talan
Qu' a en donar, e dari' atretan
Cum hom del mon Don Peire, s' o avia.

Mas d' aisso m fan meravilhar
L' eligidor qu' eligit so,
Qui puescon emperador far,
Cum no 'l meto en tenezo
De l' emperi selh a cuy tanheria,
Lo valen rey 'n Anfos qu' a pretz prezan,
Qu' om del mon miels non tenc cort ab boban,
Creyssen de pretz e d' onor tota via.

Qu' entre 'ls Lombartz auzi contar
Que l' Alaman e 'l Bramanso
E 'l Roman, ses tot contrastar,
Volon a lui la lectio
Del emperi, e Milan e Pavia,
Cremona et Ast e Ginoes an gran
Cor, qu' el bon rey castellan recebran
A gran honor, si ven en Lombardia.

E qui 'l papa pogues citar
A maior de se fora bo,
Quar del rey 'n Anfos no vol far
E del rey Carle bon perdo,
E qu' om rendes n Enric qu' ora seria,

E l' emperi non estes pus vacan;
E pueis, ab totz los reys que baptism' an,
Anes venjar Ihesu Crist en Suria.

Reis castellas, vostra valor se tria
Part las valors que tug l' autre rey an,
E miels sabetz gardar home de dan,
Que venh' a vos, qu' autre reys qu' el mun sia.

Mon sirventesc, Bernat, leu ses fadia
En Castella portatz a Don Ferran,
E digatz li que s tenh' ades denan
Qui es ni don, e fara bona via.

      Folquet de Lunel.

LIV.

Nostre reys qu' es d' onor ses par
  Vol desplegar
  Son gomfano,
Don veyrem per terra e per mar
  Las Flors anar;
  E sap mi bo,
Qu' eras sabran Aragones
  Qui son Frances;
E 'ls Catalas estregz cortes
Veyran las Flors, flors d' onrada semensa,
Et auziran dire per Arago
Oil e nenil en luec d'oc e de no.

E qui vol culhir ni trencar
  Las flors, be m par
  No sap quals so
Li ortola que, per gardar,
  Fan ajustar
  Tan ric baro,
Quar li ortola son tals tres
  Que quascus es
Reys plus ricx qu' el Barsalones;
E dieus e fes es ab lur e crezensa;
Donc quan seran outra Moncanego,
No y laysson tor ni palays ni mayso.

 Catala, no us desplassa ges
  Si 'l reys frances
 Vos vai vezer ab bels arnes,
Qu' apenre vol de vostra captenensa
Et absolver ab lansa et ab bordo,
Quar trop estaitz en l' escominio.
BERNARD D'AURIAC.

LV.

FRANCX reys frances, per cuy son Angevi,
Picart, Norman, Breto d' una companha,
E Leones et aquels de Campanha,
E mans d' autres qu' ieu no sai dire qui,
 Senher, fontaina de tot be,

Si del pros Guillem vos sove
De Lodeva, gay, gen parlan,
Pus viu l'an pres, no y aura dan.

Reys de vertut, reys que cassa et auci
Deslialtat, et ab drechura s banha,
Etz vos doncx reys drechuriers; no 'lh sofranha
La vostr' amors, senhers, cum li falhi
    La falsa gens, senes merce,
    Qu' el trahiro, aissi quo fe
    Judas dieu, beuen e manjan,
    Don planc, sitot no fas semblan.

Sobiran reys dels autres reys, aissi
Cum vos cassatz malvestatz, que cre us tanha
Que fassatz drech d' aquels que dieus contranha,
Quar falhiro, ab vil cor flac mesqui,
    Al pro Guillem, qu' a pretz ab se;
    Senher, faitz d' els so que s cove,
    Que si 'n prendetz venjamen gran,
    Tug l' autre mellor vo' 'n seran.

Tug li autre vos n' auran cor pus fi,
Si faitz d' aquels tal fag que quecx s' en planha,
Quar de vers es, qui son jornal gazanha,
Que om lo 'n pac, segon qu' el jorn servi;
    Doncx, lials reys, pagatz los ne,
    Si co n' an gazanhat dese,
    Qu' en perdo 'l cors e so que an,
    E segra vo' 'n laus derenan.

Honorat reys part totas honors, si
La vostr' amor no 'l valh lay, crey remanha
Lo pro Guillem, et er dolors estranha
Del franc cortes per cuy paratges ri,
 Que siey amic no 'lh valon re;
 Doncx, lials reys, faitz vos per que
 Lo cobrem, no y anetz tarzan,
 Qu' el jorn que no 'l vey m' es un an.

Francx reys, valha 'l la bona fe
Qu' elh vos a portada ancse;
Breumen, si us platz, faitz per elh tan
Que n' aion gaug cylh que dol n' an.
Jean Estève.

LVI.

Ancmais per aital razo
No fuy de chantz embargatz,
Qu' er suy de joy tant sobratz
Que mos sabers no m ten pro
Per chantar del gran plazer
Qu' ieu ai, segon mon dever,
Quar sai mon senhor estort
N Aimeric de peitz de mort
Ad honor, don quays perduda
Es Narbona revenguda.

E dieus, a cuy dreitz sap bo,
Sia 'n grazitz e lauzatz,
E don nos acort e patz
Ad honor tota sazo
De mo senhor, ses voler,
Del sieu pople dechazer,
E meta ns o en tal port
Que nulhs hom no y prena tort,
Quar el no falh ad ajuda,
Sol qu' om la y deman deguda.

Qu' ancmais nulh fag tant no fo
Per tantas gens deziratz,
Ab tant de gaug restauratz,
Quon qu' a onor de prezo
Yssis, et ab bo saber,
Mo senher, quar jorn e ser
Per gens de quascuna sort,
Suau e cridan mot fort,
N' era pregatz a saubuda
Dieus, qu' el a honor creguda.

Per qu' ieu lo prec que perdo
Per dever, quant n' er pregatz
Humilmen, si perdonatz
Vol esser, e garde quo
Fon e quon es, quar saber
Pot e deu, quant pot valer,
Senhers que truep dezacort

El sieu sotz autruy ressort;
Quar gens contra luy moguda
Lo fai levar en vil bruda.

E pus d' acuzacio
Es ab lo rey escuzatz
Franses, on es lialtatz,
Al qual dieus ajuda do;
En totz bes sapcha caber
El sieu grat ab captener
Degut et ab bon conort,
Que paresca qu' el recort
Dels senhors qu' an defenduda
Narbona e retenguda.

Lo pobles deu jorn e ser
Dieu lauzar et honrar fort
De Narbona, quar estort
A son senhor ab mouguda
De gran gaug per sa venguda.

Pros coms de Foys, mout saubuda
Es d' est fag la vostr' ajuda.

GIRAUT RIQUIER.

LVII.

TANT m' es l' onratz, verays ressos plazens,
Ples de lauzor del senhor N Amalric,

Del mieu senhor, filh premier n Aymeric
De Narbona, que mos cors n' es jauzens,
Qu' entr' els Toscas s' es tan gent capdellatz
Qu' els amicx a de la gleysa honratz,
E 'ls enemicx mortz e vencutz per guerra.

Mout es auutz belhs sos comensamens
De nobles faitz ab sen et ab cor ric
Que son semblan a l' aut dever antic,
Qu' el essenha d'onor esser manens
De Narbona, don sia dieus lauzatz;
Pero per Foys li ven de l' autre latz
Devers que s deu tener al sojorn guerra.

L' onratz Comus de Florensa valens
Ac bon cosselh, quan al rey lo queric
Per capitani, quar sey enemic
Ne son al bas, don es sieus l' onramens,
Per luy, don deu per tot esser lauzatz
E car tengutz, ab tot que aia patz,
Quar si honran, l' a gent honrat de guerra.

Si honran a honratz sos benvolens,
E Narbona e 'l bon rey que seguic,
E Foys e selh qu' en partida 'l noyric,
Quar anc no 'l fes nesciejar jovens,
Ans es ab sen curos et atempratz,
Don es per totz sos enemicx dubtatz
Tant que lur es sos ressos pieitz de guerra.

De dieu li ven sos bos captenemens,
Per qu'ieu li prec e li cosselh e'l dic
Qu'el retenha, quon senhor ad amic,
Ab humil cor de totz vils faitz temens,
E creysser l'a en totas sas bontatz,
Si s'afortis contra vils voluntatz,
Quar aissi vens hom espirital guerra.

Lo senhor prec n Amalric qu'enansatz
Sia per luy sos pretz gent comensatz,
En totz sos faitz, aissi quon es per guerra.
Giraut Riquier.

SIRVENTES-DIVERS.

I.

Cominal, vielh, flac, playdes,
Paubre d'aver et escas,
Tant faitz malvatz sirventes
Que del respondre sui las;
E 'l vostra cavalaria
Venra tota ad un dia,
Quant er so denan detras,
L'avol bo e 'l bo malvas.

Anc un bon mot non fezes,
Non i agues dos malvatz,
Per qu'ie us tolrai vostre ses,
Mon chan ab que us fermiatz;
Quar chantatz ab vilania;
E 'l comtessa m'en chastia
Que ten Beders e Burlas,
Que ditz que vos rebuzas.

Anc sagramen non tengues
Del tornel, quant l'avias;
Ni nul temps ver non disses,

Si mentir non cuidavas ;
Et anas queren tot dia
Qu' om se fi, e qui se fia,
Tenetz lo taulier e 'ls datz,
E del joc sabetz assatz.

Qu' ie us tolia Vivares,
L' Argentiera e 'l Solas,
On lor comtes mans orbes
Mezures vos hom lo vas ;
Que quant Ponstorstz vos payssia,
E Sanh Laurens vos vestia,
Siatz totz paubres e ras,
Que sieus es enquer, si us plas.

Et avetz tan de mal pres
Aras e d'aissi entras,
Que non sai cum vos tolgues
Si 'l pe no us toli o 'l nas
O 'ls huelhs, o no us aussizia ;
Si no fos la confrairia
De Chassier e de Carlas,
Ab los pecols anaras.
Garin d'Apchier.

II.

Mos Cominals fai ben parer
Que si 'l saubes dire ni far

So qu' a mi degues enuiar
Qu' el en faria son poder;
Mas jovens e poders li 'falh,
E paubreira e veillors l' assalh;
Per qu' al guerrier non fai paor;
E non a amic ni senhor
Que no 'l tenha per enueyos,
Mas tan quant ditz nostras tensos.

E s' ieu lo vuelh ben dechazer,
Qu' el vuelha tolre mon chantar,
Ja non er qu' ilh don' a manjar,
Ni 'l vuelha albergar un ser;
Mas metray lo chan din serralh,
Per qu' el soven trembl' e badalh;
Que la verchieira de sa sor
Vendet de son gay maint pastor,
Car lai vivia ab sos lairos,
Emblan las fedas e 'ls moutos.

Anc ab armas non sap valer
Hom meinz, tant s' en volgues lauzar;
Ni als guerriers, mas ab parlar,
No saup hom meinz de dan tener;
Mas soven mov guerra et assalh
A sels que an croz e sonalh,
Don mil monge dins refeitor
Pregan, ploran, nostre senhor

Qu' en Ponstortz e 'n Sanz Laurens fos,
Si cum es vielhs e sofraitos.

Leialtat sol molt mantener,
E falsetat totz temps blasmar;
Mas al tornei la i vim laissar,
E del tot metr' en non chaler;
Per que ditz lo par de Neralh
Que home que nafre e talh,
E prenda son lige senhor,
Ni qu' el toilla castel ni tor,
No 'l deu mantener nulhs homs pros,
Per qu' el no 'l mante ni 'n randos.

Ja nulh marit non cal temer
De lui, ni sa molher gardar,
Ans lo pot laissar domneiar
Et estar ab leys a lezer;
Que quals qu' el de bois vil entalh,
Deboissar lo pot d' aital talh,
Ses pel, ses carn e ses color
E ses joven e ses vigor;
E d' ome qu' es d' aital faysos
Non deu esser maritz gelos.

GARIN D'APCHIER

III.

Comtor d'Apchier rebuzat,
Pos de chan vos es laissat
Recrezut vos lays e mat,
Luenh de tota benanansa,
Vencut, de guerra sobrat,
Comtor, mal encompanhat,
Ab pauc de vi e de blat,
Plen d'enuey e de carn ransa.

Aisi prenc de vos comjatz,
Pois may de mi no chantatz,
E del vostre vielh barat,
E de vostra vielha pansa,
E del nas tort, mal talhat,
E del veser biaisat,
Que tal vos a dieus tornat
C'anas co escut e lansa.

Be us a breujat lo corril
Monlaur que tenias per vil,
Que de may tro qu'en abril
Vos fay estar en balansa;
E non aves senhoril,
Tant aut son dur cor apil!
Que ja us trobon en plan mil,
Per que m pren de vos pezansa.

Can vos clavon lo cortil
Sil que us son deus lo capil
E tornat de brau humil,
E tout chant et alegransa;
E s' anc raubes loc mongil,
Ara us faitz dire a mil
Que dieus e l' orde clergil
Vos a tout pretz et onransa.

Pos de chantar em al som
Aiss' ie us desampar lo nom;
Tot vostr' argen torn en plom,
E vostr' afar desenansa;
Vilhet pus blanc d' un colom,
Be us menon de tom en tom,
E no sabetz qui ni com;
Tart seres mais reis de Fransa.

COMINAL.

IV.

Ancmais tan gen no vi venir pascor,
Qu' el ve guarnitz de solatz e de chan,
E ve guarnitz de guerra e de mazan,
E ve guarnitz d' esmay e de paor,
E ve guarnitz de gran cavalairia,
E ve guarnitz d' una gran manentia;
Que tals sol pro cosselhar e dormir
Qu' ara vay gent bras levat aculhir.

Belh m' es quan vey que boyer e pastor
Van si marrit q' us no sap vas o s' an,
E belh quan vey que 'l ric baro metran
So don eron avar e guillador,
Qu' ara dara tals que cor non avia,
E montara 'l pages qu' aunir solia,
Que grans guerra, quant hom no i pot gandir,
Fai mal senhor vas los sieus afranquir.

Ab nulha gent no trob om tan d' amor
Ni tan de fe, segon lo mieu semblan,
Com ab los sieus, que ja no falhiran
En nulha re, sol qu' om no falha lor;
Mas a senhor qu' els sieus forsa e gualia
Non pot hom fe portar ni senhoria,
Mas ab los sieus qui los sap gen baillir
Pot hom lo sieu gardar e conquerir.

El mon non a thesaurs ni gran ricor
Que si' aunitz, sapchatz qu' ieu prez un guan,
Qu' aitan tost mor, mas non o sabon tan,
Avols cum bos; e vida ses valor
Pretz meyns que mort, e pretz mais tota via
Honor e pretz qu' aunida manentia,
Quar selh es folhs que se fai escarnir,
E selh savis que se fai gen grazir.

Al pro comte de Tolza mon senhor
Prec que 'l membre qu' il valc ni qu' il tenc dan;

E que valha a cels que valgut l'an,
E sian ric per lui bon servidor;
Qu' el savis dis que cel qui be volria
Esser amatz, ames be ses bauzia,
Car qui be vol baissar ni frevolhir
Sos enemics, bos amics deu chauzir.
Bernard Arnaud de Montcuc

V.

Reis, pus vos de mi chantatz,
Trobat avetz chantador;
Mas tan me faitz de paor,
Per que m torn a vos forsatz,
E plazentiers vos en son :
Mas d'aitan vos ochaizon,
S' ueymais laissatz vostre fieus,
No m mandetz querre los mieus.

Qu' ieu no soy reis coronatz,
Ni hom de tan gran ricor
Que puesc' a mon for, senhor,
Defendre mas heretatz;
Mas vos, que li Turc felon
Temion mais que leon,
Reis e ducx, e coms d'Angieus,
Sufretz que Gisors es sieus !

Anc no fuy vostre juratz
E conoissi ma folor;
Que tant caval milsoudor
E tant esterlis pezatz
Donetz mon cosin Guion;
So m dizon siey companhon
Tos temps segran vostr' estrieus,
Sol tant larc vos tenga dieus.

Be m par, quan vos diziatz
Qu' ieu soli' aver valor,
Que m laysassetz ses honor,
Pueys que bon me laysavatz;
Pero dieus m' a fag tan bon
Qu' entr' el Puey et Albusson
Puesc remaner entr' els mieus,
Qu' ieu no soi sers ni juzieus.

Senher valens et honratz,
Que m'avetz donat alhor,
Si no m sembles camjador,
Ves vos m' en fora tornatz;
Mas nostre reis de saison
Rend Ussoir' e lais Usson;
E 'l cobrar es me mot lieus,
Qu' ieu n' ai sai agut sos brieus.

Qu' ieu soi mot entalentatz
De vos e de vostr' amor;

Qu' el coms, que us fes tan d' onor,
D' Engolmes n' es gen pagatz;
Que Tolvera e la mayson,
A guiza de larc baron,
Li donetz, qu' anc non fos grieus;
So m' a comtat us romieus.

Reis, hueymais me veiretz pron,
Que tal dona m' en somon,
Cui soi tan finamen sieus
Que totz sos comans m' es lieus.

Le Dauphin d'Auvergne.

VI.

Vergoigna aura breument nostre evesque cantaire,
Sol veigna lo legatz que non tarzara gaire,
E farem denan lui los sirventes retraire,
O pels mieus o pels sieus lo cuig de l' orden traire;
Qu' anc mieils non o conquis lo seigner de Belcaire;
Sol dieus gart lo legat que per aver no s vaire.

Si no s vaira 'l legatz e vol gardar dreitura,
Ades nos ostara sa falsa creatura;
Alverne, be us garnic de gran mal' aventura
Qui 'l fetz governador de la sainta escriptura;
Be s pot meravillar qui conois sa figura
Cossi s' ausa vestir de sainta vestidura.

Li vestiment son saint, mas fals' es sa persona,
Cum cel que rauba e tol e pren, e ren non dona,
Mas vai guerra mesclan plus que 'l Turcs de Mairona,
E saup mieils prezicar la comtessa d'Artona;
Si fos nostre vezis lo legatz de Narbona,
Mais non portera anel ni crossa ni corona.

Anc tan fals coronat non ac en esta terra;
Grans meravilla es cum tota gens non erra,
Que nuills hom son amic ses aver non sosterra,
E quan pot tant donar, costa il mil solz la bera;
Et ab deniers dels mortz alonga al rei sa guerra:
Aitan l' azire dieus cum el ama Englaterra.

Englaterra ama el ben e fai gran fellonia,
Que lo reis l' a cregut de mais qu' el non avia;
E quant el li promes que del frair' el creiria,
Fetz li frangner Mausac, quan lo reis lo tenia;
Mal portara honor al rei ni seignoria,
Pois no la porta a dieu ni a sa preueiria.

L' evesques me dis mal segon sa fellonia,
Et ieu li port ades honor e cortesia;
Mas s' ieu dir en volgues so qu' ieu dir en sabria,
El perdria l' evescat et ieu ma cortesia.

Le Dauphin d'Auvergne.

VII.

Mout mi plai quan vey dolenta
La malvada gent manenta
Qu' ab paratge mov contenta;
E m plai quan los vey desfar
De jorn en jorn vint o trenta,
E 'ls trop nutz ses vestimenta,
E van lur pan acaptar,
E s' ieu ment, m' amia m menta.

Vilas a costum de trueia,
Que de gent viure s' enueia;
E quant en gran ricor pueia,
L' aver lo fai folleiar;
Per que 'l deu hom la tremueia
Totas sazos tener vueia,
E 'l deu del sieu despensar,
E far sufrir vent e plueia.

Qui son vilan non aerma
En deslialtat lo ferma,
Per qu' es fols qui be no 'l merma,
Quan lo vetz sobrepuiar;
Quar vilas, pus si conferma
En tan ferm loc si referma,
De maleza non a par,
Que tot quan cossec aderma.

Ja vilan non deu hom planher,
Si 'l vetz bras o camba franher
Ni ren de sos ops sofranher,
Quar vilan, si dieus m' ampar,
A cel que pus li pot tanher,
Per planher ni per complanher,
Nuls hom no 'l deu ajudar,
Enans deu lo fag refranher.

Rassa, vilana tafura,
Plena d' enjan e d' uzura,
D' erguelh e de desmezura,
Lur faitz non pot hom durar,
Quar dieu geton a non cura
E leialtat e drechura,
Adam cuion contrafar;
Dieus lur don mal' aventura!
Bertrand de Born.

VIII.

Belh m' es quan vey camjar lo senhoratge,
E 'ls viels laisson als joves lurs maizos;
E quascus pot laissar en son linhatge
Aitans d' efans que l' us puesc' esser pros :
Adoncs m' es belh qu' el segle renovelh,
Mielhs que per flor, ni per chantar d' auzelh.
E qui dona ni senhor vol camjar
Vielh per jove ben deu renovelar.

Vielha la tenc dona pus capelaya,
Et es vielha quan cavalier non a;
Vielha la tenc si de dos drutz s' apaya,
Et es vielha si avols hom l' o fa;
Vielha la tenc s' ama dins son castelh,
Et es vielha mal' ha ops de fachelh;
Vielha la tenc pos l' ennueion juglar,
Et es vielha quan trop vuelha parlar.

Joves dona que sap honrar paratge,
Et es joves per bos fagz quan los fa;
Jove se te quant a adreg coratge
E vas bon pretz avol mestier non a;
Jove se te quan guarda son cors belh,
Et es joves dona quan be s capdelh;
Jove se te quan no y cal devinar,
Qu' ab belh jovent se guart de mal estar.

Joves es hom que lo sieu ben enguatge,
Et es joves quant es ben sofraitos;
Jove se te quan pro 'l costa ostatge,
Et es joves quan fa estraguat dos;
Jove se te quant art l' arqua e 'l vaixelh,
E fai estorn e vouta e sembelh;
Jove se te quan li plai domneiar,
Et es joves quan ben l' aman juglar.

Vielhs es ricx hom quan re no met en guatge,
E li sobra blat e vis e bacos;

Per vielh lo tenc liura huous e formatge
A jorn carnal si e sos companhos,
Per vielh quan viest capa sobre mantelh,
E vielh si a caval qu' om sieu apelh ;
Viels es quan vol un jorn en patz estar,
E vielhs si pot guandir ses baratar.

Mon sirventesc port e vielh e novelh,
Arnaut juglar, a Richart qu' el capdelh,
E ja thesaur vielh no vuelh' amassar,
Qu' ab thesaur jove pot pretz guazanhar.

BERTRAND DE BORN.

IX.

GUERRA e trebalh vei et afan
Sofrir a mant baron truan ;
Pauc m' es del dol e menz del dan,
Per que m vueilh alegrar chantan,
Quar ab joi vauc et ab joi pes,
  E pensamens no m' enpacha,
  Ni sabers no m fai sofracha
De far un novel sirventes.

Guerra m plai, sitot guerra m fan
Amors e ma domna tot l' an ;
Quar per guerra vei trair' enan
Cortz e domnei, solatz e chan ;

Guerra fai de vilan cortes,
　Per que m plai guerra ben facha,
　E m plai quan la trega es fracha
Dels Esterlins e dels Tornes.

Esterlins e Tornes camjan,
Tollen e meten e donan
Veirem de ill dui reis, ans d' un an,
Lo menz croi, segon mon semblan;
Pero 'l senhers coms, ducs, marques,
　N' a ben sa pegnora tracha,
　Mas metre lo fan per gaicha,
So dizon Gascon et Engles.

En breu veirem qual mais poiran
Sofrir lo maltrach e 'l mazan;
Mant caval bai e mant ferran
Veirem e mant elm e mant bran,
E mant colp ferir demanes,
　Mant bratz, manta testa fracha,
　Mant mur, manta tor desfacha,
Mant castel forsat et conques.

Ges non crei Frances ses deman
Tengan lo deseret que fan
A tort a mant baron presan;
Pero meravilha m don gran
Del seinhor dels Aragones,
　Quar ab lor dan non destacha,

Pueis sai nos ades a pacha
Desmandat a coms, duc, marques.

Qui s vuelha n' aia mal o bes
  O enpacha, o desenpacha,
  O bratz rotz, o testa fracha,
Que tan m' es del mort com del pres.

Gay mi ten una bella res,
  Avinens, joves, ben facha,
  Et ai ab lei aital pacha
Com an Pisan ab Genoes.
        BERTRAND DE BORN.

X.

Quan lo dous temps d' abril
Fa 'ls arbres secs fulhar,
E 'ls auzelhs mutz cantar
Quascun en son lati,
Ben volgr' aver en mi
Poder de tal trobar,
Cum pogues castiar
Las domnas de falhir,
Que mal ni dan no m' en pogues venir.

Qu' ieu cugiey entre mil
Una lial trobar,

Tan cuiava sercar;
Totas an un trahi,
E fan o atressi
Col laire al bendar,
Que demanda son par
Per sas antas sofrir,
Per qu' el mazans totz sobre lui no s vir.

Tant an prim e subtil
Lur cor per enganar,
Qu' una non pot estar
Que sa par non gali;
Pueys s' en gab e s' en ri,
Quan la ve folleiar;
E qui d' autruy afar
Si sap tan gent formir,
Ben es semblans qu' el sieu sapch' enantir.

E selha que del fil
A sos ops no pot far,
Ad autra en fai filar;
E ja peior mati
No us qual de mal vezi;
Que so qu' avetz plus car
Vos faran azirar,
E tal ren abelhir
Que de mil ans no vos poiretz jauzir.

Si las tenetz tan vil
Que las vulhatz blasmar,

Sempre us iran jurar,
Sobre las dens n Arpi,
Que so qu' om ditz que vi
No s fai a consirar;
E saubran vos pregar
Tan gent ab lur mentir
De lurs enjans nulhs hom no s pot guandir.

Qui en loc feminil
Cuia feutat trobar
Ben fai a castiar;
Qu' ieu dic qu' en loc cani
Vai ben sercar sai :
E qui vol comandar
Al milan ni baillar
Sos poletz per noyrir,
Ja us dels grans no m don pois per raustir.

Anc Rainartz d' Isengri
No s saup tan gent venjar,
Quan lo fetz escorjar,
E il det per escarnir
Capel e gans, com ieu fas quan m' azir.

Donas, pois castiar
No us voletz de falhir,
Amtas e dans vos n' aven a sufrir.

PIERRE DE BUSSIGNAC.

XI.

Sirventes e chansos lais
E tot quan suelh far ni dire,
Que ja no'n parlarai mais;
   Quar des que fui natz,
   Mi sui trebalhatz
Cum pogues mi dons defendre
   Dels manens malvatz;
   Mas tot es niens,
   Que l'aurs e l'argens,
   E 'l vis e 'l fromens
   Fai ves si atraire
   Dona de mal aire,
   Que l'am e la bais,
   E que 'l senhorey,
Sitot s'es de malvada ley.

Jamais feutres ni gambais,
Solatz, ni motz que fan rire,
Ni torneys, on hom s'eslais,
   No seran prezatz,
   Servitz ni honratz
Per elms ni per escutz fendre
   Tals temps es tornatz!
   Quar s'etz belhs e gens,
   Larcx et avinens,
   E non etz manens,

No vos valra gaire;
Q' us fals d' avol aire,
Vilas e putnais
Part vos non estey
Ab deniers que tenha e maney.

Era 'n faran colh e cais,
Si m vau josta lor assire,
Las falsas, cui dieus abais;
   Et er me vedatz
   Lo joys e 'l solatz,
Quar conosc e sai entendre
   Las lurs malvestatz;
   Pueys las avols gens
   Diran entre dens
   Qu' ieu sui mal dizens,
   Et ieu, per mon paire,
   Cuiava lur traire
   Lo pel don lur nais
   Malvestatz, e vey
Que per un lur en naisson trey.

Un pauc estan en bon plais,
Quan si podon escondire
Al prim que jovens las pais,
   Tro qu' es aut montatz
   Lur pretz ves totz latz,
Mas pueys lo fan bas deyssendre,
   Qu' ab lur orretatz

En fan per totz sens
Lurs drutz conoyssens,
Per qu' ieu serai lens
De tornar al laire,
Si m' en puesc estraire;
Quar totz malvatz fais
Porta qui las crey,
E parec en la cub' al rey.

Ges ab donas no m' irais,
Ni ja negus no s cossire
Qu' ieu per lur mal dir engrais;
Mas tan suy iratz,
Quan vey lur beutatz
Lay, on no s' eschay, despendre,
Per qu' ay ajustatz
Aitals motz cozens
Que lur es grans sens
E castiamens,
Quar quant aug retraire
La foudatz ni braire,
Cove que s biais
E que no folley,
Ans fassa so que ben l' estey.

Mielhs mi vai qu' al rey
Ab que m melhur e non sordey.
Pierre de Bussignac.

XII.

Ar faray, sitot no m platz
Chantar verses ni chansos,
Sirventes en son joyos,
E sai qu' en seray blasmatz;
Mas del senhor suy servire
Que per nos suferc martir
Et en crotz deynhet morir,
Per qu' ieu no m tem de ver dire.

Quar vey qu' el temps s' es camjatz
E 'ls auzelletz de lurs sos;
E paratges que chai jos
E vilas coutz son prezatz,
Clercx e Frances cuy azire,
Qu' ieu per ver vey dregz delir
E merces e pretz veuzir;
Dieus m' en do so qu' ieu 'n dezire.

Tant es grans lur cobeytatz
Que dreytura n' es al jos,
Et enjans e tracios
Es dreitz per elhs apellatz,
Don pretz, dos, solatz e rire
Franh, e vezem car tenir
Los malvatz que ges servir
Non podon dieu ni ver dire.

Per qu' ieu suy al cor iratz,
Quar aissi s pert ad estros
Per sofracha d' omes bos
Aquest segle ves totz latz,
Qu' ieu vey qu' hom met en azire
Drechura per fals mentir,
E 'l tort ans qu' el drech escrir
E 'l mals enans qu' el bes dire.

Joglars, ben son desamatz
La flor dels valens baros
Cuy cortz, dompneyars e dos
Plazion joys e solatz;
Qu' er, si re als voletz dire,
Vos pessaran descarnir,
Quar ja no 'ls pot abellir,
Qu'aver aver lur tolh rire.

Lo valens coms, sens fench dire,
Mante pretz e·s fa grazir
D'Astarac, e 'l platz servir
E donar e joy e rire.

GUILLAUME ANELIER DE TOULOUSE.

XIII.

ARA farai, no m puesc tener,
Un sirventes en est son gay,

Ab bos motz leus per retener,
Sitot chantar cum sol no m play;
Quar li ric son tan non chalen
Qu' el pretz ne perdon d' aquest mon,
Quar cobeytatz los vay vensen,
Don proeza s bayssa e s cofon.

Quar aras no ven a plazer
Joys ni deportz ni pretz veray,
Enans creys malvestatz per ver
E falsetatz contra ver vay,
E paratges pren aunimen
Per vilas coutz on totz be s fon,
Quar tan son ples de mal talen
Que tot bon fag de lor s' escon.

E qui vol de lor grat aver
Er ses merce ab cor savay,
E fara tot fach per aver
Sol que n' aya, que pueys n' er may
Honratz e tengutz per paren,
E sia vengutz no sai don;
Qu' er non es prezatz hom valen,
Si non a pro de que s'aon.

Mas us enfans cobra poder
Qu' es a paratge lums e ray,
Que ses elh no pogra valer
Ans er al bas per tos temps may,

Mas tant a pres gran honramen
De selhs de qui fetz planqua e pon,
Eychanple tal qu' ab cor temen
Son Frances, quar tan prop li son.

Don prec Ieshu Crist que poder
Li don e qu' el garde, si 'l play,
Que clercx no 'l puescon dan tener
Ab fals prezicx totz ples d' esglay,
Quar tant es grans lur trichamen
Qu' el fuecx enfernals plus preon
Ardran, quar volon tant argen
Qu' hom peccaire fan cast e mon.

A la gleiza falh son saber,
Quar vol los Frances metre lay
On non an dreg per nulh dever,
E gieton cristias a glay
Per lengatge sens cauzimen,
Quar volon lo segle redon;
Pero en camp clercx non aten,
Mas de perdon daran un mon.

Lo coms a laus de tota gen
D'Astarac, e s' espenh amon
Son pretz, et a en dar talen,
E flac cor ab luy no s' apon.

GUILLAUME ANELIER DE TOULOUSE.

XIV.

No m' agrad' iverns ni pascors,
Ni clar temps ni fuelhs de guarricx,
Quar mos enans me par destricx
E totz mos magers gaugz dolors;
E son maltrag tug mei lezer
E dezesperat mei esper;
E si m sol amors e dompneys
Tener guay plus que l' aigua 'l peys;
E pus d' amdui me sui partitz,
Cum hom eyssellatz e marritz,
Tot' autra vida m sembla mortz
E tot autre joy desconortz.

Pus d' amor m' es falhida 'l flors
E 'l dous frug e 'l gras e l' espicx,
Don jauzi' ab plazens predicx,
E pretz m' en sobrav' et honors,
E m fazia entr' els pros caber,
Era m fai d' aut en bas chazer;
E si no m sembles fols esfreys,
Anc flama tan tost non s' esteys
Qu' ieu for' esteyns e relenquitz
E perdutz en fagz et en digz,
Lo jorn que m venc lo desconortz
Que no m merma, cum que m' esfortz.

Pero no m comanda valors,
Si be m sui iratz et enicx,

Qu' ieu don gaug a mós enemicx
Tan qu' en oblit pretz ni lauzors;
Quar ben puesc dan e pro tener,
E sai d' irat jauzens parer
Sai entr' els Latis e 'ls Grezeis :
E 'l marques, que l' espaza m ceis,
Guerreye lai blancs e droguitz;
Et anc pus lo mons fo bastitz,
No fes nulha gens tan d' esfortz
Cum nos, quan dieus nos n' ac estortz.

Belhas armas, bos feridors,
Setges e calabres e picx,
E traucar murs nous et anticx,
E venser batalhas e tors
Vey et aug, e non puesc vezer
Ren que m puesc' ad amor valer;
E vauc sercan ab rics arneys
Guerras e coytas e torneys,
Don sui, conquerenz, enrequitz;
E pus joys d' amor m' es falhitz,
Totz lo mons me par sol uns ortz,
E mos chans no m' es mais conortz.

Lo Marques vey honrat e sors
E Campanes, e 'l coms Enricx,
Sicar, Montos e Salanicx,
E Costantinople socors,
Quar gent sabon camp retener,

E pot hom ben proar en ver;
Qu' ancmais nulha gent non ateys
Aitan gran honor apareys
Per bos vassals, valens, arditz,
E nostr' emperi conqueritz;
E dieus trameta nos esfortz
Qu' elh se trai' a cap nostre sortz.

Anc Alixandres no fetz cors,
Ni Karles ni 'l reys Lodoycx
Tant honrat; ni 'l coms n Aimericx,
Ni Rotlan ab sos ponhedors,
No saubron tan gen conquerer
Tan ric emperi per poder
Cum nos, don pueia nostra leys;
Qu' emperadors e ducx e reys
Avem fagz, e castels garnitz
Pres dels Turcx e dels Arabitz;
Et ubertz los camis e 'ls portz
De Brandis tro al bratz Sanh Jortz.

Doncs que m val conquitz ni ricors?
Qu' ieu ja m tenia per plus ricx,
Quant era amatz e fis amicx,
E m payssia cortes' amors;
N' amava mais un sol plazer
Que sai gran terr' e gran aver;
Qu' ades on plus mos poders creys,
N' ai maior ir' ab me mezeis;

Pus mos Belhs Cavaliers grazitz
E joys m' es lunhatz e faiditz,
Don no m venra jamais conortz;
Per qu' es mager l' ira e plus fortz.

Belhs dous Engles, francx et arditz,
Cortes, essenhatz, essernitz,
Vos etz de totz mos gaugz conortz,
E quar viu ses vos fatz esfortz.

Per vos er Damas envazitz
E Jerusalem conqueritz,
E 'l regnes de Suria estortz,
Qu' els Turcx o trobon en lur sortz.

Los pelegris perjurs faiditz,
Que nos an sai en camp gequitz,
Qui los manten en cort es tortz;
Que quascus val meins vius que mortz.

RAMBAUD DE VAQUEIRAS.

XV.

D'UN sirventes a far ai gran talen,
E farai lo, si dieus me benezia,
Quar tot lo mon vey tornar en nien,
Que negus hom l' us en l' autre no s fia;
Ans si m sirvetz, vos farai ab falsia

Tro que us aya fach lo vostre perden,
Et aissi a gran desconoissemen,
Per que ns dona dieus gran mal quascun dia,
E de tot be frachura e carestia.

De la gleysa vos dic primeiramen
Que y corr engans, e far non o deuria,
Quar cobeitatz la lassa e la pren,
Que per deniers perdonon que que sia;
E prezicon la gens la nueg e 'l dia
Que non aion enveya ni talen
De nulha ren, mas ges elhs non an sen,
E devedon renou e raubaria,
Et elhs fan lo, e d'elhs pren hom la via.

A legistas vey far gran falhimen,
E corr entr' elhs grans bautucx e bauzia,
Quar tot bon dreg fan tornar a nien,
E fan tener de tort la dreyta via,
Et en aissi dampno l'arma e la via;
Per que n' iran trastug a perdemen
Ins en yfern, e sofriran turmen
E greu dolor e peior malautia,
En escurdat, ab fera companhia.

En totz mestiers vey far galiamen
Sol que y corra nulha mercadaria,
Quar messorguier son compran e venden,
E ses mentir negus hom no us vendria;

E gieton dieu e la verge Maria
En messorgas per cobeitat d'argen.
Ailas! caytiu, quo no son conoyssen
Que als deniers donon tal senhoria
Que perdon dieu qu' els ten totz en bailia!

Ar vey lo mon mal e desconoyssen
E senes fe e de tot avol guia,
Quar hom paupres non troba ab manen
Nulh' amistat, si gazanh no y vezia;
E doncx aisselh que ns a formatz e ns cria,
E sofri mort oltra son mandamen,
Faym quascun jorn, e faym dieu de l' argen.
E per deniers lo meten en oblia,
Et a la fin negus non porta mia.

Ancmais non ayc coratge ni talen
De repentir, mas aras si podia,
Quar quascun jorn propcham del fenimen.
Per que quascus cofessar si deuria,
Quar gran signe en vi antan un dia,
Que ploc terra e sanc verayamen;
Per so degram aver bon pessamen,
E que valgues a son par qui podia,
Et en aissi quascus s' emendaria.

A mon Azaut vai corren e ten via
Mo sirventes, quar es flors de joven,
E sobre totz yssaussa son pretz gen

E sa valor e sa gaya paria,
Et agradans es en tot luec on sia.

Pons de Teza, dieu prec que us benezia,
Quar a totz etz de belh aculimen,
E quascun jorn creyssetz vostr' onramen,
Per qu' ieu me suy mes en vostra bailia,
Quar bona fi fai qui ab bon arbre s lia.

Pons de la Garde.

XVI.

De nuilla ren non es tan grans cardatz
Cum d' omes pros, e car n' es carestia,
Fai n'a plaigner uns pros qan se cambia;
Et eu dic lo pel vescomt de Burlatz,
C' auzit ai dir q' es de bon pretz camjatz,
Car no il platz jes aitan cum sol valors;
Eu non dic jes per so q' a mal so tenga,
Enanz o fatz per respeig que reveigna;
Que vida es anta e desonors
Qui non a pretz segon q' es sa ricors.

Que hom non es tan pros ni tan prezatz
Que non aia blasme de cui que sia;
E si us fols li ditz mal per follia,
Jes per aisso no s tenga per blasmatz,
Enanz s' en deu tener per ben lauzatz,

Que blasmes es del fol al pro lauzors ;
Per qu' eu li prec que mon conseill reteigna,
E cum se sol captener se capteigna,
E laisse dir als nescis lor follors,
Que ill conoissen en diran pro d' onors.

Qu' ieu ai auzit mal dire d' EN Blacatz,
Que per aisso non i s refrenet un dia,
E d' EN Raimon Agout que tan valia,
E del marques de cui fon Monferratz;
Que per aisso non semblet nuills iratz,
Ni non tolgron benfaig a cantadors.
Pauc vos ama, vescoms, qui us enseigna
Que de ben far ni de pretz no us soveigna;
Leu aura fait vostre fins pres son cors,
Si non avetz amics e lauzadors.

De las domnas mi platz be lur honors
De Caherci, e voill mal als seignors.
CADENET.

XVII.

Tans ricx clergues vey trasgitar
  En aissi col trasgitaire,
  Que 'l filha c' an de comayre
Fan lur nepta al maridar;
Et atruep ne d' autres fols vers
  Que an tan d' ipocrisia,

C' om non conoys lor bauzia
Ni l' enjans don lor ven l' avers.

Falses clergue, e cals devers
  Es fassas tan gran folia,
  E qu' el be mostres tot dia?
Es be fols doncx vostres volers!
Bos pastres non deu hom preyar
  Sas fedas per nulh afaire;
  E que vos o vulhatz faire
Qu' es pastor, fariatz a cremar.

Qui ben vol de dieu prezicar
  Non deu esser fols ventayre,
  Car fols es lo prezicayre
Que ben ditz, e vuelha mal far;
E fols si no 'l destrenh temers,
  E fols qui s fenh que bos sia,
  E fols sel que dieus oblia,
E fols qui sec sos vas plazers.

On que s' an lo devis poders
  Sap cal clercx fai bona via,
  E sap be la tricharia
Dels fals ples de totz mals sabers;
E sap com per otracuiar
  An portels tras lor repaire,
  Per on intran li cofraire
Vergonhos, can van cofessar.

Lo mal qu' ilh fan deu hom blasmar
E 'l ben grazir e retraire :
Ufana non lor play gayre,
Que aisso lor puesc ieu lauzar,
Ni ricx manjars ni ricx jazers,
Ni erguelh ni feunia;
Mas empero tota via
Fan so c' a dieu es desplazers.

A sel hom cui es fis pretz vers,
Sirventes, e cortezia,
Al mieu car senhor t' envia
Dir qu' ie 'l prec que s gar de fals clercx;

E qu' ieu soi sieus ses bauzia
Per far e dir totz sos plazers.

BERTRAND CARBONEL.

XVIII.

Per espassar l' ira e la dolor
C' ay dins mon cor, e per cofizamen
C' ay bon en dieu, fas lo comensamen
D' un sirventes contra la gran folor
Que fals clergue fan sotz bela semblansa;
Qu' ilh dizon be, mas en vey ses doptansa
Qu' ilh fan tot mal, don yeu ay dolor gran,
Car sel que vai la lei de dieu mostran,
Degra ben far, e seguir drech semdier;
Mas cobeitat fay home messongier.

Laia cauza es tengud' al doctor,
So dis Catos, can nescis lo repren;
E qui mais val mais fay de falhimen,
Can falh en res, que us hom ses valor :
Qui prezica c' ayam en dieu fiansa,
E fassam be per la su' amistansa,
Sertas ben dis; mas lo repres deman
Qu' o dis per que fai nulh fach malestan;
Que honestat non porta costalier,
Ni fier ni franh ni fay fach de murtrier.

Ai! fals clergue, messongier, traidor,
Perjur, lairo, putanier, descrezen,
Tant faitz de mals cascun jorn a prezen
Que tot lo mon avetz mes en error :
Anc Sans Peyre non tenc captal en Fransa,
Ni fes renou, ans tenc drech la balansa
De liautat; no faitz vos pas senblan,
Que per argen anatz a tort vedan,
Pueys n' absolvetz, pueys no datz empachier,
Pueys ses argen no y trob om deslieurier.

Non crezantz pas silh fol entendedor
Blasme totz clercx, mas los fals solamen;
Ni d' autra part no vazan entenden
C' aiso digua per doptansa de lor :
Mais que m plagra fezessan acordansa
Dels reys que an guerr' e desacordansa,
Si c' otra mar passessan est autr' an.

E 'l Pap' ab els; e lay fezesson tan
Que crestiantat s' en dones alegrier;
E valgra may, qu' encar son sa guerrier.

Ar es ben dretz, pus ieu n' ai dich blasmor,
Qu' el be qu' els fan laus e vaza dizen;
Drap de color e vaysela d' argen
Refudan tot per dieu nostre senhor :
Aissi 'ls gart dieus de mal e de pezansa
Com els non an ni erguelh ni bobansa,
Ni riquezas no van cobezeian,
Ni joc d' amor, mas autre dieu non an :
Adonc mostran can veian, qu' en l' armier
S' en vay l' arma e la carn el carnier.

Al pus privat Proensal, ses doptansa,
Que huey viva e de mais d' alegransa
Vay, sirventes, a sel on car lay van
Miey sirventes, dir qu' el pres qu' entr' enan
Sosten, qu' el gart de fals clercx, car leugier
Son a mal far e fals e messongier.

BERTRAND CARBONEL.

XIX.

JOAN Fabre, yeu ai fach un deman
A ton fraire, et a m' en bel espos.
G**, dis ieu, per que es fabre vos?
E respondec : Car ieu vau fabregan

D'aquel mestier que hom a, cal que sia,
O d'aquel art lo vay lo mons seguen,
C'aysi n'a faitz dretz adhordenamen.

Doncx qui foudat fay per aital semblan
Dic ieu qu'es fols, c'aisi 'l jutja razos;
Et es tracher sel que fay trassios;
Et es layres aysel que vay emblan :
Qui malvestat fay nulhs hom non poiria
Tolre lo nom del malvat sertamen,
Per que fay bon renhar adrechamen.

Per tu, Joan, que vey anar obran
Malvayzamen, soi per sert cossiros;
S'ieu dizia que savis iest e pros,
Mon cor dira : Bertran, tu vas faulan,
Que anc nulh homs mays no fetz de fulia
Ni d'avoleza que Joans vay fazen
En son alberc, prezen de tota gen.

Qu'ab ta molher et ab tu va s colcan
E manj' e beu la femna d'un gibos;
Tos temps devetz esser fort doloiros,
Caitieu, dolens de ta folia gran.
A joc de datz o en bordelairia
Te troba hom, cant hom te vay queren.
Joan, per sert, mens vales de nien.

Totz hom savis garda per adzenan;
Doncx veyas y, e cals es tos ressos,

E 'l mal c'adutz fol' e vils messios,
On non yray mon sirventes selan,
Ans lo volray ensenhar cascun dia
A tot home per so c'an retrazen
La malvestat del teu cor recrezen.

Joan, car ieu t' ay amat ses bauzia,
E t' am encars, te vau aiso dizen,
C' amicx non es qui non o fay parven.
Bertrand Carbonel.

XX.

Messonget, un sirventes
M' as quist, e donar l' o t' ay
Al pus tost que ieu poyrai
El son d' en Arnaut Plagues;
Que autr' aver no t daria,
Que non l'ay; ni s'ieu l' avia,
Non t' en seria amicx,
Que s'era de mil marcx ricx,
D' un denier no t' en valria.

Qu' en tu non es nulha res
De so qu'a joglar s' eschai,
Que tos chans no val ni play,
Ni tos fols ditz non es res;
E croya es ta folia,

E paubra ta joglaria
Tan que si no fos n Albricx
El marques que es tos dicx,
Nulhs hom no t' alberguaria.

Mas d' una res t' es ben pres
Que d' aisso, qu' aras pus play,
As pus qu' anc non aguist may
Follia e nescies;
E si negus hom que sia
De ta folhor te castia,
Tu non creiras sos casticx,
Quar per folhor t' es abricx
Tal que per sen no t valria.

Per tu blasmon lo marques
Li croy joglar e 'l savay,
Per lo ben que elh te fay;
Per qu' ieu vuelh qu' en Verones
Al comte tenhas la via;
Mal dig, que mais li valria
Us braus balestiers enicx
Que traisses als enemicx
Que s' ieu tu li trametia.

    Hugues de Saint-Cyr.

XX.

Per solatz revelhar,
Quar es trop endormitz,
E per pretz qu'es fayditz
Aculhir e tornar,
Mi cuyei trebalhar;
Mas er m'en sui giquitz,
Per so quar sui falhitz,
Quar non es d'acabar;
Cum plus m'en ven voluntatz e talans,
Plus creys de lai lo dampnatges e 'l dans.

Greu es a sofertar,
A vos o dic, qu'auzitz
Cum era jois grazitz
E tug li benestar,
Hueymais podetz jurar,
Que ja de fust no vitz
Ni vilas miels formitz
Estra grat cavalgar :
Lagz es l'afars e greus e malestans
Don hom pert dieu e reman malanans.

Ieu vi torneis mandar
E segre gens garnitz,
E pueys dels miels feritz
Una sazo parlar;

Ar es pretz de raubar
Buous, motos e berbitz;
Cavaliers si' aunitz
Que s met a domneiar,
Pus que toca dels mans motos belans,
Ni que rauba gleizas ni viandans.

On son gandit joglar
Qu' ieu vi gent aculhitz,
Qu' a tal mestier fo guitz
Que solia guidar?
E vey senes reptar
Anar tals escarits,
Pus fon bos pretz failhitz
Que solia menar
De companhos, e no sai dire quans,
Gent en arneis e bels e benestans.

E vi per cortz anar
De joglaretz petitz
Gen caussatz e vestitz,
Sol per domnas lauzar;
Ar non auzon parlar,
Tant es bos pretz delitz,
Dont es lo tortz issitz
De las mal razonar.
Diatz de quals d' elhas o d' els amans,
Ieu dic de totz, qu' el pretz n' a trag enjans.

Qu' ieu eys que suel sonar
Totz pros hom issernitz,
Estauc tant esbaitz
Que no m sai cosselhar,
Qu' en luec de solassar
Aug en las cortz los critz,
Qu' aitan leu s' es grazitz
De lans e de bramar
Lo comtes entre lor cum us bos chans
Dels ricx afars e dels temps e dels ans.

Mas a cor afrancar,
Que s' es trop endurzitz,
Non deu hom los oblitz
Ni 'ls viels faitz remembrar,
Que mal es a laissar
Afar pus es plevitz,
E 'l mal don sui guaritz
No m qual ja mezinar,
Mas so qu' om ve, volv e vir en balans,
E prenda e lais e forss' e dams los pans.

D' aitan me puesc vanar
Qu' anc mos ostaus petitz
No fon d' els envazitz;
Sels cui aug totz duptar
Anc no fetz mas honrar
Los volpils mal arditz;
Doncs mos senher chauzitz

Si deuria pensar
Que non l'es ges pretz ni laus ni bobans
Qu'ieu que m laus d'el sia de lui clamans.

Eras non plus per que no m'o demans,
Que blasmes er, si vau d'aissi clamans,
So di 'l Dalphins que conois los bons chans.

GIRAUD DE BORNEIL.

XXI.

Pus chai la fuelha del garric
Farai un guai sonet novelh,
Que trametrai part Mongibel
Al marques qu'el sobrenom gic
De Monferrat, e pren selh de sa maire,
Et a laissat so que conquis son paire;
Mal resembla lo filh Robert Guiscart
Qu'Antiocha conques e Mongizart.

Marques, li monges de Clunhic
Vuelh que fasson de vos capdel,
O siatz abbas de Cystelh,
Pus lo cor avetz tan mendic,
Que mais amatz dos buous et un araire
A Monferrat qu'alhors estr' emperaire;
Ben pot hom dir qu'ancmais filhs de lhaupart
No s mes en crotz a guiza de raynart.

Gran gaug agron tug vostr' amic
Quant agues laissada la pel
Don folretz la capa e 'l mantelh;
Quar tug cuideron estre ric
Silh que per vos son liurat a maltraire,
Que son tondut et an paor del raire :
Quascus aten socors de vostra part;
Si no y venetz, qui dol y a, si 'l guart.

Marques, li baron vair' e pic
An contra cel trait un cairel
Que lor tornara sus capel;
E de l'emperador Enric
Vos dic aitan que ben sembla 'l rey Daire
Que sos baros gitet de lor repaire,
Dont elh ac pueys de morir gran reguart;
Mas mantas vetz qui s cuida calfar s' art.

Lo regisme de Salonic,
Ses peirier e ses manguanel,
Pogratz aver, e man castel
D'autres, qu'ieu no mentau ni dic;
Per dieu, marques, Rotlan dis e sos fraire,
E Guis marques e Rainaut lur cofraire,
Flamenc, Frances, Burgonhos e Lombart
Van tug dizen que vos semblatz bastart.

Vostr' ancessor, so aug dir e retraire,
Foron tug pros, mas vos non soven guaire;

Si 'l revenir non prendetz geynh et art,
De vostr' onor perdretz lo tertz e 'l quart.
ELIAS CAIRELS.

XXII.

BELHA m' es la flors d' aguilen,
Quant aug del fin joy la doussor
Que fan l' auzelh novelhamen
Pel temps qu' es tornat en verdor,
E son de flors cubert li reynh
Gruec e vermelh e vert e blau.

De molherat ges no m' es gen
Que s fasson drut ni amador,
Qu' ab las autruis van aprenden
Engienhs ab que gardon las lor;
Mas selh per que hom las destrenh
Port' al braguier la contraclau.

Vilas cortes hi eis de son sen,
E molherat dompneiador,
E l' azes quan brama eyssamen.
Cum fai lebriers ab son senhor,
Mas ieu no cre pros dompna denh
Far drut molherat gelos brau.

'Molherat fan captenemen
De veziat enguanador,

Que l' autruy pan guasta e despen,
E 'l sieu met en lüec salvador,
Mas selh a cuy grans fams en prenh
Manja lo pan que non l' abau.

Maritz que marit vay sufren
Deu tastar d' atretal sabor,
Que car deu comprar qui car ven ;
E 'l gelos met li guardador,
Pueys li laissa sa molher prenh
D' un Girbaudo filh de Girbau.

D' aqui naisson li recrezen,
Q' us non, ama pretz ni valor :
Ai ! cum an abaissat joven
E tornat en tan gran error !
Sest ama l' aver e l' estrenh,
Li folh e 'l gars son naturau.

Sancta Maria, en Orien
Guiza 'l rey e l' emperador,
E faitz lor far ab la lor gen
Lo servizi nostre senhor,
Que 'lh Turc conosco l' entressenh
Que dieus pres per nos mort carnau.

Aissi vay lo vers definen,
Et ieu que no 'l puesc far lonjor,

Qu' el mals mi ten e lo turmen
Que m' a mes en tan gran languor,
Qu' ieu no suy drutz, ni drutz no m fenh,
Ni nulhs joys d' amor no m' esjau.

Dieus, que nasques en Betlehen,
Tu los capdela e 'ls acor,
Que per lo nostre salvamen
Prezes en cros mort e dolor;
Vers dieus, vers hom, vai m' accoren,
Trinus unus n' aor e 'n lau.

Non er mais drutz, ni drutz no s fenh
Los pitars, ni joys non l' esjau.
Pierre d'Auvergne.

XXIII.

Chantarai d' aquetz trobadors
Que chantan de manhtas colors;
El sordeyor cuida dir gen,
Mas a chantar lor er alhors;
Qu' entremetre n' aug cent pastors
Q' us no sap que i s monta o i s dissen.

D' aisso m' er mal Peire Rogiers,
Per que n' er encolpatz premiers,

Quar chanta d' amor a presen;
E covengra 'l mielhs un sautiers
En la gleisa, o us candeliers
Portar ab gran candela arden.

El segonz Guirautz de Bornelh,
Que sembla drap sec al solelh
Ab son magre chantar dolen
Qu' es chans de vielha portaselh;
E si s mirava en espelh,
No s prezaria un aguilen.

El tertz Bernatz del Ventadorn
Qu' es menres d' EN Bornelh un dorn;
Mas en son paire ac bon sirven
Per trair' ab arc manal d' alborn;
E sa maire calfava 'l forn,
Et amassava l' issermen.

El quartz de Briva 'l Lemozis,
Us joglaretz pus prezentis
Que sia tro en Benaven;
E semblaria us pelegris
Malautes, quan chanta 'l mesquis,
Qu' a pauc pietatz no m' en pren.

EN Guillems de Ribas lo quins
Qu' es malvatz defors e dedins,

E dis totz sos vers raucamen;
Per qu'ieu non pres ren sos retins,
Qu'atrestan s'en faria·us chins;
E dels huelhs sembla vout d'argen.

El seizes N Elias Gausmars
Qu'es cavayers e s fai joglars;
E fai o mal qui lo y cossen
Ni 'l dona vestirs belhs ni cars,
Qu'aitan valria 'ls agues ars
Qu'en joglaritz, s'en son ja cen.

E Peire Bermon se baysset,
Pus qu'el coms de Toloza 'l det,
Qu'anc no soanet d'avinen;
Per que fon cortes qui 'l raubet,
E fe o mal, quar no 'l talhet
Aquo que hom porta penden.

L'ochen es Bernatz de Sayssac
Qu'anc negun bon mestier non ac
Mas d'anar menutz dons queren;
Que despueys no 'l prezei un brac
Pus a 'N Bertran de Cardalhac
Queri un mantelh suzolen.

El noves es EN Raymbautz
Que s fai per son trobar trop bautz;

Mas ieu lo torni a nien,
Que non es alegres ni cautz;
Et ieu pres trop mais los pipautz
Que van las almornas queren.

En Ebles de Sancha 'l dezes
A cuy anc d' amor non venc bes,
Sitot se canta de Coyden;
Vilanetz es e fals pages,
E ditz hom que per dos poges
Sai si logua e lai si ven.

E l' onzes Guossalbo Rozitz
Que s fai de son chan trop formitz,
Tan qu' en cavallairia s fen;
Et anc no fon tan ben guarnitz
Que per elh fos dos colps feritz,
Si doncs no 'l trobet en fugen.

El dozes us petitz Lombartz
Que clama sos vezins coartz,
Mas elh es d' aquelh eys parven;
Per q' us sonetz fai gualiartz
Ab motz amaribotz bastartz;
E luy apellon Cossezen.

Peire d' Alvernhe a tal votz
Que chanta cum granolh' en potz,

E lauza s trop a tota gen;
Pero maiestres es de totz
Ab q' un pauc esclarzis sos motz,
Qu' a penas nulhs hom los enten.

Lo vers fo faitz als enflabotz
A Poivert tot jogan, rizen.
Pierre d'Auvergne.

XXIV.

Pus mos coratge s' esclarzis
Per selh joy dont ieu suy jauzens,
E vey qu' amors part e chauzis,
Per qu' ieu n' esper estrenamens,
Ben dey tot mon chant esmerar,
Qu' om re no mi puesca falsar,
Que per pauc es hom desmentitz.

Selh en cui sest' amors cauzis
Joves, cortes e sapiens,
E selh cui refuda delis
E met a totz destruzemens;
Quar qui fin' amor vol blasmar
Elha 'l fai si en folh muzar
Que per art cuida esser peritz.

So son fals jutges raubador,
Fals molheratz e jurador,
Homicidi e lauzengier,
Lengu' a loguat, creba mostier,
Et aissellas putas ardens
Qui son d'autrui maritz cossens;
Cyst auran guazanh ifernau.

Homicidi e traidor,
Simoniaix, encantador,
Luxurios e renovier
Que vivon d'enoios mestier,
E cill que fan faitilhamens,
E las faitileiras pudens
Seran el fuec arden engau.

Ebriaicx et escogossatz,
Fals preveires e fals abatz,
Falsas reclusas, fals reclus
Lai penaran, dis Marcabrus,
Que tuit li fals y an luec pres,
Car fin' amors o a promes,
Lai er dols dels dezesperatz.

Ay! fin' amors, fons de bontatz,
Quar tot lo mon enlumenatz,
Merce ti clam, lai no m' acus
E m defendas, qu' ieu lai non us,

Qu' en totz luecx me tenh per ton pres,
Per ton lairon en totas res,
Per tu esper estre guidatz.

Mon cor per aquest vers destrenh,
Quar mi plus qu' els autres reprenh,
Que qui autrui vol encolpar
Dregs es que si sacha guardar
Que no sia dels crims techitz
De que lieys encolpa e ditz,
Pueis poira segur castiar.

Pero si er asatz cauzitz
Sel que ben sap dire e 'l ditz,
Que pot si se vol remembrar.
MARCABRUS.

XXV.

AUIATZ de chan com enans se meillura,
E Marcabrus, segon s' entensa pura,
Sap la razo e 'l vers lassar e faire,
Si que autr' om no l' en pot un mot traire.

Pero sospir, quar mouta gens ahura
De malvestat, c' ades creis e peiura,

C' aquist baro an comensat estraire,
E passat per un pertuis de taraire.

Li sordeior an del dar l' aventura,
E li meillor badon ves la penchura;
La retraissos fai trist e sospiraire,
C' a rebuzos fant li ric lur affaire.

No i a conort en joven mas trop surra,
Ni contra mort ressort ni cobertura;
Qu' ist acrupit l' an gitat de son aire
E de cami per colpa de la maire.

Qui per aver per vergonh' e mezura,
E giet honor e valor a non cura,
Segon faisson es del semblan confraire
A l' erisson et al goz et al laire.

Proeza franh e avoleza mura,
E no vol joi cuillir dins sa clauzura;
Dreitz ni razo no i vei mais tener guaire,
Quan per aver es un gartz emperaire.

Coms de Peiteus, vostre pretz s' asegura
Et a 'n Anfos de sai, si gaire ill dura,
Lai Avignon e Proensa e Belcaire
De meils per sieu no fes Tolzan son paire.

S' aquest n Anfos fai contenensa pura,
Ni envas mi fai semblan de frachura,

Sai vas Leo en sai un de bon aire,
Franc de sazo, cortes e larc donaire.

De malvestat los gart sanct' escriptura,
Que no lur fassa c'a floquet ni peintura
Sel qu'es e fo regom, recx e salvaire;
La sospeiso del rei 'n Anfos m'esclaire.
Marcabrus.

XXVI.

Belh m'es quan vey pels vergiers e pels pratz
Tendas e traps, e vey cavals armatz,
E vey talar ortz e vinhas e blatz,
E vey gienhs traire, e murs enderrocatz,
Et aug trompas e grans colps dels nafratz,
E mal lur grat meto 'ls en las postatz;
Aital guerra m'agrada mais que patz,
Non tals treguas ont hom si' enganatz.

Tot aisso dic per l'Enfant d'Arago;
E deu aver nom Enfant per razo,
Quar leu s'ave qu'enfans fa fallizo,
Et elh falhi quant aucis son baro
Raymon Guillem, qu'anc treguas no'l tenc pro,
Ni en sa cort jutjamens datz no 'l fo;
Per que totz selhs a cuy elh treguas do
Devon duptar aquelh enfant fello.

Treguas trencar escien esta lag
E quant a fe no s' emenda 'l forfag;
Per que l' enfant a fag un sol assag,
Qu' ab un mal sag qu' als Catalas a fag,
E dizon tug qu' om de selhs treguas gag,
E qu' el son cors y fo mes en fol plag;
Qu' a filh de rey esta mal atrazag,
Quant ampara nulh offici de sag.

En aissi par qu' el sag no fon certas,
Quar n' a lauzor d' aul gent e de vilas
E gran blasme de totz los sobiras;
E si d' est sag no s clamon Catalas,
Hom los tenra totz per flacx e per vas,
E plus suffrens que negus hermitas;
E meta hi quascus per si sas mas,
Ostenra pus que rabia de cas.

Al vescomte de Cardona despley
Mon sirventes, ans que alhors desrey,
Que mai vol pretz que laire pres mercey,
Quar en valor se banha, don ieu crey
Que pro a pretz, qui s vuelha so plaidey,
Tot vescomte qui n' a egal d' un rey.

A gran poestat esta mal, fe que us dey,
Que trenc treguas ni que tan lag desrey,

Quar de guerra no s pot honrar lo rey,
Trencan treguas, o vol tornar so crey.
Bernard de Rovenac.

XXVII.

No m laissarai per paor
C' un sirventes non labor
En servizi dels fals clergatz;
E quant sera laboratz,
Conoisseran li plusor
L' engan e la fellonia
Que mov de falsa clerzia;
Que lai on an mais forsa ni poder
Fan plus de mal e plus de desplazer.

Aquist fals prezicador
An mes lo segl' en error,
Qu' il fan los mortals peccatz :
Pois cill cui an prezicatz
Fan so que ven far a lor,
E tuit segon orba via;
Doncs si l' uns orbs l' autre guia,
Non van amdui en la fossa cazer?
Si fan, so dis dieus, qu' ie 'n sai ben lo ver.

Vers es que notre pastor
Son tornat lop raubador,

Qu'il rauban deves totz latz,
E mostran semblan de patz,
E confortan ab dousor
Los oveillas noit e dia,
Pois quant las an en bailia
Et ill las fan morir e dechazer
Ist fals pastor, don eu m'en desesper.

Pois fan autre desonor
Al segle, et a dieu maior;
Que s'uns d'els ab femna jatz,
Lendeman tot orrejatz
Tenra 'l cors notre seignor;
Et es mortals eretgia,
Que nuls preire no deuria
Ab sa putan orrejar aquel ser
Que lendeman deia 'l cors dieu tener.

E si vos en faitz clamor,
Seran vos encusador,
E seretz n'escumeniatz;
Ni, s'aver non lor donatz,
Ab els non auretz amor
Ni amistat ni paria.
Vergena, sancta Maria,
Domna, si us platz, laissatz me 'l jorn vezer
Qu'els puosca pauc doptar e mens temer!

Vai sirventes, ten ta via,
E di m'a falsa clerzia
Qu' aicel es mortz qui s met en son poder;
Qu' a Tolosa en sab hom ben lo ver.
GUILLAUME FIGUEIRAS.

XXVIII.

Sirventes vuelh far
En est son que m'agensa,
No 'l vuelh plus tarzar
Ni far longu' atendensa,
E sai, ses duptar,
Qu' en aurai malvolensa,
Car fauc sirventes
Dels fals d'enjans plès,
De Roma que es
Caps de la dechasensa
On dechai totz bes.

No m meravilh ges,
Roma, si la gens erra,
Qu' el segl' avetz mes
En trebalh et en guerra,
Car pretz e merces
Mor per vos e sosterra:
Roma enganairitz,

Qu' etz de totz mals guitz
E sims e razitz;
Lo bon reys d'Anglaterra
Fon per vos trahitz.

Roma trichairitz,
Cobeitatz vos engana,
Qu' a vostras berbitz
Tondetz trop la lana;
Mas sayns Esperitz
Que receup carn humana
Entenda mos precx,
E franha tos becx,
Roma, e no m' en precx,
Quar yest falsa e trefana
Vas nos e vas Grecx.

Rom', als homes pecx
Rozetz la carn e l'ossa,
E guidatz los secx
Ab vos ins en la fossa;
Trop passatz los decx
De dieu, quar es tan grossa
Vostra cobeitatz,
Quar vos perdonatz
Per deniers peccatz;
De trop mala trasdossa,
Roma, vos cargatz.

Roma, be sapchatz
Que vostr' avols barata
E vostra foldatz
Fetz perdre Damiata.
Malamen renhatz,
Roma, dieus vos abata
En dechazemen,
Quar tan falsamen
Renhatz per argen;
Roma, de mal' escata
Es ab fals coven.

Roma, veramen
Sabem senes duptansa
Qu' ab gualiamen
De falsa perdonansa
Liuretz a turmen
Lo barnatge de Fransa,
La gent de Paris;
E 'l bon rey Loys
Per vos fon aucis,
Qu' ab falsa prezicansa
'L gitetz del pays.

Rom', als Sarrazis
Faitz petit de dampnatge,
Mas Grecx e Latis
Geratz a carnalatge:
Ins el foc d'abis,

Roma, avetz vostr' estatge
 E 'n perdicio;
Mas ja dieus no m do,
 Roma, del perdo
Ni del pellegrinatge
 Que fetz d' Avinho.

Roma, ses razo
Avetz manta gent morta,
 E ges no m sap bo
Quar tenetz via torta,
 Qu' a salvatio,
Roma, serratz la porta;
 Per qu' a mal govern
 D' estiu e d' ivern
 Qui sec vostr' estern,
Qu' el diables l' enporta
 Ins el foc d' ifern.

Roma, ben dessern
Los mals qu' om ne pot dire,
 Quar faitz per esquern
Dels crestias martire;
 Mas en qual cazern
Trobatz qu' om dey' aucire,
 Roma, 'ls crestias?
 Vers dieus e vers pas
 E vers cotidias

Me don so qu'ieu dezire
Vezer dels Romas.

Roma, vers es plas
Que trop etz angoissoza
  Dels prezicx trefas
Que faitz sobre Toloza;
  Lag rozetz las mas
A ley de cer rabioza
  Als paucs et als grans :
  Mas si 'l coms prezans
  Viu encar dos ans,
Fransa n' er doloirosa
  Dels vostres enjans.

Roma, tant es grans
La vostra forfaitura,
  Que dieus e sos sans
En gitatz a non cura,
  Tant etz mal renhans,
Roma falsa e tafura;
  Per qu' en vos s' escon
  E s baissa e s cofon
  L' enguan d' aquest mon,
Tant faitz gran desmezura
  Al comte Ramon !

Roma, dieus l' aon,
E 'l don poder e forsa

Al comte que ton
Los Frances e 'ls escorsa,
 E 'ls pen e 'n fai pon,
Quant ab luy fan comorsa;
 Et a mi plai fort,
 Roma, dieus recort
 Li vostre gran tort,
Si 'l plai, qu' el coms n' estorsa
 De vos e de mort.

Roma, be m conort,
Qu' abans que trigue guaire
 Venretz a mal port,
Si l' adreitz emperaire
 Endressa sa sort,
E fai so que deu faire :
 Roma, ieu dic ver,
 Que vostre poder
 Veyretz dechazer,
E dieus, del mon salvaire,
 Lais m' o tost vezer!

Roma, per aver
Faitz manta fellonia,
 E mant desplazer,
 E manta vilania;
 Tan voletz aver
 Del mon la senhoria,

Que res non temetz
Dieu ni sos devetz,
Ans vei que fairetz
Mais qu' ieu dir non poiria
De mal per un detz.

Roma, tan tenetz
Estreg la vostra grapa
Que so que podetz
Tener, greu vos escapa;
Si 'n breu non perdetz
Poder, a mala trapa
Es lo mon cazutz
E mortz e vencutz.
Roma, la vostra papa
Fai aitals vertutz.

Roma, selh qu' es lutz
Del mon e vera vida
E vera salutz
Vos don mal' escarida,
Quar tans mals saubutz
Faitz, don tot lo mons crida.
Roma desleyals,
Razitz de totz mals,
Els focs yfernals
Ardretz, senes falida,
Si non pessatz d' als.

Roma, als cardenals
Vos pot hom ben repcndre
Per los criminals
Peccatz que fan entendre;
E non pensan d'als
Mas cum puoscan revendre
Dieu e sos amicx,
E no y val casticx.
Roma, grans fasticx
Es d'auzir e d'entendre
Los vostres prezicx.

Roma, ieu suy enicx
Quar vostre poders monta
E quar grans destricx
Totz ab vos nos afronta,
Quar vos etz abricx
E capdelhs de gran anta
E de dezonor,
E vostre pastor
Son fals e trachor,
Roma, e qui 'ls acointa
Fai trop gran folhor.

Roma, mal labor
Fa 'l papa, quar tensona
Ab l'emperador,
Ni 'l dreg de la corona
Li met en error,

Qu' a sos guerriers perdona,
  Et aitals perdos,
  Qui non siec razos,
  Roma, non es bos,
Ans qui 'l ver en razona
  Es trop vergonhos.

Roma, 'l glorios
Que sufri mort e pena
  En la crotz per nos,
Vos don la mala estrenha;
  Quar totas sazos
Portatz la borsa plena,
  Roma, d' avol for;
  Quar tot vostre cor
  Avetz en tezor;
Don cobeitatz vos mena
  El foc que non mor.

Roma, del mal cor
Que portatz en la gola
  Nais lo sucx don mor
Lo mons e s' estragola
  Ab dossor del cor;
Per qu' el savis tremola,
  Quar conois e ve
  Lo mortal vere,
  E de lai on ve,

Roma, del cor vos cola
Don li pietz son ple.

Roma, ben ancse
A hom auzit retraire
Qu'el cap sem vos te,
Per qu'el faitz soven raire;
Per que cug e cre
Qu'ops vos auria traire,
Roma, del cervel;
Quar de mal capel
Etz vos e Cystelh,
Qu'a Bezers fezetz faire
Mout estranh mazelh.

Rom', ab fals sembelh
Tendetz vostra tezura,
E man mal morselh
Manjatz, qui que l'endura;
Car'avetz d'anhelh
Ab simpla guardadura,
Dedins lop rabat,
Serpent coronat
De vibra engenrat,
Per qu'el diable us apella
Com al sieu privat.

GUILLAUME FIGUEIRAS.

XXIX.

Greu m' es a durar,
Quar aug tal descrezensa
  Dir ni semenar;
E no m platz ni m' agensa;
  Qu' om non deu amar
Qui fai desmantenensa
  A so don totz bes
  Ven e nais et es
  Salvamens e fes;
Per qu' ieu farai parvensa
  En semblan que m pes.

  No us meravilhes
Negus, si eu muov guerra
  Ab fals mal apres
Qu' a son poder soterra
  Totz bos faitz cortes,
E 'ls encauss' e 'ls enserra:
  Trop se fenh arditz,
  Quar de Roma ditz
  Mal, qu' es caps e guitz
De totz selhs qu' en terra
  An bos esperitz.

  En Roma es complitz
Totz bes, e qui 'ls li pana

Sos sens l'es falhitz;
Quar si meteys enguana,
Qu'elh n'er sebellitz,
Don perdra sa ufana :
Dieus auia mos precx,
Que selhs qu'an mals becx,
Joves e senecx,
Contra la ley romana,
Caion dels bavecx.

Roma, selhs per pecx
Tenc totz e per gent grossa,
Per orbs e per secx,
Que lur carns e lur ossa
Cargon d'avols decx,
Don caion en la fossa,
On lur es sermatz
Pudens focx malvatz,
Don mais desliatz
No seran del trasdossa
Qu'an de lurs peccatz.

Roma, ges no m platz
Qu'avols hom vos combata;
Dels bos avetz patz,
Q'usquecx ab vos s'aflata :
Dels fols lurs foldatz
Fes perdre Damiata;
Mas li vostre sen

Fan sels ses conten
Caytiu e dolen,
Que contra vos deslata,
Ni regna greumen.

Roma, veramen
Sai e cre ses duptansa
Qu' a ver salvamen
Aduretz tota Fransa;
Oc, e l' autra gen
Que us vol far ajudansa.
Mas so que Merlis
Prophetizan dis
Del bon rey Loys
Que morira en pansa,
Ara s' esclarzis.

Piegz de Sarrazis
E de pus fals coratge,
Heretiers mesquis
Son qui vol lur estatge;
Ins el foc d' abis,
Vay en loc de salvatge,
En dampnatio,
Quar selhs d' Avinho
Baysses, don m' es bo,
Roma, lo mal pezatge,
Don grans merces fo.

Roma, per razo
Avetz manta destorta
　Dressad' a bando;
Et uberta la porta
　De salvatio
Don era la claus torta,
　Que ab bon govern
　Bayssatz folh esquern;
　Qui sec vostr' estern,
L' angel Michel lo 'n porta,
　E 'l garda d' ifern.

L' estiu e l' yvern
Deu hom ses contradire,
　Roma, lo cazern
Legir, si que no s vire;
　E quan ve l' esquern
Cum Iehus pres martire,
　Albir se lo cas
　Si 's bos crestias;
S' adoncx non a cossire,
　Totz es fols e vas.

Roma, los trefas
E sa leys sospechoza
　Als fols gigz vilas,
Per que fos de Tolosa
　On d' enjans certas

Non es doncx vergonhoza,
  Ni ans de dos ans;
  Mas si 'l coms prezans
  Cove qu' els engans
Lays e la fe duptoza,
  E restaur' els dans.

Roma, lo reys grans
  Qu' es senhers de dreytura,
  Als falses Tolzans
Don gran mal' aventura,
  Quar tot a sos mans
Fan tan gran desmezura,
  Q' usquecx lo rescon
  E torbon est mon :
  E 'lh comte Raymon
S' ab elhs plus s' asegura,
  No 'l tenray per bon.

Roma, be s cofon
E val li pauc sa forsa,
  Qui contra vos gron,
Ni bast castelh ni forsa,
  Quar en tan aut mon
No s met ni no s' amorsa,
  Que dieus non recort
  Son erguelh e 'l tort
Don pert tota s' escorsa,
  E pren dobla mort.

Roma, be m conort,
Qu'el coms ni l'emperaire,
Pueys que son destort
De vos, no valon gayre;
Quar lur folh deport
E lur malvat veiaire
Los fatz totz cazer,
A vostre plazer,
Q'us no s pot tener;
Sitot s'es guerreiayre,
Non li val poder.

Roma, ieu esper
Que vostra senhoria
E Fransa, per ver,
Cuy no platz mala via,
Fassa dechazer
L'erguelh e l'eretgia,
Fals heretges quetz
Que non temon vetz,
Ni cre als secretz;
Tan son ples de feunia
E de mals pessetz!

Roma, be sabetz
Que fort greu lur escapa
Qui au lor decretz;
Aissi tendon lur trapa

Ab falces trudetz,
Ab que quascus s'arrapa;
 Totz son sortz e mutz,
Qu'el lur tolh salutz
 Don quecx es perdutz,
Qu' ilh n'an capel o capa,
 E remanon nutz.

Clauzis e sauputz
Naysson, senes falhida,
 Crematz o perdutz,
Que lur malvada vida
 Qu'anc negus vertutz
No fe, ni ges auzida,
 Non avem sivals,
 E si fos leyals
 Lur vida mortals,
Dieus crey l'agra eyssauzida;
 Mas non es cabals.

Qui vol esser sals
Ades deu la crotz penre
 Per heretiers fals
Dechazer e mespenre;
 Qu'el celestials
Hi venc son bras estendre,
 Tot per sos amicx;
 E pus tals destricx
 Pres, ben es enicx

Selh que no 'l vol entendre
Ni creyr' als chasticx.

Roma, si pus gicx
Renhar selhs que us fan anta
  Al Sant Esperitz,
Quant hom lor o aconta,
  Tan son fols mendicx
Q' us ab ver no s' afronta,
  No y auras honor;
  Roma, li trachor
Son tan ples d' error
Qu' on plus pot quascus monta
  Quecx jorn sa follor.

Roma, folh labor
Fa qui ab vos tensona;
  De l' emperador
Dic, s' ab vos no s' adona,
  Qu' en gran deshonor
Ne venra sa corona,
  E sera razos.
  Mas pero ab vos
  Leu troba perdos
Qui gen sos tortz razona,
  Ni n' es angoissos.

Roma, 'l glorios
Que a la Magdalena

Perdonet, don nos
Esperan bona estrena;
Lo fols rabios
Que tans ditz fals semena,
Fassa d'aital for
Elh e son thezor
E son malvat cor
Morir, e d'aital pena
Cum heretiers mor.

GERMONDE, DAME DE MONTPELLIER.

XXX.

Ieu ai ja vista manhta rey
Don anc no fis semblan que vis,
Et ai ab tal joguat e ris
Don anc guaire no m'azautey;
Et ai servit a manht hom pro
Don anc no cobrey guazardo;
Et a manh nesci, ab fol parlar,
Ai ja vist trop ben son pro far.

Et ai ja vist per avol drut
A domna 'l marit dezamar,
Et a manh nesci acaptar
Plus qu'a un franc aperceubut,
E per domnas ai ja vist ieu

A manht hom despendre lo sieu;
Et ai ne vist amat ses dar,
E mal volgut ab molt donar.

Ieu ai vist donas demandar
Ab plazers et ab honramens,
Pueys venia us desconoyssens
Abrivatz de nesci parlar
Qu'en avia la mielher part.
Esguardatz si son de mal art!
Manthas n'i a qu'els plus savays
Acuelhon mielhs en totz lurs plays.

Ieu ai vist en domnas ponhar
D'ensenhatz e de ben apres,
E 'l nescis avinen nemes
Qu'el plus savis ab gen preyar;
Et ai vist nozer chauzimens
A trops valer ab trichamens,
Per que val mais, a mos entens,
En luec foudatz que sobriers sens.

A domn' ai vist hom encolpar
De so que no meria mal,
E que so laissavon de tal
On se pogron a dreg clamar;
Et ai ja tal ren esguardat
On n'er en ren mon cor virat,

Per que m'an fait mos rics volers
Manthas vetz dons e desplazers.
>> GUILLAUME ADHÉMAR.

XXXI.

Qui se membra del segle qu'es passatz
Com hom lo vi de totz bos faitz plazen,
Ni com hom ve malvais e recrezen
Aquel d'aras, ni com er restauratz
Non er per cel qui venra plus malvatz,
Totz hom viura ab gran dolor membran
Cals es ni fo ni er d'aissi enan.

Mas non es dreitz c'om valens ni prezatz
Se recreza per aital membramen,
Ans taing s'esfortz tot jorn plus vivamen
C'om sufra 'l fais de pretz qu'es mesprezatz;
Car cel n'a mais que plus fort n'es cargatz,
E car es dreitz que s'esforso ill prezan
De ben, on plus l'avol s'en van laisan.

En plus greu point non pot nuillz esser natz
Com cel que pert dieu e 'l segl' eissamen,
Tot aital son li trist malvatz manen
C'an mes a mort domnei, joi e solatz;
Tan los destreing non fes e cobeitatz
C'onor e pretz en meton en soan,
E dieu e 'l mon en geten a lor dan.

Ai! com pot tan esser desvergoignatz
Nuls hom gentils que an' enbastarden
Son lignatge per aur ni per argen;
Que l'avers vai leumens e la rictatz,
E 'l vida es breus, e la mortz ven viatz;
Per c'om degra leialmen viure aman,
Deu retener del mon grat gen regnan.

Dels maiors mov tota la malvestatz
E pois apres de gra en gra deissen
Tro als menors, per que torn en nien
Fins jois e pretz, e qui vol pretz ni 'l platz
Pot l'aver leu, car tan n'es granz mercatz
Que per cinc solz n'a hom la peza e 'l pan,
Si 'l tenon vil li ric malvatz truan.

Na Gradiva, qui que estei malvatz,
Per vos n'azir malvestat et enjan,
Et am valor e joi e pretz e chan.

Al rei tramet mon sirventes viatz
Cel d'Aragon, qu'el fais lo plus pesan
Sosten de pretz, per qu'el ten entre man.

SORDEL.

XXXII.

Lo segle m'es camjatz
Tan fort, don suy iratz,
Qu'a penas sai que m dia,

Qu' ieu suelh esser uzatz
De chans e de solatz,
E de cavalairia
Mesclat ab cortezia;
E so per qu'om valia
Era ma voluntatz
Et en ditz et en fatz
Et en tot quan podia;
E las domnas vezia,
Selhas cuy valor tria,
Ab lur plazens beutatz,
Don era conortatz
De gran joy qu'en avia.
E trac en garentia
Amor que mi movia;
Del tot m' era donatz
A so que valor platz,
E 'l segles m'o sufria.

Aras tem que blasmatz
En fos e condampnatz,
S' ieu res d' aisso fazia;
Del tot mi suy viratz,
Totz enicx e forsatz,
A so que no m plai mia;
Que me coven de platz
Pensar e d' avocatz,
Per far libelhs tot dia;
E pueys esgart la via

Si nulh corrieu veiria,
Qu'ilh venon daus totz latz,
Polsos et escuyssatz,
Que la cortz los m'envia,
E si dizon folhia
Blasmar non l'auzaria,
Pueys me dizon : Puiatz
En cort e demandatz,
La pena s'escieuria,
Qu'om no us perdonaria,
Si 'l jorn en vos falia.

Veus a que suy tornatz,
Senhors, ar esgardatz
Si sui be a la lhia,
Qu'ieu am trop mais lo glatz
No fas las flors dels pratz;
Que no sai on me sia,
Senhors, a dieu siatz,
Quar hom que viu iratz
Val meyns que si moria;
Qu'al rey Castellan platz,
Qu'es sobre totz honratz,
Qu'ieu tengua lai ma via,
Qu'en elh m'er restauratz
Joys e chans e solatz
Qu'alhors no m revenria.

BERTRAND D'ALAMANON.

XXXIII.

Per lo mon fan l'us dels autres rancura
Li clerc dels laicx, e 'l laic d'elhs eissamen,
E li poble s planhon de desmezura
De lors senhors, e 'l senhors d'elhs soen;
Aissi es ples lo mons de mal talen:
Mas er venon sai deves Orien
Li Tartari, si dieus non o defen,
Qu' els faran totz estar d'una mensura.

Per manh forfag e per mantha laidura
Qu'an fag e fan clerc e laic malamen,
Venra, si ven esta dezaventura
A crestias, s'a dieu merce non pren,
Que fass' al papa metr' atempramen
En so don an li clerc e 'l laic conten;
Quar si 'lh los fai ben d'un acordamen,
Non lor pot pueys nozer nulh' aventura.

A! per que vol clercx belha vestidura,
Ni per que vol viure tan ricamen,
Ni per que vol belha cavalgadura?
Qu'el sap que dieus volc viure paubramen:
Ni per que vol tan l'autrui ni enten?
Qu'el sap que tot quan met ni quan despen
Part son manjar e son vestir vilmen,
Tolh als paubres, si non men l'Escriptura.

Els grans senhors per que no y s prendon cura
Que no fasson tort, ni forson la gen?
Qu'ieu non tenc ges per menor forfaitura
Qu'om fors'els sieus cum quan l'autrui dreg pren;
Ans es mager, quar falhis doblamen,
Quar so de se ni d'autrui non defen
A son poder los sieus, adrechamen
Falh en dreg lor tan qu'en pert sa drechura.

Mas totz pobles a de bon sen frachura
Qu'a son senhor fassa en re falhimen;
Quar totz hom deu amar d'amistat pura
Son bon senhor e servir leyalmen :
A senhor tanh qu'am los sieus bonamen,
Que lialtatz lor ne fai mandamen
Que l'us ame l'autre tan coralmen
Que no s puesca entr'els metre falsura.

Reys Castellas, l'emperis vos aten;
Mas sai dizon, senher, qu'atendemen
Fai de Breto, per que s mov grans rancura.

Que d'aut rey tanh, quant un gran fag enpren,
Qu'el tragu' a cap o 'n segua s'aventura.

GUILLAUME DE MONTAGNAGOUT.

XXXIV.

Del tot vey remaner valor
Qu' om no s n' entremet sai ni lay,
Ni non penson de nulh ben say,
Ni an lur cor mas en l'aor;
E meron mal clercx e prezicador,
Quar devedon so qu' a els no s cove,
Que hom per pretz non do ni fassa be;
Et hom que pretz ni do met en soan
Ges de bon loc no 'l mov al mieu semblan.

Quar dieus vol pretz e vol lauzor,
E dieus fo vers hom, qu' ieu o say;
Et hom que vas dieu res desfay,
E dieus l'a fait aitan d'onor,
Qu' al sieu semblan l'a fait ric e maior,
E pres de si mais de neguna re;
Doncx ben es folhs totz homs que car no s te,
E que fassa en aquest segle tan
Que sai e lai n'aya grat on que s n'an.

Ar se son faitz enqueredor
E jutjon aissi com lur play;
Pero l'enquerre no m desplay,
Ans me plai que casson error,
E qu' ab belhs digz plazentiers ses yror
Torno 'ls erratz desviatz en la fe,

E qui s penet que truep bona merce;
Et en aissi menon dreg lo gazan
Que tort ni dreg no y perdan so que y an.

 Enquers dizon mais de folhor
 Qu'aurfres a dompnas non s'eschay,
 Pero si dompna piegz no fay
 Ni 'n leva erguelh ni ricor,
Per gen tener no pert dieu ni s'amor;
Ni ja nulhs homs, si 'lh estiers be s capte,
Per gen tener ab dieu no s dezave;
Ne ylh per draps negres ni per floc blan
No conquerran ja dieu, s'al re no y fan.

 Tug laisson per nostre senhor,
 Nostre clercx, lo segle savay,
 E no pessan mas quan de lay
 Aissi 'ls guart dieus de dezonor,
Cum elhs non an ni erguelh ni ricor,
Ni cobeytatz no 'ls enguana ni 'ls te,
Ni volon re de so belh que hom ve;
Res no volon, pero ab tot s'en van;
Pueys prezon pauc qui que s'i aia dan.

Sirventes, vay al pros comte dese
De Toloza, membre 'l que fag li an,
E guart se d'elhs d'esta hora enan.
GUILLAUME DE MONTAGNAGOUT.

XXXV.

Un sirventes fas en luec de jurar,
E chantarai, per mal e per feunia,
De malvestat que vey sobremontar
E decazer valor e cortezia,
Qu'ieu vey als fals los fis amonestar
Et als lairos los lials prezicar;
E 'ls desviatz mostron als justz la via.

Enguanatz es en son nesci cuiar
Folhs qui cuia que enjans e bauzia
Fassa son don decazer e mermar,
Enans los sors e 'ls creys e 'ls multiplia;
Meravilh me cum totz no van raubar,
Pus malvestat ama hom e ten car,
E lialtat ten hom a fantaumia.

Glotz emperier no vol vezer son par,
E li clerc an aquelha glotonia
Qu'en tot lo mon no volrion trobar
Home mas els que tengues senhoria,
Qu'els feyron leys per terras guazanhar,
Cum poguesson creysser e non mermar;
Ades fai pron un petit de baylia.

Ab totas mas vey clergues assajar
Que totz lo mons er lurs, cuy que mal sia;

Quar els l'auran ab tolre o ab dar,
O ab perdon, o ab ypocrizia,
O ab asout, o ab beur', o ab manjar,
O ab prezicx, o ab peiras lansar,
O els ab dieu, o els ab diablia.

En Gostia, diguatz m'a 'n Azémar,
Si defendre si vol de la clercia,
Miels qu'en lur fag si guart en lur parlar,
O si que non en bada s'armaria,
Qu'els trazon so don hom no s pot guardar
Que quant autres fan enguanas farguar
Et elhs enguans per maior maystria.

Non aus dire so que elhs auzon far,
Mas anc rascas non amet penchenar,
Ni elhs home qui lur dan lur castia.

Pierre Cardinal.

XXXVI.

Falsedatz e desmezura
    An batalha empreza
Ab vertat et ab dreytura,
    E vens la falseza;
E deslialtatz si jura
    Contra lialeza;
Et avaretatz s'atura

Encontra largueza :
Feunia vens amor
E malvestatz honor,
E peccatz cassa sanctor
E baratz simpleza.

Si es hom que dieu descreza,
Sos afars enansa,
Ab que non aia grineza
Mas d'emplir sa pansa :
A cui platz dreitz e tortz peza
Soven a grevansa,
E qui s'enten en sancteza
Tray greu malanansa;
Et an l'enguanador
De lur afar honor;
Mas li mal entendedor
Jutjon per semblansa.

Aras es vengut de Fransa
Que hom non somona
Mas selhs que an aondansa
De vin e d'anona,
E qu'om non aia coindansa
Ab paupra persona,
Et aia mais de bobansa
Aquelh que meyns dona,
E qu'om fassa maior
D'un gran trafeguador,

E qu'om leve lo trachor,
E 'l just dezapona.

Coms Raymon, ducx de Narbona,
Marques de Proensa,
Vostra valors es tan bona
Que tot lo mon gensa;
Quar de la mar de Bayona
Entro a Valensa,
Agra gent falsa e fellona
Lai ab viltenensa;
Mas vos tenetz vil lor,
Que Frances bevedor
Plus que perditz ad austor
No vos fan temensa.

Ben volon obediensa
Selhs de la clercia;
E volon ben la crezensa,
Sol l'obra no y sia:
Greu lur veyretz far falhensa
Mas la nueg e 'l dia;
E no porton malvolensa
Ni fan symonia;
E son larc donador
E just amassador;
Mas li autres n'an lauzor,
Et ilh la folhia.

No sai dire l'error
Del segle fals traytor,
Que fai de blasme lauzor
E de sen folhia.

Dieu prec per sa doussor
Que ns gar d'enfernal dolor
E ilh verge Maria.
                    PIERRE CARDINAL.

XXXVII.

Ricx hom que greu ditz vertat e leu men,
E greu vol patz e leu mov ochaizo,
E dona greu e leu vol qu'om li do,
E greu fai be e leu destrui la gen,
E greu es pros e leu es mals als bos,
E greu es francx e leu es orgulhos,
E greu es larcx e leu tol e greu ren,
Deu cazer leu d'aut luec en bas estatge.

De tals en sai que pisson a prezen
Et al beure rescondo s dins maizo;
Et al manjar no queron companho,
Et al talhar queron en mais de cen;
Et a l'ostal son caitiu e renos,
Et a tort far son ric e poderos;
Et al donar son de caitiu prezen,
Et al tolre fortz e de gran coratge.

Malditz es hom qui 'l ben laissa e 'l mal pren;
E 'ls ricx an pres enguan e tracio,
Et an laissat condug e messio;
Et an pres dan e gran destruzimen,
Et an laissat lays e vers e chansos;
Et an pres plaitz, e novas e tensos,
Et an laissat amor e pretz valen;
Et an pres mal voler e far outratge.

Aissi cum son maior an meyns de sen
Ab mais de tort et ab meyns de razo,
Ab mais de dan tener, ab meyns de pro,
Ab mais d'orguelh, ab meyns de cauzimen;
Ab mais de tolre et ab meyns de bels dos,
Ab mais de mals, ab meyns de bels respos,
Ab mais d'enueg, ab meyns d'ensenhamen,
Ab mais d'enguan, ab meyns de bon coratge.

Ara diguatz, senhors, al vostre sen
De dos barons qual a maior razo,
Quan l'un dels dos pot dar e tolre no,
L'autre pot tolr' e dar no pot nien :
Ar diran tug que dars val per un dos,
E veyretz los tolre totas sazos;
A que far doncx van emblan ni tolen,
Pus lo donars a dos tans d'avantatge?

Mos chantars es enueg als enoios
Et als plazens plazers; cui platz razos

Tug li dig son enoios e plazen;
So qu'als us platz als autres es salvatge.
Pierre Cardinal.

XXXVIII.

Li clerc si fan pastor
E son aucizedor;
E semblan de sanctor
Quan los vey revestir,
E pren m'a sovenir
D'en Alengri q' un dia
Volc ad un parc venir,
Mas, pels cas que temia,
Pelh de moton vestic,
Ab que los escarnic;
Pueys manjet e trahic
Selhas que l' abellic.

Rey et emperador,
Duc, comte e comtor,
E cavallier ab lor
Solon lo mon regir;
Aras vey possezir
A clercx la senhoria
Ab tolre et ab trazir
Et ab ypocrizia,
Ab forsa et ab prezic,

E tenon s' a fastic
Qui tot non lor o gic,
Et er fag quan que tric.

Aissi cum son maior,
Son ab mens de valor
Et ab mais de follor,
Et ab mens de ver dir
Et ab mais de mentir,
Et ab mens de clercia
Et ab mais de falhir,
Et ab mens de paria;
Dels fals clergues o dic,
Qu' ancmais tant enemic
Ieu a dieu non auzic
De sai lo temps antic.

Quan son al refector,
No m' o tenc ad honor,
Qu' a la taula aussor
Vey los cussos assir,
E primiers s' eschausir;
Auiatz gran vilania,
Quar hi auzon venir,
Et hom non los en tria;
Pero anc non lai vic
Paupre guarso mendic
Sezer latz qui son ric;
D' aisso los vos esdic.

Ja non aion paor
Alcays ni Almassor
Que abbas ni prior
Los anon assalhir,
Ni lurs terras sazir,
Que afans lur seria;
Mas sai son en cossir
Del mon quossi lur sia,
Ni cum EN Frederic
Gitesson de l'abric;
Pero tal l'aramic
Qu'anc fort no s'en jauzic.

Clergues, qui vos chauzic
Ses fellon cor enic
En son comde falhic,
Qu'anc peior gent no vic.
PIERRE CARDINAL.

XXXIX.

PER folhs tenc Polles e Lombartz
E Longobartz et Alamans,
Si volon Frances ni Picartz
A senhors ni a drogomans;
   Quar murtriers a tort
   Tenon a deport;

Et ieu non laus rey
Que non guarde ley.

Et aura 'l ops bos estandartz
E que fieira mielhs que Rotlans,
E que sapcha mais que Raynartz,
Et aia mais que Corbarans;
   E tema meyns mort
    Qu' el coms de Monfort,
    Qui vol qu' a barrey
    Lo mons li sopley.

Mas sabetz quals sera sa partz
De las guerras e dels mazans?
Los critz, las paors e 'ls reguartz
Que aura fagz, e 'l dol e 'l dans
   Seran sieu per sort.
    D' aitan lo conort,
    Qu' ab aital charrey
    Venra del torney.

Ben petit val tos giens ni t' artz,
Si pertz l' arma per tos efans;
Per l' autruy carbonada t' artz,
E l' autruy repaus t' es afans;
   Pueys vas a tal port
    On cre que quecx port
    L' enguan e 'l trafey
    E 'ls tortz faitz que fey.

Anc Carles Martel ni Girartz
Ni Marsilis ni Aigolans
Ni 'l rey Gormons ni Yzombartz
Non aucizeron homes tans
 Que n' aion estort
 Lo valen d' un ort;
 Ni non lur envey
 Thezaur ni arney.

Non cug qu' a la mort
Negus plus enport
Aver ni arney,
Mas los faitz que fey.
Pierre Cardinal.

XL.

Tos temps azir falsetat et enjan,
Et ab vertat et ab dreg mi capdelh,
E si per so vauc atras o avan,
No m' en rancur, ans m' es tot bon e belh,
Qu' els uns dechai lialtatz mantas vetz,
E 'ls autres sors enjans e mala fes;
Mas si tant es qu' om per falsetat mon,
D' aquel montar dissen pueys en preon.

Li ric home an pietat tan gran
De paubra gen, com ac Caym d' Abelh;

Que mais volon tolre que lop no fan,
E mais mentir que tozas de bordelh :
Si 'ls crebavatz en dos locx o en tres,
No us cugessetz que vertatz n' issis ges
Mas messongas, don an al cor tal fon
Que sobrevertz cum aigua de toron.

Mans baros vey, en mans luecx, que y estan
Plus falsamen que veyres en anelh;
E qui per fis los ten falh atrestan
Cum si un lop vendia per anhel;
Quar els no son ni de ley ni de pes;
Ans foron fag a ley de fals poges,
On par la cros e la flors en redon,
E no y trob om argent quan lo refon.

Daus Orient entro 'l solelh colguan
Fas a la gent un covinent novelh;
Al lial hom donarai un bezan,
Si 'l deslials mi dona un clavelh;
Et un marc d' aur donarai al cortes
Si 'l deschauzitz mi dona un tornes;
Al vertadier darai d' aur un gran mon,
Si m don' un huou quecx messongier que y son.

Tota la ley qu' el pus de las gens an
Escriuri' eu en un petit de pelh,
En la meitat del polguar de mon guan;
E 'ls pros homes paysseria d' un tortelh,

Quar ja pels pros no fora cars conres;
Mas si fos hom que los malvatz pagues,
Cridar pogra, e non gardessetz on :
Venetz manjar li pro home del mon.

Sel que no val ni ten pro per semblan,
Pros ni valen non tanh que hom l' apel
Ni vertadier, quan met dreg en soan,
Quan dreitura ni vertat non l' es bel;
Car qui fai mal ni tort, razos non es
Qu' en cueilla grat ni lauzor ni pretz ges;
E se ditz ben un reprochier pel mon :
Sel q' una ves escorja autra non ton.

A totas gens dic e mon sirventes
Que si vertatz e dreitura e merces
Non governon home en aquest mon,
Ni sai ni lai no cre valors l' aon.

Faidit, vai t' en chantar lo sirventes
Drech al Tornel a 'n Guigo, qui que pes,
Car de valor non a par en est mon
Mas mon senher EN Ebles de Clarmon.

PIERRE CARDINAL.

XLI.

Tals cuia be
Aver filh de s'espoza,
Que no y a re
Plus que selh de Toloza;
Quar s'esdeve
Que la molher coitoza
Acuelh ab se
Alcun baratador,
Don ilh rete,
Plus vilh d'un'autra toza,
Un filh de que
Fai heres al senhor :
Per so ai fe
Que malvestatz si noza
En tal qu'ieu cre
Que fon filhs de prior.

Tant es viratz
Lo mons en desmezura
Que falsetatz
Es en luec de drechura,
E cobeitatz
Creys ades e melhura,
E malvestatz
Es en luec de valor,
E pietatz

A d' hoste sofrachura,
　　E caritatz
Fai del segle clamor,
　　Et es lauzatz
Qui de dieu non a cura,
　　E pauc prezatz
Qui vol aver s' amor.

　　Qui des en sai
Entro en la Turquia,
　　E daus en lai
Tro que part Normandia,
　　Ad un savai
Baron tot o daria,
　　Non cug ni sai
Que visques ses rancor;
　　Que greu si fai
Que fort gran manentia
　　Son don apai
De conquerre maior;
　　Mal li eschai
Aitan grans baronia,
　　Pus non l' estrai
Del nom de raubador.

　　Mais val assatz
Un ribaut ab pauprieyra,
　　Que viu en patz
E sofre sa nescieyra,

Q' us coms malvatz
Que tot jorn fai sobrieira
D' avols peccatz,
Que non tem dezonor;
Qu' al ribaut platz
La via dreitureira,
E 'l coms es las
De dieu e de sanctor;
E quar lo bas
Hom a valor entiera
E 'l coms non pas,
Pretz ieu mais lo melhor.

E que faran
Li baron de mal aire
Que tot jorn fan
Lo mal e 'l be non guaire?
Quossi poiran
Los tortz qu' an faitz desfaire?
Que lur enfan
Seran plus tolledor,
E non daran
En l' arma de lor paire
Lo pretz d' un guan,
Ni negus en la lor;
E li enguan
Qu' auran fag l' enguanaire
Retornaran
Sobre l' enguanador.

Non ai talan
D' aver aital repaire,
Qu' eras en chan
E totz temps mais en plor.
PIERRE CARDINAL.

XLII.

Pus ma boca parla sens
E mos chantars es faitis,
Vuelh ab belhs motz ben assis
Dressar los entendemens
Dels malvais mal entendens,
Que cuion que valha mais
Hom messongiers que verais;
E 'l sen tenon a folhia,
E 'l dreit tornon en biais.

Ves yfern fay son eslais,
E 'l govern ten ves abis,
Selh que vertatz aborris
Ni ab dreitura s' irais;
Quar tals bast murs e palais
Del dreit de las autras gens,
Qu' el segles deconoyssens
Ditz que mot fa bona via,
Quar es savis e creyssens.

Tot atressi com l'argens
El foc arden torna fis,
S'afina e s'adoussis
Lo bons paupres paciens
En las trebalhas cozens;
E 'l malvatz manens savais,
On plus gent si viest e s pais,
Conquier de sa manentia
Dolor e pena e pantais.

Mas d'aisso no 'l pren esglais,
Quar gallinas e perdis
Lo conorton e 'l bos vis,
E 'l ben qu'en la terra nais,
Dont el es jauzens e gais;
Pueys ditz a dieu en ligens :
Ieu suy paupres e dolens.
E si dieus li respondia,
Poiria 'l dire : Tu mens.

Semblans es als aguilens
Croys hom que gent si guarnis,
Que defora resplandis
E dins val meyns que niens;
Et es mager fenhemens
Que si us escaravais
Si fenhia papaguais,
Quan se fenh que pros hom sia
Us malvatz manens savais.

Tals si fenh pros e valens,
Quar sol gent si viest e s pais,
Que es malvatz e savais;
Mas si los autres payssia,
Per aquo valria mais.
   Pierre Cardinal.

XLIII.

Qui ve gran maleza faire
De mal dir no se deu traire;
Per qu' ieu vuelh dir e retraire
Que ricx hom dezeretaire
Es piegers que autre laire,
 E fai diablia
Peior que negun raubaire,
 E tart se castia.

Ricx hom, quan va per carreira,
El mena per companheira
Malvestat, que vai primeira
E mejana e derreira;
E gran cobeitat enteira
 Li fai companhia;
E tort porta la senheira,
 Et erguelh la guia.

Ricx hom mals quan vay en plassa
Que cuiatz vos que lai fassa?
Quant autr' om ri e solassa,
A l'un mov plag, l'autre cassa,
L'un maldi, l'autre menassa,
 E l'autre afolhia;
E no y fai joy ni abrassa,
 Si com far deuria.

Ricx hom, quan fai sas calendas
E sas cortz e sas bevendas,
De toutas e de rezendas
Fai sos dos e sas esmendas,
Sos lums e sas oferendas,
 E de raubaria;
Et en guerras met sas rendas
 Et en plaideria.

Ricx hom mals, quan vol far festa,
Auiatz quossi fai sa questa :
Tant bat la gent et éntesta
Tro que denier non lur resta,
Que no y qual venir tempesta
 Ni fam ni moria;
Pueys fai cara mout honesta,
 Qui no 'l conoyssia.

Un pauc ai dig de la gesta
 Que dire volia;

Mas tan gran massa n' y resta
Que fort pauc embria.
                    Pierre Cardinal.

XLIV.

Tartarassa ni voutor
No sent plus leu carn puden
Com clerc e prezicador
Senton ont es lo manen :
Mantenen son siei privat,
E quan malautia 'l bat,
Fan li far donatio
Tal que 'l paren no y an pro.

Frances e clerc an lauzor
De mal, quar ben lur en pren;
E renovier e trachor
An tot lo segl' eyssamen;
Qu' ab mentir et ab barat
An si tot lo mon torbat,
Que no y a religio
Que no sapcha sa lesso.

Saps qu' esdeven la ricor
De selhs que l' an malamen?
Venra un fort raubador
Que non lur laissara ren,

So es la mortz, qu' els abat;
Qu' ab quatr' aunas de filat
Los tramet en tal maizo
Ont atrobon de mal pro.

Hom, per que fas tal follor
Que passes lo mandamen
De dieu, que es ton senhor,
E t' a format de nien?
La trueia ten el mercat
Selh que ab dieu se combat,
Qu' el n' aura tal guizardo
Com ac Judas lo fello.

Dieus verais, plens de doussor,
Senher, sias nos guiren;
Guardatz d' enfernal dolor
Peccadors e de turmen;
E solvetz los del peccat
En que son pres e liat;
E faitz lur verai perdo
Ab vera confessio.

    Pierre Cardinal.

XLV.

Tot atressi com fortuna de ven
Que torba 'l mar e fa 'ls peyssos gandir,

Es torbada en est segle la gen
Per un fort ven que dels cors fan salhir
Fals messongiers, deslial e trahire,
Ab que s cuion eyssaussar e formir;
Et en aissi fan veritat delir,
E 'n pert son dreg hom bos qui 'l ver vol dire.

A! greu sera est segl' en l' estamen
Que a estat, segon que auzem dir;
Que hom era crezutz ses sagramen,
Ab sol la fe, si la volgues plevir,
E veritatz era sens escondire;
Ar es tornatz lo segl' en tal azir
Que quecx pessa de son par a trazir;
Per qu' ieu apelh aquest segle trazire.

Qui auzes dir quals son li falhimen
Que fan en cort selhs qui degron regir,
Et an jurat de tenir lialmen
Dreg a quascun? primiers los vey fallir,
E fan semblan aqui mezeis de rire;
E 'ls clamatiers, quan ven al departir,
Ab penhoras, ab dar et ab servir
Perdon lo sen, quant auzo 'l jutge dire.

Entr' els clergues non truep departimen,
Tut son d'un sen, d'un cor e d'un albire,
E siervon dieu aitan honestamen,
Nulh' autra ren non lur pot abellir,

Ni es nulhs hom que mal en puesca dire
Mas selh que y es, si doncx no vol mentir,
Qu' el cavalguar e 'l manjar e 'l dormir
E 'l juec d' amor tenon a gran martire.

No y truep cosselh mas qu' estem lialmen,
E que pensem e Ihesum Crist servir,
Quar el nasquet pel nostre salvamen,
E volc en crotz per nos la mort sofrir;
Aital senhor, qui 'n poiri' autr' eslire,
Qu' el fes de se nau per nos recùlhir
Als grans perils don no podem gandir
Ses cofessar, e so qu' aurem fag dire.

      PIERRE CARDINAL.

XLVI.

TAN son valen nostre vezi,
E tan cortes e tan huma,
Que si las peiras eran pa
E que las aiguas fosson vi,
E li pueg bacon e pouzi,
No serion larc, tals n' i a.

Tals n' i a, mas non dirai qui,
Que foron porc en Guavauda,
Et en Vianes foron ca,

Et en Velaic foron masti,
Seguon l' afaitamen cani;
Mas, quar non an coa, rema.

En jurar de femna no m fi,
Ni son sagramen no vuelh ja;
Quar si 'l metiatz en la ma
Per ver dir un marabeti,
E per mentir un barbari,
Lo barbari guazanhara.

Tals a lo semblant effanti
Qu' el sens es de Trebellia,
E 'l lengua de logicia,
E 'l voluntatz d' EN Alengri:
Tals a belh cors e saura cri
Que dins a felh cor e vila.

Dig vuelh aver de Sarrazi
E fe e ley de crestia,
E subtileza de paia,
Et ardimen de Tartari;
E qui es guarnitz en aissi
Val be messongier Castella.

Quar fai tort e messongas di
Atressi com de tals n' i a.

PIERRE CARDINAL.

XLVII.

Razos es qu' ieu m' esbaudey,
E sia jauzens e guays
El temps que fuelha e flor nays,
Et un sirventes despley,
Quar lialtatz a vencut
Falsedat; e non a guaire
Que ieu ai auzit retraire,
Q' uns fortz trachers a perdut
Son poder e sa vertut.

Dieus fai e fara e fey,
Si com es dous e verays,
Dreitz als pros et als savays,
E merce segon lur ley :
Quar a la pagua van tut
L' enguanat e l' enguanaire,
Si com Abels e son fraire;
Que 'l traytor seran destrut
E li trahit ben vengut.

Dieu prec que trachors barrey
E los degol e 'ls abays
Aissi com fos los Alguays,
Quar son de peior trafey :
Mas aisso es ben sauput,

Pieger es tracher que laire.
Atressi com hom pot faire
De covers morgue tondut,
Fai hom de trachor pendut.

De lops e de fedas vey
Que de las fedas son mays;
E per un austor que nays
Son mil perditz, fe que us dey :
Ad aquo es conogut
Que hom murtrier ni raubaire
No platz tant a dieu lo paire,
Ni tan non ama son frut
Com fai del pobol menut.

Assatz pot aver arney
E cavals ferrans e bays,
E tors e murs e palays,
Ricx hom, sol que dieu reney :
Doncx ben a lo sen perdut
Totz hom a cuy es veiaire
Que, tollen l'autrui repaire,
Cuge venir a salut,
Ni 'l don dieus quar a tolgut.

Quar dieus ten son arc tendut
E trai aqui on vol traire;
E fai lo colp que deu faire

A quec, si com a mergut,
Segon vizi e vertut.
Pierre Cardinal.

XLVIII.

Un sirventes novel vuelh comensar
Que retrairai al jorn del jutjamen
A selh que m fetz e m formet de nien;
Si 'l me cuia de ren ochaizonar,
E si 'l me vol metre en la diablia,
Ieu li dirai : Senher, merce no sia,
Qu' el mal segle trebaliey totz mos ans,
E guardatz me, si us plai, dels turmentans.

Tota sa cortz farai meravilhar,
Quant auziran lo mieu plaideyamen;
Qu' ieu dic qu' el fai ves los sieus fallimen,
Si 'l los cuia delir ni enfernar;
Quar qui pert so que guazanhar poiria,
Per bon dreg a de viutat carestia;
Qu' el deu esser dous e multiplicans
De retener sas armas trespassans.

Ja sa porta non si degra vedar,
E sans Peires pren hi gran aunimen,
Quar n' es portiers, mas que y intres rizen
Quascun' arma que lai volgues intrar,

Quar nulha cortz non er ja ben complia
Que l' uns en plor e que l' autres en ria,
E sitot s' es sobeirans reys poyssans,
Si no ns obre, sera li 'n faitz demans.

Los diables degra dezeretar
Et agra en mais d' armas pus soven,
E 'l dezeret plagra a tota gen,
Et el mezeis pogra s' o perdonar
Tot per mon grat; totz los destruiria,
Pus tug sabem qu' absolver s' en poiria;
Bel senher dieus, siatz desheretans
Dels enemicx enoios e pezans.

Ieu no mi vuelh de vos dezesperar,
Ans ai en vos mon bon esperamen;
Per que devetz m' arma e mon cors salvar,
E que m valhatz a mon trespassamen;
E far vos ai una bella partia,
Que m tornetz lai don muec lo premier dia,
O que m siatz de mos tortz perdonans;
Qu' ieu no 'ls feira, si no fos natz enans.

S' ieu ai sai mal, et en yfern ardia,
Segon ma fe, tortz e peccatz seria;
Qu' ieu vos puesc be esser recastinans,
Que per un ben ai de mal mil aitans.

Per merce us prec, dona sancta Maria
Qu' ab vostre filh nos siatz bona guia,

Si que prendatz los paires e 'ls enfans,
E 'ls metatz lay on esta sanhs Joans.
Pierre Cardinal.

XLIX.

Una cieutat fo, no sai quals,
On cazet una plueia tals
Que tug l'ome de la cieutat
Que toquet foron dessenat.
Tug dessenero, mas sol us;
Aquel escapet e non plus,
Que era dins una maizo
On dormia, quant aco fo :
Aquel levet, quant ac dormit
E fon se de ploure gequit,
E venc foras entre las gens
On tug feiron dessenamens.
L'us fo vestis, e l'autre nus,
L'autr' escupi vas lo cel sus;
L'uns trais peira, l'autre astelas,
L'autre esquisset sas gonelas,
L'uns feri e l'autre enpeis,
E l'autre cuget esser reis
E tenc se ricamens pels flancx,
E l'autre sautet per los bancx;
L'us menasset, l'autre maldis,
L'autre ploret e l'autre ris,

L'autre parlet e no sap que,
L'autre fes metoas de se.
Et aquel qu'avia son sen
Meravilhet se molt fortmen,
E vi ben que dessenat son;
E gard' aval e gard' amon
Si negun savi n' i veira;
E negun savi non i a :
Grans meravelhas ac de lor;
Mas molt l'an els de luy maior,
Qu' el vezon estar saviamen;
Cuion qu' aia perdut lo sen,
Car so que ill fan no ill vezon faire.
A quascun de lor es veiaire
Que ill son savi e ben senat,
Mas lui tenon per dessenat;
Qui 'l fer en gauta, qui en col;
El no pot mudar no s degol.
L'uns l'enpenh, l'autre lo bota,
El cuia eissir de la rota;
L'uns l'esquinta, l'autre l'atrai,
El pren colps e leva e chai.
Cazen, levan, a grans ganbautz
S' en fug a sa maizo de sautz,
Fangos e batut e mieg mortz;
Et ac gaug quan lor fon estortz.

Aquesta faula es al mon,
Semblan et a tug silh que i son;

Aquest segles es la cieutatz,
Que es totz ples de dessenatz;
Qu' el maior sen c' om pot aver
Si es amar dieu e temer,
E gardar sos comandamens :
Mas ar es perdutz aquel sens;
La plueia sai es cazeguda;
Una cobeitatz es venguda,
Uns orgoills et una maleza
Que tota la gen a perpreza;
E si dieu n' a alcun onrat,
L' autr' el tenon per dessenat
E menon lo de tom en vil,
Car non es del sen que son il,
Qu' el sen de dieu lor par folia;
E l' amicx de dieu, on que sia
Conois que dessenat son tut,
Car lo sen de dieu an perdut;
E 'lh tenon lui per dessenat
Car lo sen del mon a laissat.

Pierre Cardinal.

L.

Pus Peyre d' Alvernhe a chantat
Dels trobadors qu' en son passat,
Chantarai a mon escien

D' aquels que pueissas an trobat;
E no m' aion ges cor irat,
S' ieu lor malvatz fatz lur repren.

Lo premiers es de Sanh Desdier
Guillems que chanta voluntier,
Et a chantat mot avinen;
Mas, quar son desirier non quier,
Non pot aver nulh bon mestier,
Et es d' avol aculhimen.

Lo segons de Sanh Antoni
Vescoms qu' anc d' amor non jauzi,
Ni no fes bon comensamen,
Que la primeyra 'l a tray;
Et anc pueis re non li queri,
Siei huelh nueg e jorn ploran s' en.

E lo ters es de Carcasses
Miravals que fai motz cortes,
E dona son castel soven;
E no y estai l' an ges un mes,
Et ancmais kalendas no y pres;
Per que no i ha dan qu' il se pren.

Lo quartz Peirols, us alvernhatz,
Qu' a trent' ans us vestirs portatz,
Et es pus secs de lenh' arden,
Et es sos chantars peiuratz;

Qu' anc, pus si fon enbaguassatz
A Clarmon, no fes chan valen.

E 'l cinques es Gaucelms Fayditz
Que es de drut tornatz maritz
De lieys que sol anar seguen;
Non auzim pueis voutas ni critz,
Ni anc sos chans no fon auzitz,
Mas d' Uzercha entro qu' Agen.

E 'l seizes Guilems Azemars,
C' anc no fo pus malvatz joglars;
Et a pres manh vielh vestimen,
E fai de tal loc sos chantars
Don non es a sos trenta pars;
E vey l' ades paubr' e sufren.

Ab Arnaut Daniel son set,
Qu' a sa vida ben non cantet
Mas uns fols motz qu' om non enten;
Pus la lebre ab lo buou casset,
E contra suberna nadet,
No valc sos chans un aguillen.

En Tremoleta 'l catalas
Qui fai sos sos leuetz e plas,
E sos cantars es de nien,
E peinh sos peills cum s' er' auras;
Ben a trent' ans que for' albas,
Si no fos lo negrezimen.

E 'l noves n' Arnautz de Maruelh,
Qu' ades lo vey d' avol escuelh;
E si dons non a chauzimen,
E fay o mal, quar no l' acuelh;
Qu' ades claman merce siei huelh,
On plus canta l' aigua 'n dissen.

Salh de Scola es lo dezes
Que de joglar s' es faitz borges
A Brajairac o compr' e ven;
E quant a vendut son arnes,
El s' en va pueis en Narbones
Ab un fals cantars per prezen.

L' onzes es Guiraudetz lo Ros
Que sol vieure d' autrui chansos;
Es enoios a tota gen,
Mas quar cuiava esser pros,
Si se partic dels filhs n' Anfos
Que l' avian fag de nien.

E lo dotzes es en Folquetz
De Marcelha, us mercadairetz;
Et a fag un fol sagramen
Quan juret que chanso no fetz;
Perjur nos an say dig pro vetz
Que s perjuret son essien.

E lo trezes es mos vezis
Guillems lo marques mos cozis,

E non vuelh dire mon talen;
Car ab los seus chantars frairis
S' es totz peiuratz lo mesquis,
Et es viells ab barba et ab gren.

Peire Vidals es dels derriers
Que non a sos membres entiers;
Et agra l' obs lenga d' argen
Al vilan qu' er uns pelliciers;
Que anc, pus si fetz cavaliers,
Non ac pueys membransa ni sen.

Guilhems de Ribas lo quinzes
Qu' es de totz fatz menutz apres,
E canta voluntiers non jen;
E percassa s fort, s' il valgues,
Car nulh tems no 'l vim bel arnes,
Ans vieu ses grat e paubramen.

Ab lo sezesme n' i aura pro
Lo fals Monge de Montaudo
Qu' ab totz tensona e conten;
Et a laissat dieu per baco,
E quar anc fetz vers ni canso,
Degra l' om tost levar al ven.

Lo vers fe 'l monges, e dis lo
A Caussada primeiramen,

E trames lo part Lobeo
A 'n Bernat son cors per prezen.
Le Moine de Montaudon.

LI.

L' autre jorn m' en pugiey al cel,
Qu' aniey parlar ab sanh Miquel
    Don fui mandatz;
Et auzi un clam que m fon bel:
    Eras l' auiatz.

Sanh Jolias venc denan dieu,
E dis : Dieus, a vos mi clam ieu
    Com hom forsatz,
Dezeretatz de tot son fieu,
    E malmenatz.

Quar qui ben voli' alberguar,
De mati m solia preguar
    Qu' ieu 'l fos privatz;
Eras no y puesc cosselh donar
    Ab los malvatz.

Qu' aissi m' an tolt tot mon poder,
Qu' om no m pregua mati ni ser;
    Neys los colgatz
Laissan mati dejus mover;
    Ben suy antatz.

De Tolza ni de Carcasses
No m plang ta fort ni d'Albiges,
   Com d'autres fatz :
En Cataluenh' ai totz mos ces,
   E y suy amatz.

En Peiragorc e 'n Lemozi,
Mas lo coms e 'l reys los auci,
   Sui ben amatz;
Et a 'n de tals en Caerci
   Don sui paguatz.

De lai Roergu', en Gavauda,
No m clam ni m lau qu' aissi s' esta;
   Pero assatz
Y a d' aquelhs q' usquecx mi fa
   Mas voluntatz.

En Alvernhe ses aculhir
Podetz alberguar e venir
   Descovidatz,
Qu' il non o sabon fort gent dir,
   Mas ben lur platz.

En Proensa et els baros
Ai ben enquera mas razos;
   Non sui clamatz
Dels Proensals ni dels Guascos
   Ni trop lauzatz.

Le Moine de Montaudon.

LII.

De sirventes aurai gran ren perdutz,
E perdrai en enquera un o dos
Els rics malvatz on pretz es remasutz,
Qu' a lor non platz donars ni messios,
Ni lor platz res que taingna a cortezia,
Mas be lor platz quant ajoston l' argen;
Per so n' a mais cel que lo met plus gen,
C' onors val mais que avols manentia.

Ja non serai desmentitz ni vencutz
Qu' anc hom escars non fo aventuros;
E si n' i a un qu' en sia cregutz,
Doncs n' a el faig alcun fag vergoignos:
C' avers non vol solatz ni leugaria,
Ni vol trobar home larc ni meten,
Ans lo vol tal qu' estia aunidamen
E tal qu' endur so que manjar deuria.

Que val tesaurs qu' ades es rescondutz,
Ni cal pro tenc a nuill home qu' anc fos?
Aitan n' ai eu, sol non sia mogutz,
Com an aquil que lo tenon rescos:
C' a mi non costa un denier si s perdia,
E ill an tot l' esmai e 'l pessamen;
E quan perdon l' aver perdon lo sen,
Et a mi an pro donat de que ria.

Per valens faitz es hom miells mantengutz
Et acuillitz et honratz per los bos;
E n' es hom miells desiratz e volgutz,
E 'n pot menar plus honratz compaignos :
Que malvestatz ab pretz no s' aparia,
Ni s' acordon per lo mieu escien;
Que pretz vol dar e metre largamen,
E malvestatz estreing e serra e lia.

Lai a 'n Guillem Augier, on pretz s' es clutz,
Tramet mon chant, car el es cabalos;
E 'ls enemics ten sobratz e vencutz,
Et als amics es francs et amoros,
Larcs et adregs e senes vilania;
E tot quant a dona e met e despen,
E non o fai ges ab semblan dolen;
Per qu' en val mais, ja tan pauc non metria.
Bertrand du Pujet.

LIII.

Ab gran dreg son maint gran seignor del mon
Sempre de bos servidors sofraichos,
Et ab gran dreg prendon maintas sazos
Danz e destrics, quan se pogran gandir,
Et ab gran dreg faillon a conquerer
Terras e gent, quan n' an cor e voler,
Car an mes tot so per qu' om vai pueian
En honrament et en pretz, en soan.

E car il tan senz tota valor son
Non dur' ab els servire fiz ni bos,
Car s' esdeve, sia tortz o razos,
Que cascuns vol l' us aprendr' e seguir
De son seignor per miels ab lui caber;
Doncs si fezesson aissi lur dever
Li croi seignor com il s' en van loingnan,
Grieu aurion servidor mal obran.

E sol per so si dechai e s cofon
Lo segl' e s pert, car il son nuaillos
E nonchalen de totz faitz cabalos;
E m meravil com pot esdevenir
Qu' il no voillan proeza mantener,
Car s' ab proeza pueion en poder
Et en ricor, don tan gran talent an,
Per qu' eu m' en vau trop fort meraveillan.

Car totz seingner, on mais a cor volon
D' aver mais e d' esser mais poderos,
De valer deu esser mais voluntos
E de tot so que fassa 'ls pros grazir,
E maiorment de dar, car fai tener
Per pro maint hom a pauc d' autre saber,
E de tot' autra valor sol que n' an,
Qu' el don si gart qu 'o met en luec prezan.

E s' om prezatz, que don pren, no i respon
Gent, quant obs es l' onors e 'l pretz e 'l pros

Qu'en ven, celui per cui faig es lo dos,
Restaura tot; car chascus que l'au dir,
Si s preza ren ni sab en re valer,
A tan bon cor vas lui com degr' aver
Cel que n'a pres lo don, per qu' a afan
No s deu nuls hom tener dar si onran.

Als seingnors cug aver faig gran plazer
En aquest chant, al pros per mantener
Lur bel capteing, et als autres montran,
S'il volon far lur pron, so qu' a far an.
BONIFACE CALVO.

LIV.

Per tot so c' om sol valer
　　Et esser lauzatz
　Deval et es encolpatz,
　Car es proeza folia
　E leialtatz non sabers
　E gaieza leujaria,
　C' aissi es camjatz valers
En avoles' e il en lui, qu' om te
Lo croi per pro, e qu' el pros non val re.

　E sitot ai eu saber
　　De far malvestatz,
　Per q' eu seria prezatz,

Et en poder puiaria;
Conoissenza e devers
Mi capdellon tota via
De guiza, que mos volers
No m sofre ges que m plaia fais, per que
Mi prezon cil qu' el mal tenon per be.

Anz voill ab aital voler
    Meinz poder assatz,
Que dels crois mal enseingnatz
Ples de tota vilania
Mi plai en re lurs plazers
Ni lur mendiga paria,
Car mi par lur chapteners
Tant laitz e tant aunitz, que per ma fe,
Qan sovinenza n'ai, m' enueg de me.

E sai qu' eu faria parer
    Ab mos ditz serratz,
Que m lau com outracuidatz,
Non a totz, que s' o fazia
De messoini' auri' el vers
Semblanz', e tant se valria;
Mas sitot no m faill lezers,
Ges de chantar no m membra ni m sove,
Mas sol per cels qu' entendemenz soste.

Domna, tan mi fai plazer
    Bels faitz e honratz,

Lo senz e la granz beutatz,
La valors e 'l cortezia
De vos que res fors poders
No m sofraing a far que sia
Perdutz l' auzirs e 'l vezers
E 'l senz dels avols, per cui s' esdeve
C' om lau celui c' avinen no s capte.
Boniface Calvo.

LV.

Qui ha talen de donar
Tal don que sia lauzatz
Entr' els savis, deu pensar
Tres chauzas, ben o sapchatz:
Cals es el eis taing que s pes,
E cals cel qu' el don deu penre,
E cals los dos; qu' estiers res
No 'l pot de blasme defendre.

Qu' om don tan gran non deu dar
Qu' en sia trop fort grevatz,
Ni tant pauc qu' a soanar
Lo taingna cellui qui er datz;
Ni dons avinens non es
C' om lo 'n poiria rependre,
O chauzir qu' el non saubes
So que s taing a far entendre.

E quant hom per si honrar
Da 'l sieu e n' es desonratz,
No s pot maiorment desfar;
Qu' avers e l' honors prezatz
Val mais que nuls autre bes;
Doncs qui 'ls pert non pot contendre
Que d' autra guiza pogues
Tan bassa valor descendre.

Per que requer' e pregar
Lo rei castellan mi platz
Qu' el deia mos chanz membrar,
E non crei' uns sieus privatz;
Car il an tal us apres
E tal art, so il vol aprendre,
Que quecs, per pauc qu' el n' agues,
Son pretz volri' escoiscendre.

Tan mi fai ma dompn' amar
Amors, qu' en sui fol jugatz;
Que can deuria poingnar
El rei de servir, li fatz
Plazers; e no m' en tueil ges,
Car sai qu' il m' en degra rendre
Bon guierdon, s' il plagues
Adreg sa merce despendre.

BONIFACE CALVO.

LVI.

Mon sirventes tramet al cominal
De tota gen, e si 'l volon auzir
Ni l'entendo ni 'l sabo devezir,
Quascus hi pot triar-lo ben del mal;
Que cobeytatz a tant sazit en brieu
Lo mon que no y cort dreg ni tem hom dieu,
Ni no y trob om merce ni chauzimen,
Ni vergonha ab lo pus de la gen.

Clergue volon trastot l'an per engual
Ab cobeitat gent caussar e vestir;
E 'l ric prelat volo s tant enantir
Que ses razo alargan lor deptal;
E si tenetz de lor un honrat fieu
Volran l'aver; e no 'l cobraretz lieu,
Si no lor datz una summa d'argen,
E no lor faitz plus estreg covinen.

Rey e comte, baylo e senescal
Volo 'ls castels e las terras sazir,
A lur gran tort las paubras gens delir;
E li baro son tornat atretal;
E ditz quascus : Ieu penrai d'aquo mieu ;
Et ab tot son plus paubres que romieu ;
E no tenon vertat ni sagramen ;
E nos autres em tug d'aquelh eys sen.

Si monge nier vol dieus que sian sal
Per pro manjar ni per femnas tenir,
Ni monge blanc per boulas a mentir,
Ni per erguelh Temple ni Espital,
Ni canonge per prestar a renieu,
Ben tenc per folh sanh Peir' e sanh Andrieu
Que sofriro per dieu aital turmen,
S' aquest s' en van aissi a salvamen.

Si capelan per pro beure a Noal,
Ni legistas per tort a mantenir,
Et ostalier per son oste trahir,
E loguadier per falsar lor jornal,
E raubador e metje e corrieu,
Rauban la gen, se salvo, non cre ieu
Que menudet no vivon folhamen
E selhs qu' estan cofes e peneden.

Revendedor, obrier e menestral
Iran a dieu, si lor o vol sofrir,
Ab car vendre et ab pliven mentir;
E camjador et home de portal,
E renovier yssamen com Juzieu,
E noyriguier panan so qu' om lor plieu,
E laurador terras sensals tenen,
Festas obran e mezinas crezen.

A l' autra gen darai cosselh leyal,
Sitot no 'l say a mos ops retenir,

Que quecx pesses de be far e de dir,
Que non aurem negus plus de cabal,
Ni 'n portarem escrit el nostre brieu
Ad aysselh jorn que rendrem comt' a dieu,
Al derrier jorn' que tenra parlamen
Ayselh senhor que ns formet de nien.

De totz los reys ten hom per pus cabal
Lo rey 'n Anfos, tan fay bos faitz grazir,
E dels comtes selh de Rodes chauzir
Fai sa valor e son pretz natural,
E dels prelatz selh de Memde, qu' el trieu
Sec drechamen e despen gent lo sieu,
E dels baros son fraire, tan valen
Son tug siey fag e siey captenemen.

Qui mon chantar me repren no m' es grieu,
Si maynt fan be sitot pauc m' en fatz ieu;
Ab que las gens renheson leyalmen,
Pueys poirion dir: De folh apren hom sen.
RAIMOND DE CASTELNAU.

LVII.

Cristias vey perilhar
Per colpa dels regidors,
Quar entr' elhs no cap amors

Ni patz ni dreitz, qu' ab tortz far
Son d' autruy dreg enveyos,
E creys lurs iniquitatz,
Creyssen lurs possessios.

En aisso truep voluntos
Lo pus de las poestatz;
Ja non dirai dels prelatz
Qu' ilh devon governar nos,
Mostran via per salvar;
Si s fan don lur tanh lauzors,
E dieus fassa 'ls drech guidar!

Per sas obras deu mostrar
Selh que repren las follors,
Si que 'l n' eschaya honors;
Qu' ayssi deu hom essenhar,
Quar non es maiestres bos
Per sol dictar apelatz,
Si 'ls faitz no fay cabalos.

Aisso lais, qu' autra razos
M' o tolh don suy apessatz,
Qu' els reys truep desacordatz,
Que d'un voler non sai dos;
Tant vol quascus contrastar
Ab l' autre, don es paors
Que dieus tot o desampar.

Un temps vol dieus yssausar
Crestias, e 'l fon sabors,
Quar el pus era valors;
E pessavan d' elh honrar
Contra Sarrazis fellos,
Et avian entr' elhs patz
Et amor totas sazos.

Mas er es contrarios
L' us a l' autre, que duptatz
No y es enjans ni baratz
Ni cuberta tracios;
L' us cuia l' autr' enjanar:
Mas pus greu m'es dels maiors,
Qu' el mals pot a mais montar.

Quan l' us ve l' autre baissar,
Se deurian far socors,
Quar qui val a valedors;
Mas estiers los vey obrar,
Que del creysser son gilos
E del mermar fan solatz,
Qu' om val als pus poderos.

Bos reys castellas, N Anfos,
Ab dreg faits tot quant fassatz
Et auretz pro companhos.

El devers sia gardatz
Vostres, e 'l pretz per vos.

Giraud Riquier.

LVIII.

Qui m disses, non a dos ans,
Qu' el laus me fos desgrazitz
Del rey 'n Anfos, de pretz guitz,
Mot me fora greus afans;
Qu' er es tant vil tengut sai
E blasmatz, que sol parlar
Non aus de luy ad honor,
Don ai al cor tal dolor
Qu'ab pauc chant no 'n desampar.

A moutz homes l' aug blasmar
Que li foran valedor,
Si guerra l' agues sabor
Tant com a cor de donar:
Mas ieu las! suy en esmai,
Com me sol lauzar mos chans,
Per elh que m' er abelhitz
Tant qu' ieu serai sebelhitz,
Ans que dreg alhors los lans.

Mala veyra sos efans,
Si 'l pus de la gent ver ditz,
Que vius n' er despostaditz;
E dieus don me mort enans,
Quar ja gran joy non aurai
Tro per ver auia comtar

Que 'l sieu enemic maior
Aian ab luy tal amor
Que d' elhs no 'l calha gardar.

Ab dreg a volgut renhar
Et ab pretz et ab valor,
Creyssen de terr' ab lauzor,
Lo reys n Anfos que dieus gar;
Et aras deu mielhs e mai
Voler dreg e patz dos tans,
Sol que non si' escarnitz;
Per que de dieu si' aizitz,
E sos pretz no s desenans.

Mos ditz sera pro bastans
Sol que per luy si' auzitz,
Qu' ieu parti totz esferzitz;
E si m' enten, non l' er dans;
Pero aitan li dirai
Que reys deu amicx amar,
Mas de l' als dir ai temor,
E 'lh chauzisca son melhor
Per son dreg dever a far.

Jamais no m' esforsarai
D' el rey castellan lauzar,
Ni d' autre, si en error
Ven son pretz, qu' a deshonor
Me pogues ab dan tornar.

No suy astrucx de senhor
Que m vuelha de cor amar.
                    GIRAUD RIQUIER.

LIX.

Fortz guerra fai tot lo mon guerreiar
E destruir, per que tot er destrutz,
Qu' ab totz esfortz vey las gens esforsar
De dechazer us austres dechazutz
De drechura, q' us non es drechuriers,
Ans es ab tort qui pot pus torturiers,
Tant que temors de dieu no y fai temensa,
E qui conoys mescre sa conoyssensa.

Per qu' el mons es estranhatz de mondar,
Quar hom no cre autre ni es crezutz,
Ni es amatz per ren ni pot amar
Ni ben voler, ans es totz ben volgutz
Qu' om dona dreg, dat per dieu, per deniers;
E per aver avera 'ls messongiers;
Per que dieus fa ses pro far penedensa
Als crestias crestatz de paciensa.

Q' us ab son par no s pot apariar
Ses decebre, don quecx es deceubutz
E gualiatz, tan vol quecx gualiar,
Creyssen lo sieu, don mals es tant cregutz
Qu' om no vol far ben, e fa voluntiers

Mal, per que patz nos fug, qu' el vers paziers
Par que nos falh per la nostra falhensa,
E no nos val quar nos no 'l faym valensa.

Mas qui fes totz los bes que pogra far,
E que s tengues dels mals on es tengutz,
Et oblides so que deu oblidar,
E decores de cor so qu' es salutz,
E volgues dreg quar dreitz es dreitz semdiers,
Qu' aissi viven viu hom e non estiers,
Et obezis so qu' es d' obediensa,
De belh saber agra belha sabensa.

Vers paires dieus, don no ns podem pairar,
Vera via, vertatz e vera lutz,
Vers salvamens per que ns devem salvar,
Vera bontatz don totz bes es vengutz,
Amaires vers als amadors entiers,
Defendemens defendens d' aversiers,
Faitz nos obrar tals obras ab crezensa
Qu' entr' els gueritz trobem ab vos guirensa.

Amples camis ab trops de caminiers,
Leus per saber e per tener leugiers,
Es selh de mort, e mortals ab temensa
Selh de vida, per qu' a paucx vius agensa.

Si be m falhic no crey que y fes falhensa,
Mos Belhs Deportz, deport truep e guirensa.
                                    GIRAUD RIQUIER.

LX.

Vertatz es atras tirada
E messonja enantida
E lialtatz encaussada
E falsetatz aculhida,
Qu' om ten per dreg son voler
Et obra de son poder
Don tortz es tan poderos
Que dreitz es a non chaler
Vengutz, que no y val sermos.

Sancta fes es sermonada
Mot, e pauc l' obra seguida;
Tant es plazens e privada
Selha de mondana vida,
Qu' om, per complir son plazer,
Desconoys dreg e dever,
E d' aver es tant curos
Hom, e pro non pot aver,
Que no sap que s' es razos.

E crey qu' a dieu non agrada
Quar amors non es aizida,
Ni merces non es trobada;
Per que patz nos es falhida,
Qu' om non la vol enquerer;
Don deu lo mons dechazer,

Quar dieus totz savis, totz bos,
No vol en loc remaner
On baratz renh e tensos.

Mas si patz fos essercada
Tant com es guerr' afortida,
Erguelhs non agra cassada
Merce qu' al mon fort oblida,
Per qu' amors no y pot caber
Ni sens no y pot res valer,
Qu' erguelhs e baratz ginhos
Tolhon auzir e vezer
Ad home totas sazos.

Ihesus Cristz nos a mostrada
Via qu' es del ver gaug guida,
Mas tant es pauc ademprada,
Per que petit es polida,
Quar mot es greus per tener
Qu' om manjar be ni jazer
No y pot, ans viu sofrachos
Del mon que deu fort temer,
Quar tot l' es contrarios.

Lo mons no dona lezer
De be, e fai mal plazer;
E qui pus l' es amoros
Mens a de ben far poder,
Tant es lo mals saboros!

Sanctz paires dieus glorios,
Senher, datz nos tal saber
Qu' el mon azirem per vos.

GIRAUD RIQUIER.

PIÈCES
MORALES ET RELIGIEUSES.

Senher dieus, que fezist Adam,
Et assagiest la fe d'Abram,
E denhest penre carn e sanc
Per nos, tant fust humils e franc!
Pueis liuriest ton cors a martire,
Don mos cors en pessan m'albire
Que trop fesist d'umilitat
Segon ta auta poestat;
Dieus Ihum Crist, filh de Maria,
Senher, mostra m la drecha via,
E no y esgart los meus neletz,
E retorna m' als camis dretz.
Hueimais be s tanh qu'ieu me descobra,
Tant ai estat en mala obra!
Tost temps a me gran amareza,
E tenc mon cor en cobezeza;
Voluntiers ajustiey vas me
E non ges tot per bona fe;
Voluntiers amassey l'autrui

E non guardei ni qual ni cui,
E fui tost temps de malenconi,
E mantinc obra de demoni,
Quan me venc en cor que m partis
E que a tu ver dieu servis;
Peccatz m' azauta que me refresca,
Que m' es pus dos que mel ni bresca,
E retorna m' al recalieu
Que m' es salvatge et esquieu,
Tant me sobra peccatz mortals!
Si tu, vers dieus, doncx no m' en vals.
Tant es cozen lo mal que m toca
Que no 'l puesc comtar ab la boca,
Ni metje no m' en pot valer,
Si tu no m vals per ton plazer,
Glorios dieus, per ta merce
Dressa ta cara devan me,
E remira lo greu trebalh
C' aissi m tensona e m' assalh,
Que los mieus peccatz son per nombre,
Per tal tem que la mort m' encombre,
Qu' els mieus peccatz son massa trops,
E 'l tieu coselh m' a mot gran obs.
Gran merce te clam com hom vencut
Que m' aiut, dieus, per ta vertut;
Qu' en peccat soi natz e noiritz,
Et en peccat ai tant dormitz
C' a pena vei la clara lutz
Qu' el tieu sant esperit m' adutz:

En escur vauc com per tenebras;
Malautes sui pus que de febras,
En caitivier jac et en pena
E tenc al col tan gran cadena
Que tot soi pesseiatz e franhs,
Tan fort es dura e pezans!
Glorios dieus, senher del tro,
Si t plai, delieura m de preizo;
Ab gran dolor t' apel e crit,
Senher, no m metas en oblit;
Oblidat m' as per ma folhor
Car no t servi com a senhor,
E soi pus freg que neu ni glas,
Quan me parti del tieu solas;
Glorios dieus, dona m calor
E sen e forsa e vigor
E conoissensa e saber,
Qu' ieu te serva a ton plazer.
Senher dieus, fai ne de mon cor
De totas partz dins e defor,
De tota mala voluntat,
E d' erguelh e de malvestat,
E retorna m' al tieu servici,
E salva m' al jorn del juzizi;
Glorios dieus, tramet me lum
Que m get dels huels aquel mal fum,
'Aisi que sian bels e clars,
Que no sian durs ni avars,
E reconosca 'ls tieus sendiers,

C' aissi son plas e drechuriers;
Qu' ieu res no vei ni sai on so,
Ans prenc lo mal e lais lo bo;
Senher dieus, garda m del camis
Que la mort troba tan mesquis,
E de lur gran desaventura
Dels enemicx, que es tan dura.
Dieus, perdona me en ma vida
Totz mos peccatz e ma falhida,
Ans que la mortz me sobrevenga,
Quan non poirai menar la lengua;
Car penedensa del adoncx
No val a l' arma quatre joncx;
Adjuda m, dieus, tost; no moticx,
Car tost mos mortals enemicx
N' aurian gaug senes acort,
Si m podiam liurar a mort.
Senher dieus, mot m' o tenc a tala,
Car ieu no truep genh ni escala
On te pogues venir denan,
Laisus on son li gaug e 'l san.
Dieus, tu que fist tan bel miracle,
Met me el tieu sant habitacle,
Car tot mon cor e m' esperansa
Es en la tua piatansa;
Car pus greu comte que d' arena
Port de pecat sus en l' esquena;
Qu' el mon no sai hom tan deslieure
Pogues totz mos pecatz escrieure;

Mas tu, senher vers dieus, que saps
Mos pessamens e totz mos abs,
A tu non puesc esser selat
Cal fui, cal soi, cal ai estat;
Tant ai peccat que no sai nombre;
Si anc fui fols, aras soi domde,
Car peccat m' a cubert e clors,
De totas parts me tenon mortz.
Dieu, dona m genh com en partisca,
Per so que t laus e que t grazisca,
Car tu yest, dieu dos, amoros
E senher dieu tot poderos.
Veray dieu, dressa tas aurelhas
Enten mos clams e mas querelhas;
Aissi t movrai tenson e guerra
De ginolhos, lo cap vas terra,
La mas juntas e 'l cap encli
Tan tro t prenda merce de mi;
E lavarai soven ma cara,
Per tal que sia fresqu' e clara,
Ab l' aigua cauda de la fon
Que nais del cors laisus el fron;
Car lagremas e plans e plors
So son a l' arma frutz e flors.
Senher dieus, en tu ai mos precx,
En esta cocha no m denecx;
Ja soi ieu tos parens carnals
E tos parens esperitals;
Ieu soi tos filhs e tu mos paire.

Lo mieu senher e 'l mieu salvaire;
Ieu soi tos filhs, tu mos parens,
Aias de mi bos chauzimens,
Car ieu soi ples de tot peccat
E tu, senher, d' umilitat;
Tu iest fort aut et ieu trop bas,
Car peccat m' a vencut e las.
Dels enemicx me garda, senher,
Que m volon dampnar e destrenher;
Ampara m, dieus, mos esperitz,
Ans qu' en sia del tot partitz,
E dona m vida eternal
El tieu regne celestial.
  Amen.
    FOLQUET DE MARSEILLE.

II.

VERS dieus, el vostre nom e de sancta Maria
M' esvelharai hueimais, pus l' estela del dia
Ven daus Iherusalem que ns essenha quec dia.
  Estatz sus e levatz,
  Senhors que dieu amatz,
  Qu' el jorns es apropchatz,
  E la nueg ten sa via;
  E sia dieus lauzatz
  Per nos et adoratz,
  E 'l preguem que ns don patz

A tota nostra via.
La nueg vai e 'l jorns ve
Ab clar temps e sere,
E l' alba no s rete,
Ans ve belh' e complia.

Senher dieus que nasques de la verges Maria
Per nos guerir de mort e per restaurar via,
E per destruir enfern qu' el diables tenia,
E fos en crotz levatz,
D' espinas coronatz
E de fel abeuratz;
Senher, merce vos cria
Aquetz pobles onratz
Que 'lh vostra pietatz
Lor perdon lor peccatz,
Amen, dieus, aissi sia.
La nueg vai e 'l jorns ve
Ab clar temps e sere,
E l' alba no s rete,
Ans ve belh' e complia.

Qui no sap dieu preiar ops es que o aprenda
Et auia qu' ieu dirai, et escout et entenda.
Dieus, que comensamens es de tota fazenda,
Laus vos ren e merce
Del be que m faitz ancse;
E prec, senher, que us prenda

Gran pietat de me,
Que no m truep ni m malme,
Ni m' engane de re
Diables ni m surprenda.
La nueg vai e 'l jorns ve
Ab clar temps e sere,
E l' alba no s rete,
Ans ve belh' e complia.

Dieus, donatz me saber e sen ab qu' ieu aprenda
Vostres sanhs mandamens, e 'ls complis e 'ls atenda,
E 'l vostra pietatz que m'guerisc e m defenda
En est segle terre,
Que no m trabuc ab se;
Quar ie us ador e us cre,
Senher, e us fauc ufrenda
De me e de ma fe,
Qu' aissi s tanh e s cove;
Per so vos crit merce
E de mos tortz esmenda.
La nueg vai e 'l jorns ve
Ab clar temps e sere,
E l' alba no s rete,
Ans ve belh' e complia.

Aquest glorios dieus qui son cors det a venda,
Per totz nos a salvar, prec qu' entre nos estenda
Lo sieu sant esperit que de mal nos defenda,
E d' aitan nos estre

Josta los sieus nos me
Laysus on si capte,
E ns meta dins sa tenda.
La nueg vai e 'l jorns ve
Ab clar cel e sere,
E l' alba no s rete,
Ans ve belh' e complia.

  Folquet de Marseille.

III.

Patz passien ven del senhor
Que per nos pres carn e moric,
Volc nos rezemer del sieu sanc
Que 'l fossem ver, fizel amic;
Per so ja us non s' en estanc
Que us quecx vas lui non corra;
Que dieus nos dona tal conort
Qu' el segle fals fallit e mort;
Nos traga patz per sa doussor
Que fa als bos los mals chauzir,
E 'n patz ab patz patz obezir.

Per aquesta n' aurem maior
Patz, e vullatz qu' om non prezic
Ges non es ni er ni fon anc

En ergulhos cors fellon ric;
Per qu' ieu sospir soven e planc
Quar non pessam pus ab ora
Q' us a l' altre no fezes tort
Ni agues ira ni desconort
Mas fezes l' us a l' autr' amor
E cum pocsem a dieu servir
Que elh nos denhes aculhir.

Regart deu aver e paor
Qui sap so qu' elh per nos suffric;
Vol que siam humil e franc,
Perdonem a nostr' enemic;
Per so que de lui non s' aranc
Peccatz que fort brama e plora,
Quar li premier li son estort
Non y a un tan gran ni fort,
Si cai lains, qu' ab gran dolor
No 'l fasson ardre e blezir
Sels que fan peccar e fallir.

A nulh home no fa honor,
Ni de lur obra non jauzic,
Que no 'l tornon d' aut bas el fanc,
Si co feiro 'l premier antic;
E ja no cug traspas ni manc,
Tart o temps, qu' a mala hora
Qui diable siec non la port,

De cobezeia ns planton ort
De sobre tot mal lo peior;
Per que ns podem greu d' elhs partir
Qui ben no s' en sap escrimir.

Peccatz a tan dossa sabor
Per que Adams lo pom trazic,
Del dreg just fetz fals clop e ranc
Cobezeza qu' el ne partic,
Qu' elh era assis en tal banc
Ja no saupra mals que s fora,
Et a donat estranh deport,
Ira e trebalh e desconort
A selhs qu' intran al bolidor,
Don jamais non poiran issir;
Pensem nos quo y poiren guerir.

Trichat seran li trichador
Que anc mal per pieitz non gequic,
No y aura riu, vouta ni danc
Als perjurs fals qu' a fe falhic,
Que tot denan lor no sen planc
Ni engans que no 'l secorra;
Selh es folhs quar a son tort
Del diable, quar ab sa sort
Lo n' a portat, a deshonor,
Que anc no 'l laisset repentir
En vida ni quan dec murir.

Dombre dieu prec ieu et ador
Qu' elh nos lais el sieu renc venir
Ab sos angils cans novelhs dir.

C' al comte R*** val honor
E forsa per enantir
Pretz en que totz lo mon se mir.

Comte, rey et emperador,
Avem lui per pretz enardir,
Ab patz enantir e sofrir.

GAVAUDAN LE VIEUX.

IV.

Razos es e mezura,
Mentr' om el segle dura,
Que aprenda chascus
De sels que sabon plus.
Ja 'l sens de Salamon,
Ni 'l saber de Platon,
Ni l' engeinz de Virgili,
D' Omer ni de Porfili,
Ni dels autres doctors
Qu' avetz auzitz plusors,
No fora res prezatz,
S' agues estat selatz;

Per qu'ieu soy en cossire
Com pogues far e dire
Tal re que m fos honors,
E grazit pels melhors.
Mas negus non entenda
Qu'ieu aquest fais mi prenda
Que l'encrim de folhor,
Ni m tengna per doctor.
De saber no m fenh ges,
Mas de so qu'ai apres,
Escotan e vezen,
Demandan et auzen;
Car nulhs non a doctrina
Ses autrui disciplina.
Mos sabers non es grans,
Mas qu'en tira 'l talans
D'aprendre e d'auzir
So qu'om degues grazir.
Que eys lo mieu aprenre
Si nulhs es de mi menre
De sen ni de sciensa.
Segon la conoissensa
Qu'ieu ai ni sent ni sai,
Del segle mostrarai
Com se deu captener
Qui vol bon laus aver:
Mas coven esgardar
Cum o dey comensar,
Car sens non es grazitz

Mas per los essernitz,
E s' o es, non es guaire.
Per so vuelh ieu retraire
Al rey cuy es Lerida,
Cui jois e jovens guida,
Primieiramen mos ditz
Si com los ai escritz;
Non per tal que 'l sofranha
Res qu' a bon pretz s' atanha,
Mas car es conoissens
En totz faitz avinens,
Li prec qu' el esmend me,
S' ieu y mespren en re.

Qui vol corteza vida
Demenar ni grazida,
Ab ferm cor e segur,
Per tal que son pretz dur,
Sapcha dieu retener
Et onrar e temer;
Car pretz ni cortezia
Ses dieu non cre que sia.
De totas encontradas,
Estranhas e privadas,
Aprenda de las gens
Faitz e captenemens;
E demand' et enqueira
L' esser e la maneira
Dels avols e dels pros,

Dels malvatz e dels bos :
Lo mal e 'l ben aprenga
E 'l mielhs gart e retenga ;
Tot quant es deu saber
E 'l ben sol retener ;
Pueis poira s mielhs defendre,
Si nuls lo vol reprendre.
Ja non aura proeza
Qui no fug avoleza,
E non la pot fugir
Qui non la sap chauzir :
Ni cortes non er ja
Qui non conois vila,
Ni bos, si dieus mi sal,
Qui non conois lo mal ;
Per so no s deu tardar
D' auzir e d' escoutar
Nuls hom qu' en pretz enten,
Car, pel meu escien,
Entr' els nessis e 'ls fatz
Pot chauzir lo senatz
Tal ren qu' a lui er bos,
Et ad els non ten pros.
Qui sap sens e foldatz
Melhers n' es sos solatz ;
Car li sen e li joc
An lur temps e lur loc
On se fan aretraire
Per sels qu' o sabon faire.

Del segle us dic aitan,
Segon que m' es semblan,
Selui ten ieu per pro
Que sap guardar sazo
De sas antas venjar
E 'ls bens guazardonar,
Qu' aitals es bos uzatjes;
E requier o paratjes
Qu' om sia humils als bos
Et als mals ergulhos:
Mas una re us dirai,
Segon lo sen qu' ieu ai,
Non an proeza bona
Ges tuit cill qu' om razona,
Qu' entr' els desconoissens
E per avols guirens
Es proeza jutjada,
E per mans autreiada
Qu' anc non saubron que fos
Proeza per razos.
Proezas son devizas,
E pretz de mantas guizas;
Las unas son cabals
E las autras venals;
Mas, cui que pes o plassa,
Ja no us dirai que s fassa
Pretz de gap ni d' ufana
Ab proeza certana,
C' aisso don s' asegura

Tan quant el segle dura.
Qui proeza dezira
Fols es qui non cossira
Don nais ni don soste,
Car ses aisso non cre
Que nuls hom bon pretz aia,
Qui que s' en crit ni 'n braia;
Per fals razonador
Qui non conois valor
En si ni en autrui,
No son, si be s fan brui,
Ges avol li blasmat
Ni pros cill qu' an lauzat.
D' els no us vuelh pus parlar,
Mas laissarai estar
Los pros ab los prezatz
E 'ls nessis ab los fatz,
E si dirai als gais
De proeza don nais.
Ges no nais ni comensa
Segon autra naissensa,
Qu' ins el cor, so sapchatz,
La noiris voluntatz.
Er no us sia veiaire
S' el filhs fo de bon paire,
Hom no s' en meravilh,
Si non pareis al filh;
Terras pot hom laissar
E son filh heretar,

Mas pretz non aura ja,
Si de son cor non l' a;
Per que pretz senhoreya,
E cre que far o deya
Sobre totas honors,
E n' es caps e colors;
Paratge d' auta gen,
Poders d' aur ni d' argen
No us daran ja bon pretz,
Si ric cor non avetz,
Ric cor, sens desmezura,
Que d' autre non ai cura.
Proeza eis del coratge,
Veus son meilhor linhatge;
Et entendetz apres
Per cuy estai en pes :
Conoissensa e sabers,
Sens, largueza e poders
Donon pretz per tos temps,
Qui 'ls sap aver essems.
En aquest cinc, senz pliu,
Nais proeza e reviu.
Conoissensa e largueza
Son las claus de proeza;
Poders es la serralha,
E qui gen la baralha
Ni la sap desfermar,
Non pot guaire durar;
Per qu' el sens y cove

Que las claus gard e te;
Sabers n' es messatgiers
Cortes e plazentiers
Que dis plazers e 'ls fai
Lay on ve que s' eschai.
Ses aquest cinc no vey
Emperador ni rey,
Duc, comte ni baro
Ni nulh autre home pro
Cui pretz puesca durar,
Si be s fan razonar.
Li flac ric de paratge,
Sofraitos de coratge
Fan dir a lur privatz :
Senher, aisso sapchatz,
Mo senher fora pros
Ab qu' el poders y fos.
Aquest razonamens
Es us devinamens;
Qu' ieu no y conosc ren al,
Ni ab mi non lur val,
Ni ja no 'ls en creirai,
Car conosc ben e sai
Que tos temps fon et er
Que totz pros hom conquier,
Ab sen et ab saber
Et ab ric cor, poder.
Pero ieu ges non dic
Que cill qu' el cor an ric

Puescan far tota via
Tot quant ben estaria;
Mas qui tan quant pot fai
D' aisso qu' a pretz s' eschai,
De qualque poder sia,
Pros es senes falhia.
Pero non entendatz
Qu' ieu a totz los prezatz
Autrei proeza enteira
En neguna maneira;
En cort non o diria,
Car sai qu' ieu falhiria;
Pretz y a et honors
De diversas lauzors,
Car tug cill que pretz an
Non l' an ges d' un semblan.
Li cavalier an pretz
Si cum auzir podetz:
Li un son bon guerrier,
L' autre bon conduchier;
L' un an pretz de servir,
L' autre de gen garnir;
L' un son pros cavalier,
L' autr' en cort plazentier.
Cist aibs que us ai comtatz
Son greu essems trobatz;
Mas qui mais n' a ab se,
Mais de bon pretz rete;
E qui negun non a,

Si ja pueis li rema
Lo noms de cavalier,
No 'l tenc per dreiturier.

Las donas eissamens
An pretz diversamens :
Las unas de belleza,
Las autras de proeza ;
Las unas son plazens,
Las autras conoissens ;
Las unas gen parlans,
Las autras benestans.
A domna, so sapchatz,
Esta molt gent beutatz,
Mas sobre tot l' agensa
Sabers e conoissensa,
Que fai chacun onrar
Segon que s tanh a far.

Li borzes eissamens
An pretz diversamens :
Li un son de paratge
E fan faitz d' agradatge,
Li autre natural
E fan tot atretal ;
D' autres n' i a mot pros,
Cortes, francx e joyos
Que lay on falh l' avers
Sabon gen dir plazers ;

En cort son presentiers,
Et ades plazentiers;
E sabon de domney
De trep e de bordey;
Et estan gen garnens
Mes totz los conoissens,
Garnitz de cortezia
E de bela paria.
Dels autres no son mot,
Enans m' en lays del tot;
Qui no fai be ni 'ls ditz
No 'l lays metz los grazitz,
Ni sera en ma carta,
Ans dic ben que s' en parta.

Li clerc, per cui ancse
Sab hom lo mal e 'l be,
An pretz, si cum s' eschai,
Aital cum ie us dirai;
L' un de bona clercia,
L' autre de cortezia;
Li un de gen parlar,
L' autre de rics faitz far;
Li un de gran bontat,
L' autre de larguetat;
Et en aissi, senhors,
Diversas son lauzors
Donadas a chascun;
Mas non y a negun,

Ja celar no us o quier,
Dona ni cavalier
Ni clerc, so m' es veiaire,
Don hom puesca retraire
Pretz aissi del tot fi
Qu' om no i trob que chasti;
Qu' aissi parti natura,
Gracia et aventura
Los dons entre las gens.
Non es uns tan valens
El segle ni tan pros
Ni tant aventuros,
De qualque poder sia,
Qu' en alcuna partia
De lauzor no il sofranha
Tal ren don se complanha.
Mas ja li pus prezat
No m' en sapchan mal grat,
S' ieu dic lurs malvestatz,
Car ieu 'ls n' ay ben proatz
Qu' ades son sordeyors
On pus an de ricors.
Doncs qui mais ditz e fai
D' aquo qu' a pretz s' eschai
Pro es aventuros,
Si melher es dels pros.
Vers es so c' aug retraire,
Qu' el temps del premier paire,
Des que cregon las gens,

Per bos captenemens
Elegron poestatz,
Per que entr' els fos patz
E merces e mezura
E largues' e dreitura
Maiormen qu' en autrui.
Mas s' eras non destrui
Chascus e non auci
Aicel que son vezi,
Non cuida esser prezatz,
Tant es otracuidatz
Lo segles descauzitz,
Dessebratz e partitz
De sen e de proeza,
E mesclat ab maleza!
Ieu o planc per joven
E pel destric que y pren
Plus qu' ieu no fas per me,
Qu' a mi non greva re;
S' el segles se dechay,
Non puesc aver esmay
De ren que veia far,
Ab sol que dieus me guar
Ma dona doss' e cara
Que m capdela e m gara
De tot autre cossir,
Mas de lieys obezir.

Dona, pros e valens

Corteza et avinens,
S' en ren ai conoissensa,
La vostra sovinensa,
Que m' es cor et escrima
La m dona e la m' aprima;
Per qu' ieu de totz mos bes
Vos ren laus e merces,
E us o grazisc ades,
Car m' es del cor pus pres,
Dona!

ARNAUD DE MARUEIL.

V.

Ben volgra, s' esser pogues,
Tot lo mal qu' ai fag desfar,
E 'l bes qu' ieu non ai fag far.
Ai! cum m' en fora ben pres,
Si 'l bes fos mals e 'l mals bes;
Aissi no m calgra doptar,
Ans fora lo bes tant grans
Qu' ieu fora pars d' un dels sans :
Aras non sai cum s' anara de me,
Tant son li mal gran e petit li be.

Tant mi sent ves dieu mespres
Qu' ieu m cuiei desesperar;

Mas vei qu' ieu non o dei far,
Car maiers es sa merces
Qu' el mieus grans peccatz non es;
Aisso m fai assegurar.
Pero ben volgra tres tans
Viure sai de jorns e d' ans
Ab sa honor, per miels trobar merce,
Cum l' ai estat fals e de mala fe.

Ben sai, si ja m val merces,
Que merces sera ses par;
Sol aisso m deu esglaiar;
Car re plus fag non agues
Mas las setmanas e 'ls mes
E 'ls ans qu' ai laissatz passar
Qu' ieu non fui de dieu membrans,
Sol aisso m deu esser dans,
Car guizardon no fai hom de non re,
E quier l' a tort qui non a fag de que.

Vers Ihesu Christz, no vos pes
Si de ren vos aus preiar;
Merces! no m laisses cobrar
Al diable que m tenc pres;
E s' anc fis ren que il plagues,
Al cors, o vendetz tot car,
Al cors qu' a faitz los enjans
En sia faitz lo demans;

Lo cors n' aia la pena que il cove,
Qu' el a trait vos e s' arma e se.

    Ben sai qu' a tart me sui pres
    Vas dieu de merce clamar;
    Mas vos mi mandetz, so m par,
    Que, qual ora qu' ieu vengues,
    No m soanariatz ges,
    E fora temps d' albergar;
    Pero ben volgra enans
    Laissar mos faillimens grans,
Qu' en vostra cort non pot intrar, so cre,
Nuills hom tachatz de nuilla laia re.

    Segles desleials, truans,
    Vils enseinhaires d' enjans,
Ab vos non a nuills hom honor ni be,
Pois ama dieu ni 'l tem ni 'l blan ni 'l cre.
CADENET.

VI.

    Verges, en bon' hora
    Portes lo salvaire,
    Que el vos honora
    E us fai joya faire,
    E 'l pobol que fora
    Liuratz a maltraire

Vos pregues ahora,
Sancta, plazen maire,
Quar d' ira e d' esmay
E de tot esglay
Guardatz lo pus laire
Que vas vos s' atray.

Domna', doussa e bona,
Humil, de bon aire,
Ajuda e perdona
Ad aquest peccaire;
Guarda ma persona
D' anta e de mal faire,
E m' arma razona
Ab lo tieu car paire,
Qu' els peccatz qu' ieu ay
Fatz ni ditz ni say
No m puescan mal faire,
Quan del segl' irai.

De gracia plena,
Avetz nom Maria,
Quar getatz de pena
Cui merce vos cria;
Liam ni cadena
No 'l te ni 'l tenria,
Pus qu' ab quarantena
Gen vos humilia;

Penedensa fai
Hom just e veray,
E per aital via
Va senes esmay.

Regina d'auteza
E de senhoria,
La vostra franqueza
A 'l mon en bailia;
De tota boneza
Etz roz' espandia,
Quar en vos s'es meza
Gracia floria;
Sel frug fon veray
Qu' intret ab lo ray
En vos, dona pia,
Quan l' angel venc sai.

Verges, en efansa
Nasquet lo dous Sire
De vos, ses duptansa,
De qu' ieu sui servire,
La sua pitansa
Mi fassa jauzire
Ab gran alegransa
Dels bes qu' ieu dezire,
Quar gran dezir ai
Qu' ieu fos el renc lai

Senes tot cossire,
On sanh Peir' estay.
Perdigon.

VII.

Dieus, vera vida, verays,
Dreitz entre clergues e lays,
E nomnatz salvaire Crist
En lati et en ebrays,
E natz e pueys mortz vius vist
Ressorzitz, don laisses trist
Selhs que pueys fezes jauzens.

Senher vers, ieu falhi fals
Dont es issitz tan grans mals
En cossir et en digz durs,
Et en fols faitz infernals
Ab brondilhs d' estranhs aturs,
Et en tans talans tafurs
Que m rend colpables penedens.

Per quant qu' ieu mescabes anc,
S' ieu non ai cor ferm e franc
De dir si cum agra ops,
Prec a vos a cui m' en planc,
Per cui tan fizels fon Jops,

Que non guardetz mos tortz trops,
Mas gracia m sia sufrens.

Qu' ieu non sui si savis sai
Que puesca conquerre lai
Lo regn' on nulh set ni fam
Ni caut ni freg non a mai,
S' il vostra vertutz cui clam
No m don esfortz qu' ieu dezam
Lo joy d' est segle giquens,

Que m fai falhir ves vos sol,
Per qu' el cor m' intra en tremol;
E si m servatz mos forfaitz
Tro lai al derrier tribol,
Qu' enans no 'ls m' aiatz far fraitz,
Senher, non er ges bos plaitz,
Si merces no us sobrevens.

Senher, qu' estorses Sidrac
D' ardr' en la flama e Midrac
Essems et Abdenago,
E Daniel dins del lac
On era ab lo leo,
E 'ls tres ricx reys contr' Hero,
Suzana dels fals guirens.

E pasques, senher sobras,
De dos peys e de cinc pas;

E 'l Lazer ressorzis vos
Qu' era ja quatredias,
Et ac per so gent respos
Lo sers sai centurios,
E traisses motz greus turmens.

E fezetz de l' aigua vi
En la cort d' Archetricli,
E d' autres miracles moutz
Don hom carnals no sap fi,
Ni no us en mostretz estoutz;
E parlet per vos lo voutz
De Luca, reys resplandens.

E creetz la terra e 'l tro
E tot quant es ni anc fo,
Lo sol e 'ls signes del cel;
E confondetz Farao,
E detz als filhs d' Israel
Lach e bresca, manna e mel,
E dampnes ab serp serpens.

Als vostres fon requies,
Quan vos plac que Moyses
Yssia lai el dezert,
E 'l liuretz las mas e 'ls pes
Denan l' angel que respert;
E sant Peire fezes cert
De vostres digz plus crezens.

E vos queric lo durs plebs
Tro lai ont es mont Orebs,
D' Aurien en Bethleem ;
Que vos enfugi Joseps.
En Egypte, so sabem,
E pueys en Iheruzalem
Vengues als vostres parens.

De Nazareth reys Ihesus,
Pair' en tres personas us,
E filhs e sanhs esperitz,
Vos prec et unitatz sus
Qu' es cims e rams e razitz,
E dieus de tot quant es guitz,
Que m siatz, si us platz, defendens.

E sai obra ab bon talan
Mi detz a far entretan
Que quan venretz en las nius
Jutjar lo segl' el jorn gran,
Vers dieus, no m siatz esquius,
E que, clars reys, doutz e pius,
M' en an' ab grazitz jauzens.

Senher, no m' oblidetz ges,
Qu' ieu ses vos no sui sostens,
Vers dieus, pair' omnipotens,
Si cum vos etz conoyssens

Mi senh, el vostre nom crezens,
In nomine patris et filii et spiritus sancti, amens.
PIERRE D'AUVERGNE.

VIII.

Ja hom pres ni dezeretatz
Non er de bons amics guarnitz;
E 'l manens, qu' es d' aver issitz,
Es clamatz folh e pauc prezatz;
E quant hom es desbaratatz,
Ditz hom qu' a perdut per non sen:
Et a hom greu per folh manen,
Ni home quan fort l' es ben pres;
E fora savis e cortes
Qui des tan bon cosselh denan
Cum fai quant hom a pres lo dan.

Vilas es et outracuiatz
Totz hom, quan si sent enrequitz,
Que s cuia qu' ab sos vilans digz,
Ab sobrieras et ab foudatz,
Li deya hom esser privatz,
Ni qu' om ja l' am de bon talen;
E sitot hom lo i fai parven
Per paor, aquo non es res;
Que quan hom lo troba en deisses,

Ab gaug et ab alegrier gran
Rizon tug, quant el vai ploran.

Ieu dic que ben es estraguatz
Hom rics ergulhos, descauzitz,
Que vol ades tener aunitz
Sos vezis ni apoderatz;
E deu ben esser aziratz,
E mal volgutz per tota gen;
Et es razos si mal l' en pren,
Que nos avem vist et apres,
Per un o per dos o per tres,
Que si son anat percassan,
Don tug devem esser membran.

Ben pot hom en autrui foudatz
Apenre que n' er plus complitz,
Plus honratz e plus obezitz,
E plus francs e plus ensenhatz;
E non pot esser fort senatz
Qui no s'dona garda soven
Com l' us pueia l' autre dissen,
E qui non conquier, quan luecs es,
Amics, e quan los a conques,
Gart los, quar mais hi a d' afan
Qu' al conquerer, al mieu semblan.

C' aissi n' es lo setgle passatz
Que l' us es pros, l' autr' escarnitz,

L' us vilas, l' autre gen noiritz,
L' us mal apres, l' autr' ensenhatz
E de totz mals estars cargatz,
L' us vertadier e l' autre men;
Qu' el mon non a un tan valen
En cui tug bons aips sion mes,
For lo rei dels Aragones,
Quar en lui son tug ben sobran;
Ja non sabres demandar tan.

RAMBAUD DE VAQUEIRAS.

IX.

Pus lo dous temps ve jogan e rizen,
Guais e floritz, joyos, de bel semblan,
Be 'l devem doncx aculhir en chantan,
Pus el no fai de joy tan bel prezen,
Quar gaugz nos es donatz per alegrar,
E qui no l' a, si 'l deu far aparer,
Que de conort movon gaug e plazer,
Don hom en pren ades son miehs a far.

Quar si fos bon so que sol esser gen
Et agrades so que fon benestan,
Ieu cre qu' el temps valgra, qu' es atretan
Cum anc se fes, segon mon escien;
Mas quecx apren so que degr' oblidar,

Et oblida so que degra saber,
E leva sus so que degra chazer,
E bayssa jos so que degra levar.

Tot aisso fan li ric desconoyssen,
Qu' an mes derrier so qu' anava denan,
Don e condug, joy e solatz e chan,
E cuion pretz aver tot per nien;
Mas per razo non o podon portar,
Quar anc hom pros no fo ses pro tener,
Ni fo anc hom valen senes valer,
Ni bos ses be, li larcx senes donar.

En aissi an atras tornat joven
E gaug e pretz e valor e boban,
Qu' el guay dompney qu' om tenia entrenan
An li pluzor volt en deschauzimen;
E pus amors ten vil so qu' es plus car,
Non pot a dreg leial nom retener,
Quar qui despen tot son pretz en un ser
Pueys de cent jorns no pot tan recobrar.

Qu' ieu vi d' amor lo gaug e l' us e 'l sen;
Coblas e motz, cordos, anel e guan,
Solian pagar los amadors un an;
Ar es perdut qui demanes non pren;
Mas sazos fon qu' el maior don d' amor
Voli' om mais esperar que tener,

Et eras sai qu' ab lo complit voler
Moro 'l dezir que solon domnas far.

Per so val mais d' amor so qu' om n' aten
Que 'l cochos don desavinen no fan,
Que 'l dan son bo e plazentier l' afan,
E 'l sospir dous e 'l maltrag eissamen ;
Mas pueys qu' amors non pot plus luenh anar,
D' aqui en lai torna en non chaler,
E muda 'l cor e ven en dezesper,
E drutz repren so que sol dezirar.

Dieus sal Rodes, qu' el a senhor valen,
Larc e cortes, savi e gen parlan,
E de donar a trop mager talan
Que de tener non a selh que o pren,
Qu' ieu 'n sai lo ver e mielhs a cuy en par ;
E dieus don li bona via tener
De ben en mielhs e de pretz en poder,
Qu' els adregz fagz d' amor puesc' heretar.

Vas Anduza vuelh mon chant enviar,
Quar talant ai de mon senhor vezer,
Quar creys meten de pretz e de poder,
E viu ab gaug e vol jauzens estar.

Senher Guirautz, re no sap melhurar
Lo plus sabens el vostre captener ;

Quar gaug de cor e vida de plazer
A qui ab vos pot viure ni renhar.
HUGUES BRUNET.

X.

Lo pair' e 'l filh e 'l sant espirital
Entre totz tres, e vos verges Maria,
Nos gart, s' ilh platz, del mal fuec ifernal
E del turmen que no falh nueg ni dia,
E que fassam totz los sieus mandamens
Si que venguam joyos e resplandens
El sieu regne, aissi cum resplan l' alba.

Los archangels e 'ls angels atretal
E totz los sans don la cortz es complia
Preguon per nos del falhimen mortal
Qu' el nos perdon, lo filh reyna pia,
Selh que per nos sufric mort e turmen
E passio, so sabem veramen,
E de si eys nos fe clardat et alba.

Dieus, vostr' amor e 'l guaug celestial,
E la doussor de la vostra paria
Nos gui e ns guar, e nos que siam tal
Que capiam en vostra companhia,
E que vas vos no fassam falhimen,

Ans vos amem de bon cor leyalmen,
Si que su 'l cel nos mostretz la vostr' alba.

Selh que per nos det son sanc natural,
E se liuret, e se mes en baylia,
Et en la crotz fon levatz atretal
E clavellatz e coronatz d'espia
Nos don a far qu' al jorn del jutjamen
Los nostres tortz no 'l sian remembramen,
Ans ab gran gaug nos men' en la su' alba.

Belh' estela d' Orien, dieu vos sal.
Tug preguem dieu que nos don bon ostal
En paradis on es clars jorns et alba.
Bernard de Venzenac.

XI.

Mantas vetz sui enqueritz
En cort cossi vers no fatz,
Per qu'ieu vuelh si' apelatz,
E sia lurs lo chauzitz,
Chanso o vers aquest chan;
E respon als demandan
Qu 'om non troba ni sap devezio,
Mas sol lo nom, entre vers e chanso.

Qu'ieu ai motz mascles auzitz
En chansonetas assatz,
E motz femenis pauzatz
En verses bos e grazitz;
E cortz sonetz e cochans
Ai ieu auzit en verses mans,
E chansos ai auzidas ab lonc so,
E 'ls motz d'amdos d'un gran, e 'l chan d'un to.

E s'ieu en sui desmentitz
Qu'aisso no sia vertatz,
No er hom per me blasmatz,
Si per dreg m'o contraditz;
Ans n'er sos sabers plus grans
Entr' els bos, e 'l mieus mermans,
Si d'aisso m pot venser segon razo;
Qu'ieu non ai ges tot lo sen Salamo.

Quar es de son loc partitz
Domneys, que ja fon prezatz,
Mi sui alques desviatz
D'amor, tan n'estauc marritz!
Qu' entr' amairitz et amans
S'es m'es us pales enjans,
Qu'enjanan cre l'us l'autre far son pro,
E no i guardon temps ni per que ni quo.

Qu'ieu vi, ans que fo faiditz,
Si fos per amor donatz

Us cordos, qu' adreg solatz
N' issia e ricx covitz;
Per que m par que dur dos tans
Us mes no fazia us ans,
Quan renhava domneys ses tracio;
Greu es qui ve com es e sap com fo.

E non es tan relenquitz,
Sitot mi sui dezamatz,
Qu' ieu no sia enamoratz
De tal qu' es sima e razitz
De pretz, tan qu' a me es dans;
Pus la valors e 'l semblans
Son assemblat en tan bella faisso
Qu' om no i pot neys pessar meliurazo.

Ai! belh cors cars, gen noiritz,
Adregz e gen faissonatz,
So qu' ie us vuelh dir devinatz;
Qu' ieu no sui ges tant arditz
Que us prec que m' ametz, abans
Vos clam merce merceyans.
Sufretz qu' ie us am e no us quier autre do,
E ges d' aquest no m devetz dir de no.

Vas Malespina vai chans
Al pro Guillem qu' es prezans,
Qu' elh aprenda de tu los motz e 'l so,
Qual que s vuelha per vers o per chanso.

Na Beatritz d'Est, l' enans
De vos mi platz, que s fai grans;
En vos lauzar s' en son pres tug li bo,
Per qu' ieu de vos dauri mon vers chanso.
Aimeri de Peguilain.

XII.

Nueg e jorn suy en pensamen
D' un joi mesclat ab marrimen;
E no sai a qual part m' aten,
Qu' aissi m' an partit egualmen
    Mezura e Leujaria.

Mezura m ditz suau e gen
Que fassa mon afar ab sen;
E Leujaria la 'n desmen,
E m ditz, si trop sen hi aten,
    Ja pros no serai dia.

Mezura m 'a ensenhat tan
Qu' ieu m sai alques guardar de dan,
De fol e de datz et d' afan;
E sai ben cobrir mon talan
    D' aisso qu' ieu plus volria.

Leujaria no m prez un guan,
S' ieu no fau so qu' el cor me man,

E tuelha e do, e l' aver s' an;
Quar qui plus n' a plus pren d' enjan,
　Quan ven a la partia.

Mezura m fai soven laissar
De manh rir' e de trop jogar,
E me veda quan vuelh mal parlar;
E mantas ves, quan vuelh donar,
　Ella m ditz que no sia.

Leujaria m tol mon pensar,
E m ditz que per trop castiar
Non dey ges mon talan laissar;
Quar, si tan fauc com poirai far,
　Non er la colpa mia.

Mezura m ditz que non domney
Ni ja per domnas non folley,
Mas, s' amar vuelh, esguart ben quey;
Quar, si penre vuelh tot quan vey,
　Tost m' en venra folhia.

Leujaria m mostr' autra ley,
Qu' abratz e percol e maney,
E fassa so qu' al cor m' estey;
Quar, si no fatz mas tot quan dey,
　Intre m' en la mongia.

Mezura m ditz : « No si' escas
« Ni ja trop d' aver non amas,

« Ni non dar ges tot so que as;
« Quar si dava tot quan mi plas
 « Pueys de que serviria? »

Leujaria m' estai de las
E ditz me, e tira m pel nas:
« Amicx, ben leu deman morras;
« E doncx pus seras mes el vas,
 « Avers pueys que t faria? »

Mezura m ditz suau e bas
Qu' ieu fassa mon afar en pas;
E Leujaria m ditz: « Que fas?
« Fai ades aitan quan poiras,
 « Qu' el terminis s' enbria. »

Messatgiers, lo vers portaras,
N Eblon de Senhas, e il m diras
 Garins Brus lo 'l envia.

Al partir lo m saludaras;
E diguas me, quan tornaras,
 Quals dels cosselhs penria.

GARINS LE BRUN.

XIII.

Oi! Maire, filla de dieu,
 E dels angels regina,
Cui Marc et Luc et Matheu,

Chascus sains aclina,
Gardatz mi l' arm' e 'l cors mieu,
Flors de rosa ses spina,
Dieu preian
Que, non segon mon enjan,
M' an jugan;
Mas segon sa merce gran.

Qu' eu ai faig dels peccatz tan,
Per ma folla follensa,
Que, s' ieu vivia mil an
En aspra penedensa,
Tan fai los faillimenz gran
Qu' eu non agra guirensa,
S' ab merce
Dieus no m perdon e m rete,
Non per me,
Qu' eu non ai faig lo per que.

Qu' eu sui fals e mensongiers,
Enveios e raubaire,
Et ab las autrui moillers
Faillir non doptei gaire,
E cobes e mal parliers
Fu e fins galiaire,
Et engres,
S' ieu trobes cui enjanes,
Per qu' ades
Per tot aital mi confes.

E non ai per me poder
　De garir ni baillia,
Per que us veing merce querer,
　Gloriosa Maria,
Que mi deignes tant valer
　Qu' eu per vos gardatz sia
　　De tot mal
En aquest segle venal,
　　Desleial,
E m dones gaug eternal.

Si com dieus fon de vos natz
　E 'n recep carn humana,
E il vostra virginitatz
　Remas entier' e sana,
Tot aissi m gardatz, si us platz,
　D' agaiz de mort subitana;
　　Desplazenz,
Cre qu' eu sia veramenz
　　Penedenz
De trastotz mos faillimenz.

Lanfranc Cigala.

XIV.

Un decret fauc drechurier,
E dic, si clergues layc fier,
Que fieira lo colp primier,

Pus l'apostolis o dis,
E 'l laicx feira per entier
Lo segon colp e 'l derrier,
E pueys sia 'n patz e fis.

Pus no m fauc autre jornal,
Farai una decretal
Que qui a moller venal
Que la lays a sos vezis ;
E, si la torna en l'ostal,
Que l'enfant sion leyal,
Pus elh los pays e 'ls vestis.

Clercia no valc anc tan
Qu' els solo anar prezican,
Aras van peiras lansan
 A l'autra gen,
E tenon per publican
 Selh qui s defen.

Cavaliers solon raubar ;
Ar an melhurat lur afar
 De mentir e de perjurar ;
E so que solion manjar
 Porton vestit.

Dompneys es melhuratz mot fort
Que sol dar ad home la mort,
Ans que n'agues juec ni deport.

Ni fos volgutz;
Aras, ab que deniers aport,
Sempre er drutz.

Vilas no solon aver sen
Mas de laorar solamen;
Aras son vezat e saben,
S' an plen la pelh,
Et a plag, avan sagramen,
Qu' eron libelh.

Pierre Cardinal.

XV.

Vera vergena Maria,
Vera vida, vera fes,
Vera vertatz, vera via,
Vera vertutz, vera res,
Vera maire, ver' amia,
Ver' amors, vera merces,
Per ta vera merce sia
Qu' estenda en me tos heres.
De patz, si t plai, dona, traita
Qu' ab ton filh me sia faita.

Tu restauriest la follia
Don Adam fon sobrepres;
Tu yest l' estela que guia

Los passans d' aquest paes,
E tu yest l'alba del dia
Don lo dieus filhs solelhs es,
Qu' el calfa e clarifia,
Verais de dreitura ples.
De patz, si t plai, dona, traita
Qu' ab ton filh nos sia faita.

Tu fust nada de Suria
Gentils e paura d' arnes,
Umils e pura e pia
E fatz, en dis et en pes,
Faita per tal maestria
Ses totz mals, mas ab totz bes,
Tant fust de doussa paria
Per que dieus en tu se mes.
De patz, dona, si t platz, traita
Qu' ab ton filh nos sia faita.

Aquel qui en te se fia
Ja no 'l cal autre defes,
Que, si tot lo mon peria,
Aquel non penria ges,
Car als tieus precx s' umilia
L' auzismes, a cuy que pes,
E 'l tieu filhs non contraria
Ton voler neguna ves.
De patz, dona, si t platz, traita
Qu' ab ton filh nos sia faita.

David en la prophetia
Dis, en un salme que fes,
Qu' al destre de dieu sezia,
Del rey en la ley promes,
Una reyna qu' avia
Vestirs de var e d' aurfres;
Tu yest elha, ses falhia,
Non o pot vedar plaides.
De patz, dona, si t platz, traita
Qu' ab ton filh nos sia faita.

     Pierre Cardinal.

XVI.

Dels quatre caps que a la cros
Ten l' us sus ves lo firmamen,
L' autre ves abis qu' es dejos
E l' autre ten ves Orien
E l'autre ten ves Occiden,
 E per aital entresenha
Que Crist o a tot en poder.

La crotz es lo dreg gofainos
Del rey cui tot quant es apen,
Qu' om deu seguir totas sazos,
Las soas voluntatz fazen;
Quar qui mais y fai, mais y pren;
 E totz hom qu' ab lui se tenha
Segurs es de bon luec aver.

Cristz mori en la crotz per nos
E destruis nostra mort moren,
Et en crotz venquet l' orgulhos
El linh on venia la gen;
Et en crotz obret salvamen,
 Et en crotz renhet e renha,
Et en crotz nos volc rezemer.

Aquest faitz fo meravilhos
Qu' el linh, on mortz pres naissemen,
Nos nasquet vida e perdos,
E repaus en luec de turmen :
En crotz pot trobar veramen
 Totz hom, que querre l' i denha,
Lo frug de l' albre de saber.

Ad aquest frug sem totz somos
Qu' el culham amorozamen;
Qu' el frug es tan belhs e tan bos
Que, qui 'l culhira ben ni gen,
Totz temps aura vida viven;
 Per qu' om del culhir no s fenha,
Mentre qu' en a luec e lezer.

Lo dous frug cuelh qui la crotz pren
 E sec Crist vas on que tenha,
Que Cristz es lo frugz de saber.
                PIERRE CARDINAL.

XVII.

Ihesum Crist, nostre Salvaire,
Per salvar nasquet de maire,
Salut fes e mandet faire,
Car sel que la fai l'aten.

Aiso es gran cortezia,
Qui salva que salvat sia;
Qui autre a salut guia
Venir deu a salvamen.

So es qui la gen marrida
Viest e pays e los ajuda,
Sel jorn lur salva la vida
E de la mort los defen.

Car qui so non lur faria,
Fams e freg e malautia
E dolor los aussiria,
En aissi nostre vezen.

Mas sel que ben o vol faire,
Can lor ve la pena traire,
Salva los et es salvaire,
Segon lo mieu essien.

Per que hom que salut vuelha,
De salut faire no s tuelha;

E cora que salut cuelha,
Semen la primieiramen.

Car qui vol cuillir avena
Primieiramen la semena,
E qui semena en pena
Aquel cuelh en jauzimen.

Aus tu que amas l' anona
E deziras la corona?
Qui so que ama non dona,
So que desira non pren.

Aus tu que as draps e pelhas,
E vezes de freg vermelhas
Las gens, e claus tas aurelhas
A lur votz, cant van queren?

Tu quiers a dieu mantas causas;
Fols iest, car parlar li n' auzas;
Dieus a sas aurelhas clauzas
A ta votz, que no t' enten.

Aiso es mezura granda,
Qui no fai so que dieus manda
L' enemix l' a en sa landa,
L' arma metra en turmen.

De sens nos demanda tot dia
Can los paures nos envia;

E dis que qui lur daria
Demandes seguramen.

Ja negus hom que dieu creza
Non amassara rigueza,
Que ill pietatz e ill grineza
Li fay despendre l' argen.

No us pessetz qu' en una plassa
Merces ab gran aver jassa,
Que l' avers la merce cassa
E 'l merces l' aver despen.

Merces es cauza tan larga
Que de be faire no s targa,
Aver e peccat descarga
A son don cominalmen.

Merces vol, e dieus o manda,
Que hom son aver espanda
Lai on es nessieira granda,
E dieus ren en per un cen.

Dieus comanda c' om entenda
Sos comans, e qu' els aprenda;
E c' om sos vezis reprenda,
Can n' aura conoissimen.

Mas sel que lauza folia
E no blasma ni castia

Malvatz faitz, ni los desfia,
Pecc' ab doble falhimen.

Per que cascus en sa vida
De l' obra que l' es cobida,
Mentre que 'l clartat lo guida,
Deuria obrar lialmen.

Car qui fai delial obra,
Segon c' a servit o cobra,
E croy guizardo li sobra,
E 'n tray pena e turmen.

Aus tu que cantas las messas
E fas a dieu tas promessas?
Si no so sanas tas pessas,
Obras a ton dampnamen.

Sel que fai lo sagrifizi
No s tanh que s pes nuil mal vizi,
Ni qu' en aquel panh s' afizi,
Mas sol el sant sagramen.

Aus tu que as las grans terras
E per pus fas plag e guerras?
Del tort don manjas ni ferras
Rendras comt' al jutjamen.

Pueys que dieus t' a dat ton vieure
E que cobeitat t' enieure,

Dregz es c' al turmen te lieure
E que t tola 'l remanen.

Aus tu que tens las bailias
E que fas las simonias?
S' enans la mort no t castias,
Pueys no y as conseguimen.

Car si ab enjan baileyas,
Ab erguelh et ab enveyas,
Vas yfern cre que sopleyas,
Car fas l' obra falsamen.

Aus tu que te fas legista
E tols l' autruy dreg a vista?
Al partir n' er t' arma trista,
S' as mal jutjada la gen.

Tu que dizes que dreg sabes,
E per cobeitat t' entra bes,
Vas yfern cre qu' en sotz sabl' es
Plus c' om que dreg non enten.

Aus tu que gleyza governas
E cobeitas e campernas
L' autruy dreg? del tort t' infernas,
Si caritat no t defen.

Car si a tort escumenjas,
De tu meteis cre que t venjas,

Que no s tanh las gens destrenjas
Mas tant c' a razon cossen.

Mas sel sec via segura
Qu' en totz sos fatz met mezura,
Car caritatz e drechura
Lo conduc a salvamen.

Aus tu que donas mezinas
E que jutjas las orinas?
Si tas obras no so finas,
A tort galias la gen.

Tu que sabes de fezica,
E no t prezas una fica,
Qu' el ben e lo mal te gica,
Tal fals obra t sobrepren.

Aus tu qu' en orde t' apaissas
E sojornas e t' engraissas?
Pertz te, si ta regla laissas,
Ni fas fol captenemen.

Pus c' a dieu son vot non tenes
E qu' en tos fatz lo malmenes,
Dreitz es c' a la mort o penes,
Sitot estas en coven.

Aus tu que fas compras e vendas,
Falsa caresma e calendas,

Tan qu' en aquel fag entendas?
T' arma engana s e s ven.

Pus que tos vezis enganas
Ab fals pes, ab falsas canas,
Dieus te met ab las soanas
Com fals deniers c' om no pren.

Aus tu que dizes lauzenjas
E que de mal dir desrenjas?
Fols yest, si las gens blanstenjas
Sinon per castiamen.

Car si de mal dir t' esforsas,
Fas que fols, si be t deportas,
Que no s tanh las jens remordas,
Car peccas y mortalmen.

Aus tu que trop voles beure
E la nueg te colgas ieure
Tro 'l dema? non es desueure
Que as begut eyssamen.

E cant as ta test' armada
De vil cor, e l' a levada,
Mot yest en sola balada
Qu' escarmisson t' en la jen.

Aus tu que trop te enfrunas
De manjar, e pauc enduras?

Si 'n est segle no dejunas,
L' autre t deu far espaven.

Car qui en manjar non met tenpre
E fai son dieu de son ventre,
Dreg es que dieus deseguentre
Lo laisse al jutjamen.

Aus tu que toles ni enblas?
Las! com de paor non trenblas!
Can prens l'autruy que non rendas,
Mot as malvat ardimen.

Erguel y fas e sobreyra
E t' arma sec avol feyra,
E 'l cors, si es qui l' engueyra,
Pot n' esser pendut al ven.

Tu qu' en adulter' intendes
E garas que no t' esmendes,
Pel delieg c' al cors cossentes
Seras punitz malamen.

Pus qu' en peccat te delieitas,
E ton criator despeytas,
Auias qual loguier en penras :
Dolor, pena e turmen.

Aus tu que obras ab uzura
E metz dieu a no t' en cura?

So que la gen paubr' endura
Manjas e beves soven.

Sabes doncx, pus l'autruy brost as
Ab gran tort, ab paucas sostas,
Un jorn ve que so qu' ajostas
Ira tot cominalmen.

Aquel jorn deu far fereza
A sels que an cobezeza,
Que moble d' un' egaleza
Auran li paubr' e 'l manen.

Aquel jorn es de cossire,
Car dieu trac per nos martire,
E 'l jorn que mort, al ver dire,
Abduy porton espaven.

E si d' aquetz dos membrava
Ad home, e pueys peccava,
Malvestat vey qu' el sostcava,
Et es del tot negligen.

Aus tu que as ren destruchas
Las monedas que trabuchas?
Per un deniers que n' estuchas
En tols X. a l' autra gen.

Si tot ho fas a presensa,
E no prenes penedensa

Tu cairas en la centensa
De dieu pair' omnipoten.

No m par c' aia de dieu cura
Ni c' ame dieu ni drechura
Qui franch la leial mezura,
E la malvaiza concen.

Aus tu que yest laoraires
E que yest malvais bolaires?
Plus lag falhes c' autre laires,
Si mens terras ni renden.

Car si l' autruy dreg cobeitas
E 'n giques las vias dreitas,
Sabes qual loguier enpleitas?
Mort que t penra soptamen.

Aus tu que tos jornals loias
E pueis de l' obrar t' enoias?
Dels morts cre que t' apropias,
S' as falsat ton covinen.

Pos quecx, segon sa manieira,
Deu far obra drechurieira,
E, si sec aital carreira,
Pot vieure mot leialmen.

Estay donc en penedensa,
Et aias ferma crezensa,

E non cobeitar gran sensa
Ni 'l ben d' aquest mon dolen.

Car tot cant es ni ja sia
Aur, aver e manentia
No val res ses la paria
Del paire omnipoten.

Doncx pos las vanitatz vezes
D' aquest mon, per que non crezes
Aquel que fo mortz e prezes
Per nostre desliuramen?

Qu' el te mostra doas vias,
E potz chauzir, se vezias;
E si la meillor non trias,
Ta clartatz no t val nien.

Doncx ben yest fols, si non gardas,
Cant t' apatiscas ni t lardas
Que tu mezeuses non tardas
Ni t metas en fuec arden.

Tu qu' els deleitz del mon voles
Homs o femnas, ren no t doles;
De tos tortz, cor que trascoles,
Auras ir' e marrimen.

Pensat doncx, cant ti sojornas,
Don moguis ni en que tornas,

Car sobremal t' arm' enfornas
En trebaill et en tormen.

Mas cobreras, si t castias,
Sol dezesperatz no t sias,
Que dieus ti vol, si 'l volias,
Et as molt bon partimen.

Pos que tal patz podes faire,
Que atendes doncx, peccaire,
Que 'l mortz no t sostera gaire,
Ans te penra sopdanamen.

Estai doncx en penedensa
Et aias ferma credensa,
E reten en sovinensa
Sel que t formet de nien.

Dieus te fes a sa semblansa,
Membre t doncx la crox e 'l lansa
E 'l trebaill e ill malanansa
Qu' el trais pel tieu garimen.

Las! ben mot ti pot retraire
Lo senhers qu' es caps e paire
Que dels tieus tortz fo penaire
E soffri mort e turmen.

Pensat doncx en ton coratge,
Mentre que yest el passatge,

Pos per te met tan car gatge,
Que segas son mandamen.

Dieus non vol sias toleire,
E vol cregas ton preveire
Qu' els bens que t mostra deves creire
Senes tot corrumpamen.

Aia s merce e largueza,
E renha ab leialeza,
E gurp tort et avareza
E tot fals perpauzamen.

Et enpres, s' en aissi renhas
Ni tant en tos fais t' estrenhas,
Segurs siest c' a la mort veinhas
Vas Ihesu Crist qui t' aten.

Preguem doncx qui ns apana
E pres per nos carn humana,
Que ns don far via sertana
Com tengam ves lui breumen.

E preguem sa doussa maire
Que ns enseigne e ns esclaire
Ab son filh et ab son paire
Tan per qu' en siam jauzen.

E tug digam en Amen
Gratias al seinhor valen,

Que el nos gart del tormen
D'enfern orrible e puden.
    Amen.
Pierre Cardinal.

XVIII.

  Ben es adreigz
E sap qu' es alegranza,
  Et esser pros
E tot lo meil chauzir,
  Cel cui respeigz
D' enteira benananza
  Reten joios,
E sol per deu servir;
  Los vains deleigz
E las vanas legors
  Del segle fals
Relenquis et ublida,
  Qu' aissi s conquer
Viure qu' es mieillz de vida.

  Qu' en alegrier
A tot jorn mais s' afina,
  Sol esperan
Lo joi perpetual,
  E 'l dezirier
Del joi a per mezina

Cóntra l' afan,
E 'l destric temporal,
 Si que leuzer
Li semblon li plus greu,
 Et a sa fi
Vai l' arm' en vid' eterna;
 Per qu' es fols quecs
Qu' en tal joi no s governa.

Sitot estreigz
Sembla l' encomenzanza,
 Pueis saboros
Es tan l' estern segur,
 Qu' estiers destreigz
Et a greu ses pezanza;
 Es sofrachos
Chascuns de joi jauzir,
 Qu' el plus eleigz
Jois mondans es dolors
 Tan desleials
Com hom, plus l' a complida,
 Tan mais s' arm' er
Aprop sa mort marida.

Doncs laig sentier
Sec cel q' ab leis camina,
 E qui penzan
Non vailh vid' eternal
 E 'l gaug sobrier

Qu' a cel q' a deu s' aclina,
 E com pezan
Son turment enfernal,
 E com cel qui er
Visquet mor hui de leu,
 Car dreigz aissi
Vol que chascuns deterna
 Com hom es cecs,
Pueis fai don s' arm' enferna.

 Per qu' eu, cui dregz
Non pot cobrar pidanza,
 Prec l' aut pidos
Qui vol per nos morir
 Qu' el mieus neleigz
No ill faza far venianza,
 E que cochos
Faza m si obezir
 Qu' el chauz e 'l freigz
Qu' atrai aitals folors
 M' er estiers sals,
Tan fort m' es abelida
 L' artz qu' a l' enfern
L' arma capdel e guida.

 Mas si be mi er
L' enfernal desiplina
 Per laid enjan
E per faire maint mal

Socors entier
M' en faiz, verges regina,
Don conort an
Maint cui razos desval,
Quar des tot pier,
Si deus non fai en breu
Perdon tan fi,
Qu' oimais plus no m' esquerna
Fals jois ni decs
Don moiren sempiterna.

Don vos requier,
Domna, q' en preiatz deu
Qu' ieu sec ma fi
E no y trueb vid' eterna,
Si vostre precs
No m n' es lums e lanterna.
Barthélemi Zorgi.

XIX.

Sirvens suy avutz et arlotz,
E comtarai totz mos mestiers,
E portacarn e galiotz
E rofian e balestiers
E prestaires et escudiers,
E say ben de peira murar;
Pero de cozir non truep par;

E manta portey mantas ves;
Et ai mais de mil auzels pres;
E suy joglar dels avinens,
E de VII. ordes suy crezens.

E fuy mazeliers e fis datz,
E corregiers fuy lonjamens,
E say far anels belhs e gens
E rateiras per penre ratz,
E far ausbercx e gonios,
E sai far putas e lairos
E semnar blatz, e fuy boviers,
E mais d' un mes mercadaniers,
E sai far arcas e vaysselhs,
Penches e fus e cascavelhs;
E sai far guabias e naus,
Cotelhs et espazas e faus;
E sai esser pestres e cocx,
E sai metre geys, quant es locx.

E suy clergues e cavalliers
Et escrivas e taverniers,
E sai far cellas et escutz,
E sei penher e faire glutz,
E sai teisser e far carbo,
E sai ben far de galh capo,
E sai far teules e capelhs,
E sai far jupas e jupelhs,
E sai far lansas e bordos,

E suy espessiers trop bos,
E sai batre lana e deniers,
E suy trop cortes agulliers,
E suy cambiaires leyals,
E suy enves las femnas fals.

E fis estueyras e tamis,
E serquiey aur e pueys m' assis
A cavar argen per tres ans,
E fuy corrieus arditz e grans;
E sai far fres et esperos,
E budelliers suy a sazos,
E fis caus e fuy campaniers,
E sai ben esser falconiers,
E fuy portiers e baru faut
E guacha per freg e per caut,
E billaires e berretiers,
E fuy de seda bos obriers,
Et engienhs fi, si dieus me gar,
E cordas e pairols sai far.

Encar n' ay avutz de plus belhs,
Qu' ieu gardiey fedas e anhels
E fuy crestaire de porcelhs,
E tenh fil de mantas colors,
E toquiey azes e saumiers,
E fuy may de dos mes porquiers.
E fuy penchenayre de li,
E guardiey may d' un an moli,

E fuy manescalc de cavalhs
E guardiey eguas per las valhs,
E fabres e pelleciers
E ballestiers e sabatiers,
Qui m' en vol creyre, bos fols suy
E savis be, quan truep ab cuy.
                    RAIMOND D'AVIGNON.

XX.

Domna, dels angels regina,
Esperansa dels crezens,
Segon que m' aonda mos sens
Chan de vos lenga romana;
Quar nuls hom just ni peccaire
De vos lauzar no s deu traire,
Can sos sens miels l' aparelha
Romans o lenga latina.

Domna, roza ses espina,
Sobre totas flors olens,
Verga seca frug fazens,
Terra que ses labor grana,
Estela del solelh maire,
Noirissa del nostre paire,
El mon una no us somelha
Ni londana ni vezina.

Domna joves e mesquina,
Fost a dieu obediens
En totz sos comandamens;
Per que la gen crestiana
Cre ver e sap tot l' afaire
Que us dis l' angel saludaire,
Que consebras per l' aurelha
Dieu que enfantes vergina.

Domna, verges pura e fina
Ans que fos l' enfantamens
Et apres tot eissamens,
De vos trais sa carn humana
Jhesu Crist nostre salvaire;
Si com, ses frachura faire,
Vai e ven rais quan solelha
Per la fenestra vezina.

Domna, vos etz l' aiglentina
Que trobet vert Moysens,
Entre las flamas ardens;
E la toizos de la lana
Que s moillet en la sec' aire,
Don fo Gedeons proaire;
Mas natura s meravelha
Com romazest enterina.

Domna, estela marina,
De las autras plus luzens,

La mars nos combat e 'l vens;
Mostra nos via certana :
Quar si ns vols a bon port traire
No tem nau ni 'l governaire,
Ni 'l tempier que ns estorbilla
Ni 'l stobi de la marina.

Domna, metges e metzina,
Lectoaris et enguens,
Nos nafratz de mort temens
La velia oing e sana;
Dossa, pia, de bon aire
Fai nos tost de mal estraire,
Quar perdutz es qui s fonilla,
Pos la mortz l' es trop aizina.

Dieu espoza, filh' e maire,
Manda 'l filh e prega 'l paire,
Ab l' espos parl' e conselha
Com merces nos si' aizina.

Pos durmen mas tu ns revelha
Ans que ns sia mortz vezina.
           PIERRE DE CORBIAC.

XXI.

Be volria de la mellor
De totas far chanso plazen,
Quar d' autra chantar non enten
Mas de la verge de doussor;
Qu' estiers non puesc mielhs mos bons motz despendre
Qu' en la doussa dona de paradis,
On dieus pauset totz los bes e 'ls assis,
Per qu' ieu li prec que 'l plassa mon chant prendre.

Aitan ses plus viu ad honor
Totz hom, quant ama coralmen
Aquesta dona d' onramen,
E met son temps en sa lauzor;
Quar ela 'n pot mout bon guizardon rendre
Que non es joys, plazer, solatz ni ris
Que non agues totz hom que la servis
E qu' en s' amor totz temps volgues entendre.

S' om pogues partir de follor
E de malvais entendemen
Son cor, e servis leyalmen
La mayre de nostre senhor,
E no volgues dieus tan soven offendre
Ni ves lo mon tan fort estar aclis,
Ja fals' amor non l' agr' aissi conquis
Que 'l fezes tan sos avols dons atendre.

Nulhs hom no val ni a valor,
Si non lauza la plus valen,
La mayre de dieu doussamen,
Per cui si salvon peccador;
Quar en lieys son totz bos ayps ses contendre,
La mieller es que anc fos ni hom vis;
Tan fon lo pretz dels sieus bes ricx e fis,
Per que dieus volc en lieys per nos dessendre!

Mout hi fes gran a nos amor
Dieus, quan venc en lieys humilmen
Per delir nostre fallimen,
E per portar nostra dolor,
E s'en laysset als sieus trahir e vendre,
Et ab sa mort la nostra mort aucis:
Mortz eravam tug, si dieus no muris,
Per qu'a luy plac son cors en crotz estendre.

BERNARD D'AURIAC.

XXII.

Cor ai e voluntat
Que fes us precx prezatz,
S'ieu ben far lo sabia;
E volgra m fos donatz
Sens e sabers assatz,
Sels qu'als precx convenria.
Dona sancta Maria,
Preyatz Ihesus, si us platz,

Cui es Cristz apellatz
E de paradis via,
Qu' ampar l' anima mia,
Si cum plazer li sia;
Que m perdon mos peccatz
Qu' ai pessan cogitatz
E ditz per ma folia,
Sels qu' ai obrat man dia,
Aissi quo non devia,
Don soi mot encolpatz;
Dona de dignetatz,
Vos m' en faitz guerentia.

Enquer prec que m vallatz,
Dona, e que m sofratz,
Qu' ieu vos laus tota via;
Pero crey qu' es vertatz
Que, si 'l sen dels prelatz
E 'l saber de clercia
Hom ajustar podia,
Et ieu poder avia
Qu' en mi fosson justatz,
Non seria bastatz
Ni 'l mile non auria
Del saber qu' obs m' auria
Al laus qu' ieu dir volria;
Dona, 'ls bes que son datz
En vos qu' enlumenatz
Tot lo mon que s perdia,

Per vos se salva e s guia;
Per qu' ieu dic ses fadia
Per vos son restauratz,
Dona, 'ls que son salvatz;
Aidatz me, qu' ieu sals sia.

Qu' ieu crey, si vos m' aidatz
Ni mos precx escoutatz,
Tant etz de dieu amia,
Leu sera acabatz
Mos precx et yssaussatz
Mielhs que no m tanheria,
Segon que ieu fallia
El temps que mal vivia;
Pero sui m' en laissatz,
Don prec merce m' aiatz,
Qu' estiers non puiaria
A la gran companhia
On es tot' alegria
De dieu qu' es trinitatz;
Ni veyria sa fatz,
Si merce no m valia.
O! maire de dieu pia,
No truep en vos fadia,
Sivals aitan m' aidatz
Quan que sia passatz,
Qu' ieu pres dels sayns estia.
   Le Frère Mineur, Moine de Foissar.

XXIII.

Luecx es qu' om si deu alegrar;
  E sitot no m suy amaire,
  Si vuelh ieu esser chantaire
Et en luec mon saber mostrar :
Qu' ieu dic que paucx ni grans avers
  No val saber, qui l' avia;
  Per que d' apenre quecx dia
Creys als plus savis lor volers.

Quascus deu entendre en plazers,
  Gardan se de vilania;
  E deu faire quascun dia
De be segon qu' es sos poders :
Pero, si s vol desmezurar,
  Sos pretz no pot durar gaire,
  Quar mezura essenh' a faire
So per que bos pretz pot durar.

Qui gran cor a de larguejar
  Saber deu dont o pot traire;
  Non dic qu' hom si deia estraire
De valer, ni no s tanh a far.
Grans afans es lo conquerers,
  Mas gardar es maestria;
  E qui pert per sa follia
No sap quals afans es querers.

Ses mezura sens ni sabers
  No val ni grans manentia;
  Pero luecx es que seria
Dans trop gardars e reteners :
Luecx es qu' hom deu outrapassar,
  Luecx de calar, luecx de braire,
  Luecx de donar, luecx d' estraire,
Luecx de sen, luecx de folleiar.

Qui son bon pretz vol tener car
  No sia fols ni gabaire,
  Quar fols es qui vol retraire
So que sap que fay a celar;
E fols qui vol dir totz sos vers,
  E fols qui en fol se fia,
  Fols qui falh e no s castia,
E fols qui sec totz sos volers.
Pons Fabre d'Uzès.

XXIV.

Esperansa de totz ferms esperans
Flums de plazers, fons de vera merce,
Cambra de dieu, ort don naysso tug be,
Repaus ses fi, capdels d' orfes enfans,
Cossolansa dels fis descossolatz,
Frugz d' entier joy, seguransa de patz,

Portz ses peril, porta de salvan port,
Gaug ses tristor, flors de vida ses mort,
Maire de dieu, dona, del fermamen,
Sojorn d'amicx, fis delietz ses turmen,
De paradis lums e clardatz et alba.

Gloriosa, tant es la joya grans
Que us venc de selh qu'el mon capdelha e te,
Que vos lauzan no pot hom dir mas be,
Si tot lo mons n'era tos temps lauzans,
Quar en vos son totas plazens bontatz,
Gaugz et honors, salutz e caritatz,
Verdier d'amor, qu'el tieu pressios ort
Dissendet frugz que destruys nostra mort,
Verga seca fazen frug ses semen,
Porta del cel, via de salvamen,
De totz fizels lums e clardatz et alba.

Plazens dompna, qu'en vos a plazers tans
Que tot lo mons non diria 'l mile;
Gloriosa, pus que tant as de be,
Membre t de me e de totz tos clamans;
Qu'el tieus gens cors fon per nostr' ops creatz.
Cors gracios, ples de totas beutatz,
Pus que ses te non puesc trobar cofort,
Perduy me lay on es vida ses mort,
Pres del tieu filh que m'a fach de nien,
Si qu'ieu veya 'l sieu gay captenemen
Lay on no falh jorns ni clardatz ni alba.

A! quon seran jauzens e benanans
Tug vostr' amic d' entier joy per jasse;
E pus dieus vol qu' en vos sion tug be,
Gloriosa, siatz de mi membrans;
E sitot s' es grans vostra sanctitatz,
No m' oblidetz, dompna, per mos peccatz;
Qu' ayssi quon son mey falhimen pus fort
M' es maiers ops que m desliuretz de mort;
E quar de vos auta merce n' aten,
Merce m' aiatz per vostre chauzimen
Que me siatz lums e clardatz et alba.

Qu' ieu falhitz, fals, mi sent greus e pezans
Per mos fols faitz et ai razon de que,
Quar grans so 'ls mals qu' ai faitz e pauc li be,
E 'lh dic tafur, per qu' ieu suy merceyans
Que m razonetz, plazens dompna, si us platz,
Lay on seran dregz jutjamens donatz,
Que no y valran plag ni agur ni sort,
Ans aura quecx per se paor de mort;
Vos me mostratz al jorn del jutjamen
Vostre car filh, ab cara resplanden,
Que m don ab joy lum e clardat et alba.

Poderos dieus, verays e merceyans,
Merce m' aiatz, qu' ieu vos azor e us cre,
E us ren lauzor de l' honor e del be,
Que m' avetz fag temps e jorns, mes et ans.
Dieus paire, filhs salvaire, Crist nomnatz,

Sayns esperitz, e vera trinitatz,
Als peccadors donatz via e conort,
Que s desliuron dels liams de la mort,
E 'ls faitz venir al veray jauzimen
On seran faitz maynt glorios prezen
Lay on estan jorns e clardatz et alba.

Lo sons es tal, que tenh la folla gen;
Lev si qui dorm mentre qu' a merce pren
Dieus peccadors, qu' el jorns ven apres l' alba.

Vida don dieus ab joy ses marrimen
En paradis, ab tot lo sieu coven,
A totz ayssels que diran aquest' alba.

GUILLAUME D'AUTPOL.

FIN DU TOME QUATRIÈME.

www.ingramcontent.com/pod-product-compliance
Lightning Source LLC
Chambersburg PA
CBHW060222230426
43664CB00011B/1526